VOYAGES DES PÈLERINS BOUDDHISTES

LES
RELIGIEUX ÉMINENTS
QUI ALLÈRENT CHERCHER LA LOI

DANS LES PAYS D'OCCIDENT

MÉMOIRE COMPOSÉ A L'ÉPOQUE DE LA GRANDE DYNASTIE T'ANG

PAR I-TSING

TRADUIT EN FRANÇAIS

PAR

ÉDOUARD CHAVANNES

PROFESSEUR AU COLLÈGE DE FRANCE

PARIS
ERNEST LEROUX, ÉDITEUR
28, RUE BONAPARTE, 28

1894

MÉMOIRE

COMPOSÉ A L'ÉPOQUE DE LA GRANDE DYNASTIE T'ANG

SUR LES

RELIGIEUX ÉMINENTS

QUI ALLÈRENT CHERCHER LA LOI

DANS LES PAYS D'OCCIDENT

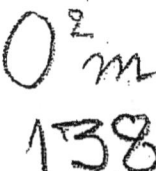

MÉMOIRE

COMPOSÉ A L'ÉPOQUE DE LA GRANDE DYNASTIE T'ANG

SUR LES

RELIGIEUX ÉMINENTS

QUI ALLÈRENT CHERCHER LA LOI

DANS LES PAYS D'OCCIDENT

PAR

I-TSING

TRADUIT EN FRANÇAIS

Par Édouard CHAVANNES

―――――⋗•◆•⋖―――――

PARIS
ERNEST LEROUX, EDITEUR
28, RUE BONAPARTE, 28

1894

A

Monsieur Charles SCHEFER

MEMBRE DE L'INSTITUT
ADMINISTRATEUR DE L'ÉCOLE DES LANGUES ORIENTALES VIVANTES, ETC.

———

Hommage respectueux du Traducteur.

INTRODUCTION

Le « Mémoire composé à l'époque de la grande dynastie T'ang sur les religieux éminents qui allèrent chercher la loi dans les pays d'Occident » est une série de biographies, où se trouvent brièvement racontés les voyages et les travaux de soixante Bouddhistes, la plupart chinois, qui, à des époques différentes mais toutes comprises dans la seconde moitié du VIIe siècle de notre ère, sortirent de leur pays pour se mettre en quête de livres sanscrits propres à développer et à expliquer les dogmes de leur foi. L'auteur de cet opuscule, I-tsing, fut lui-même un pèlerin ; à vrai dire, il est plus illustre que tous ceux de ses contemporains dont il raconte la vie ; il en a peut-être eu conscience, car, bien que, par modestie, il ne se compte pas au nombre des soixante religieux dont il mentionne les noms, c'est sur lui cependant que nous trouvons, dans son propre livre, les renseignements les plus abondants. En coordonnant les indications qu'il nous donne et en les complétant par l'article qui lui est consacré dans le « Mémoire sur les religieux éminents écrit au temps de la dynastie Song »[1], nous pouvons retracer la carrière d'I-tsing, ce qui nous permettra de mieux montrer ensuite l'intérêt que présente son récit.

I

I-tsing est le nom que prit en entrant en religion Tchang Wen-ming. Il était né en 634 à Fan-yang, non loin de la capitale actuelle de la Chine ; dès l'âge de sept ans il fut admis au couvent ; suivant l'usage, il eut deux maîtres[2] : l'un pour lui inculquer l'enseignement théorique des vérités de la foi et veiller à son instruction religieuse (*oupâdhyâya*) ; ce fut le maître de la Loi Chan-yu ; l'autre pour lui apprendre les règles qu'il devait observer dans la pratique et pour être son directeur de conscience (*âcârya*) ; ce fut le maître du Dhyâna Hoei-si.

---

1. *Song-kao-seng-tchoan*, chap. I, § 1. On trouvera cette biographie traduite dans l'Appendice annexé à cette traduction.
2. Voyez l'ouvrage d'I-tsing intitulé : *Nan-hai-ki-koei-nei-fa-tchoan*, chap. IV, pp. 20 et suiv.

I-tsing n'avait encore que douze ans lorsque Chan-yu mourut; cet événement fit sur lui une impression profonde; quand, vingt-cinq années plus tard il se résolut à partir pour l'Inde, c'est auprès de la tombe de son maître qu'il alla chercher un encouragement suprême; par une grise journée d'automne il vint visiter le tertre funèbre; les arbustes plantés lors de l'enterrement étaient devenus de jeunes arbres et leur croissance témoignait de l'ancienneté du deuil toujours présent au cœur du disciple; le brouillard tombait sur la terre que recouvrait une herbe jaunie; il y avait dans la mélancolie calme de cette scène quelque chose de mystérieux comme si l'âme du mort se fût éveillée pour donner sa bénédiction au pèlerin. I-tsing lui annonça son voyage et lui demanda sa protection [1].

Le projet qu'il allait mettre à exécution, il l'avait formé, nous dit son biographe, dès l'âge de quinze ans, c'est-à-dire en l'an 649; le célèbre religieux Hiuen-tchoang était revenu en Chine en 645 et sans doute son exemple, ses récits merveilleux et les grands résultats qu'il avait obtenus avaient excité l'enthousiasme du jeune homme. Cependant, pour des raisons que

---

[1]. Le récit de la visite à la tombe de Chan-yu se trouve dans le *Nan-hai-ki-koei-nei-fa-tchoan*, chap. IV, pp. 22 v° et 23 r°.

nous ignorons, il dut renoncer à partir immédiatement ; ce ne fut qu'à trente-sept ans qu'il put tenter l'entreprise si longtemps méditée.

En 671 [1], il fit à Yang-tcheou, dans la province actuelle de Kiang-sou, la connaissance d'un fonctionnaire nommé Fong Hiao-ts'iuen. Ce personnage, quoique laïque, était fort dévot ; grâce à lui et à sa famille, I-tsing se trouva pourvu de tout ce dont il avait besoin pour la traversée et se disposa à s'embarquer sur un bateau persan qui allait quitter Canton ; plusieurs religieux qui avaient promis de le suivre, trouvèrent pour ne pas partir des raisons diverses et il n'eut d'autre compagnon qu'un de ses disciples nommé Chan-hing, âgé d'une trentaine d'années.

Le premier de la onzième lune, au moment où la mousson de nord-est commençait à s'établir, il prit la mer ; au bout de vingt jours, il aborda dans l'état de Çrî Bhôja (le Zabedj des voyageurs arabes du IXe siècle)[2] dont le centre paraît avoir été alors au sud de l'île de Sumatra ; il y séjourna six mois et s'initia aux éléments de la grammaire sanscrite ; puis il monta de nouveau en bateau et arriva au pays de Mouo-louo-yu,

---

1. Pour tout ce qui a trait aux voyages d'I-tsing, voyez la longue digression au § 46 de l'ouvrage que nous traduisons.

2. Ces identifications sont justifiées dans les notes de la traduction.

qui doit être le moderne Palembang ; il s'y arrêta deux mois. De là, il se rendit dans le pays de Kié-tch'a qui peut être identifié par conjecture avec le territoire d'Atchin à l'extrémité nord de Sumatra. Dans le courant de la douzième lune de l'année 672, il repartait de nouveau, passait devant l'archipel des Nicobar dont il nous a laissé une remarquable description, et le huitième jour de la deuxième lune de l'année 673, il débarquait en Inde, dans l'État de Tamalitti, là probablement où s'éleva plus tard Satgaon, sur l'Hoogly.

I-tsing séjourna trois mois environ en ce lieu ; il habitait le temple Varâha (?) où il fit la connaissance d'un religieux chinois, nommé Ta-tch'eng-teng, qui avait abordé en premier lieu à Ceylan, et s'était fixé ensuite dans l'Inde orientale où il se trouvait depuis douze années. C'est en compagnie de ce confrère expérimenté qu'I-tsing résolut de se rendre dans le Béhar, la vraie terre sainte du Bouddhisme ; ils se mirent en route avec une nombreuse caravane qui comptait plusieurs centaines de marchands. Ils étaient encore à dix jours de marche du temple Mahâ-bôdhi lorsque I-tsing tomba malade ; il ne put suivre ses compagnons et resta en arrière ; vers le soir, il fut attaqué par une bande de brigands qui le dépouillèrent de tout ce qu'il avait et le laissèrent entièrement nu ; le pèlerin, qui avait cru un moment sa dernière heure venue, put se remettre en route ; mais il avait encore grand'peur car il avait entendu dire que lorsque les gens de ce pays prenaient un homme de couleur blanche ils le sacrifiaient au ciel. Il entra donc dans une fondrière et se couvrit de boue pour dissimuler le teint de sa peau ; fort avant dans la nuit, il eut le bonheur de rejoindre ses amis qui l'attendaient avec anxiété dans le village où ils étaient arrivés depuis plusieurs heures.

I-tsing parvint sans autre aventure au terme de son voyage ; il visita tous les lieux de pèlerinage puis retourna au célèbre temple Nâlanda et y demeura pendant dix ans. En 685, il prit la résolution de regagner la Chine ; il se sépara non sans émotion du religieux chinois Ou-hing avec lequel il avait longtemps vécu dans le temple Nâlanda et se rendit de nouveau dans l'État de Tamalitti ; il suivit le même itinéraire que lors de sa venue en Inde ; il passa par le pays de Kié-tch'a et atteignit celui de Çrî Bhôja où il s'arrêta pendant quatre années. En 689, voyant qu'il ne pouvait accomplir seul tout le travail de copie et de traduction qu'il s'était proposé, il se décida, pour ne pas perdre les résultats de son voyage, à revenir à Canton chercher des secours et des aides ; il s'embarqua dans le courant de la septième lune et, après être resté quatre mois à peine à Canton, il repartit pour le pays de Çrî Bhôja le premier jour de la onzième lune ; il avait trouvé quatre compagnons.

C'est pendant son séjour dans le royaume de Çrî Bhôja qu'il rédigea ses notes personnelles : il décrivit les règles de discipline qu'il avait vu suivre en Inde afin de corriger certaines inexactitudes que les Bouddhistes de Chine y avaient laissé introduire dans la pratique et en fit un ouvrage en quatre chapitres ; d'autre part il raconta les vies de cinquante-six pèlerins chinois ses contemporains et composa avec ces relations un petit traité en deux chapitres ; il y ajouta plus tard des notices consacrées aux quatre religieux qui l'avaient suivi lors de son départ de Canton. En 692, il profita du retour du religieux Ta-tsin en Chine pour lui confier son traité sur la discipline, qu'il intitula « Mémoire sur la loi intérieure envoyé des mers du Sud[1] », et ses biographies de pèlerins[2].

I-tsing revint définitivement dans sa patrie

---

1. *Nan-hai-ki-koei-nei-fa-tchoan.*
2. *Ta-t'ang-si-yu-k'ieou-fa-kao-seng-tchoan.* C'est l'ouvrage même que nous traduisons.

en 695. Il fit son entrée à Lo-yang au milieu de l'été. Le trône était alors occupé par l'impératrice Ou, qui, après avoir été concubine de Taï-tsong, était devenue la première femme de son successeur Kao-tsong, puis avait réussi à s'emparer du gouvernement au détriment de son propre fils Tchong-tsong. Cette femme intrigante et cruelle a laissé dans l'histoire chinoise une renommée peu enviable ; mais elle était extrêmement favorable au Bouddhisme ; elle avait été quelque temps bonzesse après la mort de son premier mari ; quand elle eut pris le pouvoir elle ne cessa d'employer des religieux, et les chargea des plus hautes fonctions. Elle témoigna de grands égards à I-tsing, se portant en personne à sa rencontre au dehors de la ville et le ramenant avec un cortège magnifique.

Ainsi que son prédécesseur Hiuen-tchoang, I-tsing, lorsqu'il eut renoncé à la vie errante du pèlerin, se consacra tout entier à ses études et à ses travaux ; on aurait tort cependant de se le représenter comme désormais reclus dans une cellule avec ses livres ; les traductions des textes saints du Bouddhisme n'ont point été abandonnées en Chine aux efforts plus ou moins heureux d'un seul homme : des commissions étaient nommées par l'empereur ; à leur tête était placé un religieux qui signait de son nom l'œuvre achevée; mais sous ses ordres il avait jusqu'à huit ou neuf sortes de fonctionnaires chargés, les uns de contrôler la correction des textes sanscrits, les autres de rédiger la traduction, d'autres d'en polir le style, d'autres d'en vérifier l'exactitude; dans une des commissions présidées par I-tsing, il y eut jusqu'à vingt personnes nommées uniquement pour polir le style ; souvent le nombre total des membres dut être d'une cinquantaine ; parmi eux se trouvaient presque toujours quelques Hindous; dans ces conditions on comprend que les textes bouddhiques aient été rendus en chinois avec une grande fidélité malgré la quantité considérable d'ouvrages qui sont parfois attribués à un seul traducteur. I-tsing commença par collaborer avec un religieux de Khoten nommé Çîkshananda. Mais, à partir de l'année 700, il eut seul la direction de diverses commissions impériales; il ne traduisit pas moins de cinquante-six livres dont on trouvera la liste dans le Catalogue du Tripiṭaka chinois et dans la biographie n° 1 du « Mémoire sur les religieux éminents composé au temps de la dynastie Song ». En outre, I-tsing avait écrit les deux traités dont nous avons parlé plus haut, trois opuscules sur des questions de discipline et un dictionnaire inachevé des termes du Vinaya de l'école Moûlasarvâstivâda.

I-tsing mourut en 713, âgé de soixante-dix-neuf ans.

II

Le « Mémoire composé à l'époque de la grande dynastie T'ang sur les religieux éminents qui allèrent chercher la Loi dans les pays d'Occident » n'a point la valeur scientifique de la relation de Hiuen-tchoang. I-tsing, en effet, a cherché à faire connaître plutôt les pèlerins que les lieux qu'ils visitèrent ; s'il donne une indication géographique ou historique, ce n'est que d'une manière incidente ; il veut avant tout préserver de l'oubli la mémoire de héros obscurs et célébrer leurs vertus. Ce sont les religieux et c'est la foi qu'il exalte.

Il est surprenant dès l'abord de voir qu'il a pu se trouver dans une seule génération soixante personnes pour tenter une entreprise aussi périlleuse que le voyage dans les pays d'Occident. Ce nombre est d'ailleurs un minimum, car il est fort possible qu'I-tsing ait omis quelques noms ; en outre, sur ces soixante religieux, il n'en est pas un seul qui soit mentionné dans les deux grands recueils de biographies bouddhiques où on pourrait s'attendre à les trouver, le Siu-kao-seng-tchoan et le Song-kao-seng-tchoan. Il est donc légitime de supposer que, dans les temps qui précédèrent ou qui suivirent I-tsing, il y eut des centaines de pèlerins dont nous n'avons pas conservé le souvenir. Ainsi il dut se produire, pendant bien des siècles, des allées et venues incessantes de fidèles qui se rendaient en Inde. Ce mouvement, dont le détail échappe à l'historien, atteste la vivacité du sentiment religieux bouddhique en Chine et explique comment il fut entretenu et développé.

A vrai dire, les difficultés que rencontraient ces voyageurs auraient dû décourager les audacieux qui étaient tentés de les imiter ; ceux qui passaient par terre devaient traverser le désert de Gobi où les mirages trompeurs entretenaient des épouvantes indicibles, où le vent qui soulevait des flots de sable menaçait d'ensevelir les caravanes, où la route à suivre était marquée par les ossements des bêtes et des gens qui y avaient trouvé la mort. Ceux qui choisissaient la voie de mer hasardaient leur vie sur de lourdes jonques qui se perdaient parfois, corps et bien ; quoique les Chinois fussent au VIIe siècle de notre ère les plus hardis navigateurs de l'Orient et quoique leurs embarcations pussent porter jusqu'à six ou sept cents personnes, ils n'étaient pas sûrs de triompher des vagues déchaînées; ou bien ils se trompaient dans leur route et venaient échouer sur des récifs qu'ils croyaient être le dos du monstre marin *makara*. Même arrivés en Inde, ils n'étaient pas à l'abri des dangers : les fleuves étaient parcourus par des barques de pirates ; les routes étaient infestées par des bandes de brigands. Malgré tout, les pèlerins ne perdaient pas leur enthousiasme sacré et se passaient de main en main la torche de la Loi.

Ils n'étaient pas cependant, ces intrépides, pareils aux fanatiques dont la foule se presse, entraînée par un instinct aveugle, vers les lieux saints de l'Islam ; ils ne venaient point non plus dans l'espérance de voir se réaliser pour eux ou pour leurs proches quelque guérison miraculeuse ; leur foi n'était ni si inconsciente, ni si intéressée. Ils se proposaient, regrettant de n'avoir pu rencontrer le divin maître lui-même, de visiter les pays où il s'était trouvé, d'adorer tous les objets qui rappelaient son souvenir ; mais surtout ils voulaient se procurer les livres qui avaient conservé son enseignement, afin de revenir en Chine répandre la bonne Loi et révéler les vérités qui délivrent de peine. Ces hommes d'action étaient en même temps des hommes d'étude qui apprenaient le sanscrit, qui s'initiaient à une grammaire et à une langue d'un génie tout opposé à celui du chinois, pour se rendre capables de traduire les livres révérés des Bouddhistes hindous. Il est rare que de pures idées inspirent de pareils dévouements et c'est un fait peut-être unique dans l'histoire du monde de voir une religion se répandre comme une science, grâce aux travaux d'une légion d'érudits.

En se propageant par cette voie lente et pacifique, le Bouddhisme n'en a pas moins conquis pendant un certain temps l'Asie presque entière ; l'opuscule d'I-tsing nous le montre au moment de son apogée ; dans l'Asie centrale, les Arabes n'ont point encore porté leurs armes ; ce sera seulement au début du siècle suivant que le général du calife Wélid, Cobeïba, imposera le joug musulman jusqu'aux frontières de la Chine ; au moment où écrit I-tsing, c'est le Bouddhisme qui prévaut à Samarkand, à Peshawer, dans toutes les places qui seront plus tard des boulevards du Mahométisme. Le Thibet a perdu sa barbarie et se fait une écriture pour traduire les livres du Tripiṭaka. C'est aussi la religion de

Çâkya-Mouni que nous trouvons établie dans le grand archipel asiatique ; Java et Sumatra sont des centres où elle fleurit et les pèlerins chinois trouvent déjà dans ces îles des textes qu'ils ne connaissaient point et des maîtres instruits tels que Jñanabhadra[1] pour les leur expliquer. Toute l'Indo-Chine, à l'exception peut-être du Siam[2], est bouddhique ; ce sont des noms sanscrits que portent les souverains des principaux états de la péninsule. Et voici que de la lointaine Corée elle-même accourent des pèlerins nombreux, depuis que les relations amicales du royaume de Sin-louo avec la Chine ont rendu les communications plus faciles. A travers tous ces pays de langues et de races différentes passent et repassent les religieux mendiants, ouvriers ignorés et puissants de la grande régénération.

Celle de ces nations qu'il est peut-être le plus singulier de voir adopter la religion de Bouddha, c'est la Chine. Pour quelque temps l'empire du Milieu consent à perdre son antique arrogance, à ne plus se considérer comme le foyer d'où émane toute lumière et à voir dans l'Inde le centre du monde ; il s'étonne de découvrir en dehors de ses frontières autre chose que des barbares

---

1. Voyez § 25.
2. *Nan-hai-ki-koei-nei-fa-tchoan*, chap. I, p. 4 r°.

et consulte avec avidité ces livres mystérieux qui lui promettent la paix de l'âme ; il abandonne pour un moment la hautaine morale de l'intérêt bien entendu professée par Confucius, et prête l'oreille aux paroles de pitié et d'amour qui furent prononcées près des rives du Gange. Il se convertit et les prosélytes qu'il donne ne sont pas les pauvres et les humbles, ceux qui sont les premiers à accepter une religion parce qu'ils ont besoin de consolation ; ce sont les grands de la cour, c'est le souverain lui-même ; à ce point qu'il est passé en proverbe de dire : Bouddhiste comme la dynastie T'ang.

Cependant, il faut le reconnaître, ces empereurs si dévots ne conservent guère le Bouddhisme dans sa simplicité primitive ; ce qu'ils y voient avant tout, c'est le moyen de se procurer des pouvoirs surnaturels ; ils espèrent en tirer enfin ce secret d'immortalité que les Fils du Ciel les uns après les autres ont toujours cherché ; tandis qu'ils écoutent avec empressement les Brahmanes tels que Lokayeta qui leur promettent l'herbe de la longue vie, ils se servent des pèlerins bouddhiques pour aller chercher en Inde des drogues merveilleuses[1] ; en même

---

1. Voyez § 1.

temps ils font revivre les antiques cérémonies *fong* et *chan* par lesquelles ils implorent du Ciel la longévité ; en même temps aussi ils permettent l'introduction dans l'empire du Christianisme nestorien, comme le rappelle la célèbre inscription de Si-ngan-fou. En vérité, ces souverains seraient prêts à élever des autels au dieu inconnu, pourvu que ce dieu fût un magicien capable de les sauver de la mort ; ils accueillent le Bouddhisme comme ils acceptent indistinctement toutes les doctrines qui prétendent contenir des révélations mystérieuses.

Mais ces raisons ne sont pas suffisantes pour faire comprendre comment le Bouddhisme pénétra si profondément dans toutes les classes de la société chinoise. L'explication en doit être cherchée plus loin dans ces secrètes sympathies qui rapprochent parfois les esprits des peuples. Bien avant le 1er siècle de notre ère, époque où l'empereur Ming, de la dynastie Han, encouragea officiellement l'introduction de la religion étrangère dans ses états, de nombreux penseurs chinois avaient réfléchi à la vanité des choses humaines et s'étaient efforcés de trouver dans la vie conforme aux lois directrices de l'univers le fondement d'une morale ; quelles que fussent les divergences de leurs opinions, ils s'accordaient à reconnaître que l'intérêt privé ou public ne pouvait être la règle de notre conduite; bien plus, que l'action elle-même était une chose mauvaise et que la sagesse consistait à se réunir par la méditation solitaire et prolongée au principe ineffable qu'on symbolise en l'appelant la Voie, le Tao. Sans doute leurs vues n'étaient point comparables à ce sentiment de charité active, de compassion salutaire qui fait la beauté des enseignements de Çâkya-Mouni, mais elles offraient une singulière analogie avec les tendances ascétiques et contemplatives qui se manifestèrent dans les écoles du Dhyâna et du Yôga. Les Chinois eux-mêmes furent si frappés de cette ressemblance qu'ils crurent voir dans un des plus anciens penseurs taoïstes, Lao-tse, le véritable ancêtre du Bouddhisme, et que d'une courte et vague indication de la vie légendaire de ce philosophe ils inférèrent qu'il était allé en Inde répandre ses enseignements[1]. D'autre part, les religieux chinois étudièrent, en même temps que les traductions des ouvrages sanscrits, les écrits de Tchoang-tse où se retrouvent plus développées et plus logiques les doctrines essentielles du livre de

---

1. *Song-kao-seng-tchoan*, chap. III, p. 17 r°.

la Voie et de la Vertu attribué à Lao-tse ; souvent lorsque I-tsing parle d'un pèlerin renommé pour son savoir, il nous dit qu'il avait longtemps pratiqué Tchoang-tse ; lui-même avait dû lire et relire cet écrivain, car son style en présente de nombreuses réminiscences. C'est donc parce que le Bouddhisme avait quelque parenté intellectuelle avec le Taoïsme qu'il put s'implanter sans peine dans la patrie de Lao-tse et de Tchoang-tse.

Après que la Chine eut subi l'influence du Bouddhisme, il arriva, par une sorte de contre-coup, qu'elle contribua grandement à son extension. Partout où pénétra son écriture, c'est-à-dire jusque dans l'Annam au sud et la Corée au nord, partout s'introduisit la religion. Grâce à ses pèlerins, des relations politiques plus étroites s'établirent entre les peuples : c'est après le voyage de Hiuen-tchoang et ses conversations avec le roi du Magadha, Çîlâditya, que Kao-tsong se décide à envoyer à ce souverain l'ambassadeur Wang Hiuen-ts'é ; cette députation pacifique se transforme en une expédition armée à la suite de la mort de Çîlâditya et l'émissaire impérial règle à son gré la situation politique de la vallée du Gange ; c'est encore par le Bouddhisme que la princesse chinoise Wen-tch'eng, mariée à un roi du Thibet, contribue à développer la civilisation dans sa nouvelle patrie ; elle facilite les relations entre le Thibet et la Chine, en favorisant les religieux errants.

Ainsi l'opuscule d'I-tsing nous découvre l'immensité du monde bouddhique au VIIe siècle de notre ère et les rapports nouveaux établis entre les nations qui le constituent, en nous montrant les efforts individuels des missionnaires qui travaillèrent par milliers à élever cet édifice colossal destiné à perdre bientôt sa splendeur, ici absorbé par le Brahmanisme, là supplanté par l'Islam, là subordonné au Confucianisme. Dans cette religion aujourd'hui déchue, c'est peut-être ce qu'il y eut de plus noble et de plus digne d'éloge : la foi vaillante et le dévouement absolu de ceux qui la firent un moment si grande.

Ed. Chavannes.

N. B. — Le Mémoire, composé à l'époque de la grande dynastie T'ang, sur les religieux éminents qui allèrent chercher la Loi dans les pays d'Occident, fait partie du Tripiṭaka chinois. C'est le n° 1491 du *Catalogue* de Bunyiu Nanjio.

L'édition sur laquelle j'ai fait ma traduction est datée de l'année Sin-hai de la période Wan-li, c'est-à-dire de l'an 1611 ; elle forme un cahier marqué de la lettre du *Livre des mille mots* qui a servi à classer le Tripiṭaka chinois. Ce cahier contient les deux principaux ouvrages d'I-tsing, à savoir celui que j'ai traduit et le *Nan-hai-ki-koei-nei-fa-tchoan*. Il m'a été fort aimablement prêté par Mgr Amphilochie, archimandrite de la mission russe à Péking.

La Bibliothèque nationale de Paris possède (n° 1369 du nouveau fonds chinois) le texte du Mémoire..... mais non celui du *Nan-hai* ...... Je n'ai trouvé dans cet exemplaire aucune variante importante ; on y relève quelques notes manuscrites de St. Julien.

Les principales abréviations que j'ai employées dans les notes sont les suivantes :

Nan-hai ... — pour *Nan-hai-ki-koei-nei-fa-tchoan*.

Dictionnaire numérique, — pour *Tch'ong-ting-kiao tch'eng-fa-chou*, réimpression (du Dictionnaire des expressions) numériques de la Loi employées dans le Véhicule de la religion. Cet ouvrage fait partie du Tripiṭaka chinois (n° 1636 du *Catalogue* de Bunyiu Nanjio) ; la réimpression dont il s'agit est datée de la treizième année Yon-tcheng, c'est-à-dire de l'année 1735.

Beal, *Analyse* ... — Je désigne ainsi un article dans lequel le Rév. S. Beal a analysé l'opuscule que j'ai traduit. Cet article est intitulé : *Two Chinese inscriptions found at Buddha Gayâ*. (*Journ. Roy. As. Soc.*, 1881; pp. 552-572.)

Hiuen-tchoang. — Je désigne ainsi les trois volumes de voyages des pèlerins bouddhistes traduits par Stanislas Julien ; la mention t. I se rapporte à la Biographie de Hiuen-tchoang ; t. II au premier volume de la Relation et t. III au second volume.

Burnouf, *Introduction* ... — pour : *Introduction à l'histoire du Buddhisme indien*, par E. Burnouf, 2ᵉ édition, Paris, 1876.

Bunyiu Nanjio, *Catalogue* ... ou B. N. n° ... pour : *A Catalogue of the Chinese translation of the Buddhist Tripitaka*, by Bunyiu Nanjio, Oxford, 1883.

La méthode que j'ai suivie pour la transcription des mots chinois est celle du P. Zottoli.

J'ai le plaisir de remercier ici M. A. Foucher qui a bien voulu m'aider de ses connaissances en sanscrit et m'a évité certainement plusieurs erreurs.

MÉMOIRE

COMPOSÉ A L'ÉPOQUE DE LA GRANDE DYNASTIE T'ANG[1]

SUR LES

RELIGIEUX ÉMINENTS

QUI ALLÈRENT CHERCHER LA LOI

DANS LES PAYS D'OCCIDENT

AU TEMPS DES *T'ANG*, *I-TSING*, MAITRE DE LA LOI DES TROIS RECUEILS[2], A ÉCRIT CECI POUR OBÉIR A UN DÉCRET IMPÉRIAL[3]

CHAPITRE PREMIER

Considérons depuis les temps anciens dans le pays

---

1. Le titre chinois étant *Ta-t'ang-si-yu-k'ieou-fa-kao-seng-tchoan*, on pourrait être tenté de le traduire : « Mémoire sur les religieux éminents de la grande dynastie *T'ang* qui sont allés chercher la Loi dans les pays d'Occident. » Mais, d'une part ce titre serait inexact; en effet, la dynastie *T'ang* régna de l'an 618 à l'an 906 de notre ère ; or *I-tsing* ne parle que de ses contemporains, c'est-à-dire des pèlerins qui vécurent dans la seconde moitié du VIIe siècle. D'autre part, si nous considérons un ouvrage qui porte un titre analogue, le *Song-kao-seng-tchoan*, nous voyons qu'il faut le traduire : « Mémoire composé au temps des *Song* sur les religieux éminents » et non : « Mémoires sur les religieux éminents de la dynastie *Song* » — puisque cet ouvrage commence par la biographie d'*I-tsing* lui-même qui vécut sous les *T'ang*.

2. Les religieux bouddhiques chinois étaient distingués en trois classes, suivant le point de la doctrine auquel ils attachaient une importance plus particulière ; les uns étaient les *maîtres de la Loi* (Dharma) 法師 ; les autres, les *maîtres du Dhyâna* 禪師 ; les troisièmes, les *maîtres de la Discipline* (Vinaya) 律師. — Le nom de *maître de la Loi des trois Recueils* (soûtra, vinaya, abhidharma) était plus honorifique que celui de maître de la Loi. — On trouvera plus loin (§ 37) le titre de *maître des Çâstras* 論師, qui se rencontre assez rarement et paraît s'appliquer à une catégorie spéciale de maîtres de la Loi.

3. C'est aussi par ordre impérial que *Hiuen-tchoang* (voyez quatre

des Immortels[1] — ceux qui ont été à l'étranger en faisant peu de cas de la vie et en se sacrifiant[2] pour la Loi : — le maître de la Loi, *Hien*[3], le premier ouvrit un chemin sauvage ; — le maître de la Loi, *Tchoang*[4], pénétra en-

notes plus loin) écrivit ses « Mémoires sur les contrées occidentales. »

1. La Chine est appelée le *pays des Immortels* 神 州 parce qu'on y trouvait, dit-on, la drogue qui empêche de mourir (cf. *Nan-hai*..., ch. III, p. 21 r°). On sait que la recherche de cette drogue fut la préoccupation constante des premiers penseurs taoïstes.

2. Ce sens du mot *siun* est indiqué par le grand dictionnaire *I-ts'ié-king-in-i*, non pas celui en vingt-cinq chapitres composé en l'an 650 par *Hiuen-ing*, mais celui en cent chapitres publié en l'an 807 par *Hoei-lin*. En Chine, on ne possède plus que l'ouvrage de *Hiuen-ing* et on considère celui de *Hoei-lin* comme perdu ; mais il existe encore des éditions du second au Japon et j'ai pu m'en procurer une réimpression japonaise datée de l'année 1745. Les notes aux deux principaux écrits d'*I-tsing* se trouvent dans le LXXXI⁰ chapitre de ce dictionnaire.

3. *Fa-hien* 法顯 visita l'Inde de 399 à 414 après J.-C. ; il est l'auteur de la relation de voyage intitulée : *Fo-kouo-ki ;* ce livre a été traduit par Rémusat et publié avec des annotations supplémentaires par Klaproth et Landresse en 1836 ; il a été traduit de nouveau par le Rév. S. Beal en 1869, par M. A. Giles en 1877, par le D⁰ Legge en 1886. — L'itinéraire suivi par *Fa-hien* fut déterminé surtout par les circonstances où il se trouva et il alla souvent un peu à l'aventure ; c'est ce qui explique l'expression de notre texte : « chemin sauvage ». *Hiuen-tchoang* (cf. la note suivante) au contraire prit la route la plus régulière pour se rendre par terre de Chine en Inde.

4. *Hiuen-tchoang* 玄奘 (on écrit aujourd'hui *Yuen-tchoang* 元奘 parce que le mot 玄, faisant partie du nom personnel de l'empereur *K'ang-hi*, a été frappé de *tabou*), voyagea de 629 à 645 après J.-C. ; il est l'auteur des *Mémoires sur les contrées occidentales* traduits en 1857 et 1858 par Stanislas Julien et en 1884 par le Rév. S. Beal. — St. Julien (*H. T.*, t. II, p. XXIII) et M. Beal ont accepté sans réserves l'opinion exprimée par le *Catalogue général de la Bibliothèque de l'empereur Kien-long*, que les « Mémoires sur les contrées occidentales » avaient été *traduits* du sanscrit par *Hiuen-tchoang* ; il suffit cependant de lire cet ouvrage pour voir que le

suite par la vraie route. — Dans le temps qui s'écoula entre ces deux hommes, il y en eut qui franchirent à l'ouest la barrière couleur de pourpre[1] et marchèrent solitaires ; — d'autres traversèrent la vaste mer et voyagèrent sans compagnon. — Il n'était aucun d'eux qui n'appliquât toute sa pensée aux vestiges sacrés[2] et qui ne se prosternât de tout son corps[3] en rendant les

pèlerin y parle presque toujours en témoin oculaire et que, s'il a pu parfois consulter des livres sanscrits, ses Mémoires ne sauraient passer pour une simple traduction. Cette difficulté a déjà frappé certains critiques chinois. *Wang Ming-cheng* a consacré à l'élucider un paragraphe du xcii^e chapitre de son traité intitulé : *Che-ts'i-che-chang-kiue* (publié en 1787, ap. Wylie, *Notes on Chinese literature*, p. 65) : il fait observer que dans l'ancienne histoire des *T'ang*, au chapitre 方伎, il est dit que *Hiuen-tchoang* réunit ses observations pour *composer* ses *Mémoires sur les contrées occidentales*, puis qu'il *traduisit* soixante-quinze ouvrages bouddhiques. C'est l'encyclopédie appelée la *Mer de jade* 玉海 (dont l'auteur, *Wang Yng-lin*, écrivait au commencement du xiie siècle) qui la première avança (chap. xvi) l'assertion que les *Mémoires sur les contrées occidentales* furent *traduits* par *Hiuen-tchoang* et rédigés par *Pien-ki*. Cette affirmation n'a aucun fondement ; l'erreur s'est cependant accréditée au point d'entrer dans le titre même de l'ouvrage tel qu'il se trouve dans le Tripiṭaka chinois. Mais elle n'en est pas moins une erreur et n'est due qu'à la légèreté d'un compilateur.

1. La *barrière couleur de pourpre* n'est autre que la Grande Muraille. — Dans cette introduction en style rythmé, on remarquera que souvent, à une phrase qui parle des voyageurs par terre, correspond une phrase symétrique sur les pèlerins qui prenaient la voie de mer. J'ai séparé ces phrases par des tirets en ne mettant qu'une virgule ou un point et virgule entre deux phrases consécutives symétriques.

2. On appelle *vestiges sacrés* 聖跡 tout ce qui se rapporte d'une manière plus ou moins directe à la personne du Bouddha : reliques de son corps ou des objets qui lui ont servi, lieux où il a enseigné ou dans lesquels il a accompli des actions remarquables, etc.

3. Proprement : se prosterna « des cinq parties du corps », c'est-à-dire de façon que le front, les deux bras et les deux jambes touchent le sol. En sanscrit, *pancânga*.

honneurs rituels; — tous comptaient revenir et reconnaître les quatre bienfaits[1] en répandant l'espérance.

Cependant la voie triomphante était semée de difficultés; — les lieux saints étaient éloignés et vastes. — Pour des dizaines qui verdirent et fleurirent et pour plusieurs qui entreprirent, — il y en eut à peine un qui noua ses fruits et donna des résultats véritables et il y en eut peu qui achevèrent leur œuvre.

La vraie cause en fut les immensités des déserts pierreux du pays de l'Éléphant[2], les grands fleuves et l'éclat du soleil qui crache son ardeur; — ou les masses d'eau des vagues soulevées par le poisson gigantesque[3], les gouffres énormes et les flots qui s'élèvent et s'enflent jusqu'au ciel[4]. — En marchant solitaire au delà des Portes de fer[5], on circulait parmi dix mille monta-

---

1. Les *quatre bienfaiteurs* auxquels le Bouddhiste est redevable sont : son père et sa mère, auxquels il doit l'existence, — le Tathâgata, — le maître qui prêche la loi. — On trouve d'autres explications de cette expression, mais celle que nous venons de donner est la plus fréquente.

2. Le pays de l'Éléphant est l'Inde; on sait que le Bouddha est souvent désigné et figuré comme un éléphant. Peut-être cependant 象 est-il employé ici pour le mot 像 et faut-il traduire : « le pays des images. » L'adoration par les Hindous de représentations figurées avait dû frapper les Chinois qui n'étaient point par eux-mêmes idolâtres et c'est pourquoi ils ont pu appeler l'Inde le pays des images.

3. Ce poisson gigantesque aux mouvements duquel sont attribuées les tempêtes de la mer est appelé en chinois *king* 鯨 ; c'est le *makara* des livres sanscrits (cf. Hiuen-tchoang, t. II, p. 475).

4. Cette phrase est une réminiscence de celle-ci 浩浩滔天 « en masses énormes, les eaux s'enflaient jusqu'au ciel », — laquelle se trouve dans le *Yao-tien* du *Chou-king*.

5. *T'ié men* 鐵門, les *Portes de fer*, en persan Derbend et en turc Kolouga, est connu aujourd'hui sous le nom de Buzgola-khana. Ce défilé, qui n'est plus fréquenté de notre temps (Wood, *Journey to*

gnes et on tombait dans des précipices ; — en naviguant seul au large des Colonnes de cuivre[1] on traversait les mille fleuves[2] et on perdait la vie. D'autres étaient privés de nourriture pendant quelques jours, — ou cessaient de boire pendant plusieurs matins. C'est ce qu'on peut appeler avoir résolu d'anéantir le principe de son existence, — écarter la bonne santé à force de peines et de fatigues. C'est pourquoi ceux qui partirent furent au

---

the source of the Oxus, new. ed., p. LX), était autrefois sur la route habituelle de Samarkhand à Balkh ; il fut traversé par la plupart des pèlerins chinois qui choisirent la voie de terre pour se rendre de Chine en Inde. — *Hiuen-tchoang* a décrit en témoin oculaire ces « gorges de deux montagnes parallèles qui s'élèvent à droite et à gauche et dont la hauteur est prodigieuse. Elles ne sont séparées que par un sentier qui est fort étroit et en outre hérissé de précipices. Ces montagnes forment, des deux côtés, de grands murs de pierre dont la couleur ressemble à celle du fer. On y a établi des portes à deux battants qu'on a consolidées avec du fer. On a suspendu aux battants une multitude de sonnettes en fer ; et comme ce passage est difficile et fortement défendu, on lui a donné le nom qu'il porte aujourd'hui » (trad. Julien, II, p. 23). — Ce défilé est mentionné aussi par Clavijo (1404 ap. J.-C.) ; en 1875 et 1878 deux missions russes l'ont visité (cf. Bretschneider, *Mediaeval researches*, note 211). — Sous la dynastie des *T'ang*, les Portes de fer étaient la limite au nord de laquelle se trouvait le petit état turc de Kesch, tandis qu'au sud s'étendaient les royaumes compris sous le nom de Tokharestan.

1. Les colonnes de cuivre élevées par le général chinois *Ma Yuen* 馬援 (en annamite, *Mâ-viên*) à la frontière de la Chine et du Tonkin après l'expédition qu'il fit, en l'an 42 de notre ère, pour réprimer l'insurrection soulevée par les deux jeunes filles *Trung-trac* et *Trung-nhi*.

2. Une note du texte chinois nous apprend que les *mille fleuves* auxquels il est fait allusion ici sont les mille cours d'eau qui se jettent à la mer dans le pays de *Po-nan* 跋南. D'autre part, le *Nan-hai*..... (ch. I, p. 3 b) établit que le *Po-nan* s'appelait autrefois *Fou-nan* 扶南. Ce second nom est plus connu et nous permet d'identifier le pays dont il s'agit avec le Siam (cf. *Hai-kouo-t'ou-tche*, ch. IX, p. 18 a).

nombre de plus de cinquante; — ceux qui subsistèrent furent à peine quelques hommes.

Que si quelques-uns d'entre eux parvenaient à atteindre les contrées d'Occident, comme la grande dynastie *T'ang* n'y a pas de monastères[1], c'est dans les auberges où le vent les poussait qu'ils se reposaient; c'est comme étrangers qu'ils passaient tous leurs loisirs; ils n'avaient aucun lieu où s'arrêter avec confiance. C'est pourquoi, emportés par le courant et dispersés, ils tourbillonnaient comme les plantes aquatiques à la surface de l'eau. Rarement ils demeurèrent ensemble dans un même lieu.

Comme leur corps ne jouisssait pas du calme, comment leur vertu aurait-elle pu être haute? Hélas! en vérité, on peut louer leurs qualités et avec sincérité espérer transmettre leur renommée parfumée aux générations à venir.

Imparfaitement je me suis servi de ce que j'avais entendu et vu pour rédiger le récit de leurs voyages et je n'ai rien fait de plus. Quant à l'ordre que j'ai observé entre eux, j'ai tenu compte pour la plupart de l'époque de leur départ; ou j'ai considéré s'ils étaient près d'ici ou au loin, ou s'ils étaient vivants ou morts pour placer les uns avant et les autres après. »

§ 1[2]. Le maître de la loi *Hiuen-tchao*, originaire de l'arrondissement de *T'ai*.

---

1. Beaucoup de pays bouddhiques avaient dans la terre sainte des monastères de leurs nationalités respectives; leurs pèlerins étaient donc sûrs de trouver un bon accueil auprès de leurs compatriotes. *I-tsing* se plaint (cf. § 40) que la Chine n'ait aucune institution de ce genre: c'est à son instigation que le religieux *Ta-tsin* (cf. § 56) revint en Chine pour demander à l'empereur qu'il remédiât à cet état de choses.

2. Ces numéros d'ordre n'existent pas dans le texte chinois; ils ont été ajoutés dans la traduction pour faciliter les recherches.

§ 2. Le maître de la loi *Tao-hi*, originaire de l'arrondissement de *Ts'i*.

§ 3. Le maître de la loi *Che-pien*, originaire de l'arrondissement de *Ts'i*.

§ 4. Le maître de la loi *Aryavarman*, originaire du *Sin-louo*.

§ 5. Le maître de la loi *Hoei-yé*, originaire de *Sin-louo*.

§ 6. Le maître de la loi *Hiuen-t'ai*, originaire du *Sin-louo*.

§ 7. Le maître de la loi *Hiuen-k'o*, originaire du *Sin-louo*.

§§ 8 et 9. Deux religieux originaires du *Sin-louo*.

§ 10. Le maître *Bouddhadharma*, originaire du *Tokharestan*.

§ 11. Le maître de la loi *Tao-fang*, originaire de l'arrondissement de *Ping*.

§ 12. Le maître de la loi *Tao-cheng*, originaire de l'arrondissement de *Ping*.

§ 13. Le maître du dhyâna *Tchang-min*, originaire de l'arrondissement de *Ping*.

§ 14. Un disciple du précédent.

§ 15. Le maître *Matisimha*, originaire de la capitale.

§ 16. Le maître de la loi *Hiuen-hoei*, originaire de la capitale.

§ 17. Le maître *Cittavarman*.

§§ 18 et 19. Deux fils de la nourrice de la princesse *T'ou-fan*.

§ 20. Le maître de la loi *Long*.

§ 21. Le maître de la loi *Ming-yuen*, originaire de l'arrondissement de *I*.

§ 22. Le maître de la discipline *I-lang*, originaire de l'arrondissement de *I*.

§§ 23 et 24. *Tche-ngan* et son frère cadet.

§ 25. Le maître de la discipline *Hoei-ning*, originaire de l'arrondissement de *I*.

§ 26. Le maître de la loi *Yun-k'i*, originaire de l'arrondissement de *Kiao*.

§ 27. Le maître *Mokshadêva*, originaire de l'arrondissement de *Kiao*.

§ 28. Le maître de la loi *K'oei-tch'ong*, originaire de l'arrondissement de *Kiao*.

§ 29. Le maître de la loi *Hoei-yen*, originaire de l'arrondissement de *Kiao*.

§ 30. Le maître de la loi *Sin-tcheou*.

§ 31. Le maître de la loi *Tche-hing*, originaire de l'arrondissement de *Ngai*.

§ 32. Le maître du dhyâna *Ta-tch'eng-teng*, originaire de l'arrondissement de *Ngai*.

§ 33. Le maître *Samghapâla*, originaire du pays de *K'ang*.

§§ 34 et 35. *Pei-ngan* et *Tche-ngan*, originaires du *Kao-tch'ang*.

§ 36. Le maître de la loi *T'an-juen*, originaire de *Lo-yang*.

§ 37. Le maître des çâstras *I-hoei*, originaire de *Lo-yang*.

§§ 38, 39 et 40. Trois religieux chinois.

§ 41. Le maître de la loi *Hoei-luen*, originaire du *Sin-louo*.

§ 42. Le maître de la loi *Tao-lin*, originaire de l'arrondissement de *King*.

§ 43. Le maître de la discipline *T'an-koang*, originaire de l'arrondissement de *King*.

§ 44. Un religieux chinois.

§ 45. Le maître du dhyâna *Hoei-ming*, originaire de l'arrondissement de *King*.

§ 46. Le maître de la discipline *Hiuen-k'oei*, originaire de l'arrondissement de *Juen*.

§ 47. Le maître de la loi *Chan-hing*, originaire de l'arrondissement de *Tsin*.

§ 48. Le maître de la loi *Ling-yun*, originaire de *Siang-yang*.

§ 49. Le maître du dhyâna *Seng-tché*, originaire de l'arrondissement de *Li*.

§ 50. Un disciple du précédent.

§ 51. Le maître de la discipline *Tche-hong*, originaire de *Lo-yang*.

§ 52. Le maître du dhyâna *Ou-hing*, originaire de l'arrondissement de *King*.

§ 53. Le maître du dhyâna *Fa-tchen*, originaire de l'arrondissement de *King*.

§ 54. *Tch'eng-ou*.

§ 55. *Tch'eng-jou*.

§ 56. Le maître de la loi *Ta-tsin*, originaire de l'arrondissement de *Li*.

Dans la table qui précède, il y a en tout cinquante-six personnes [1]. Les premiers en grand nombre tombèrent comme une pluie douce [2]. De ceux qu'il y avait quand moi, I-tsing, je vins en Inde, il reste en tout cinq personnes [3] : maître *Ou-hing*, maître *Tao-lin*, maître *Hoei-*

---

1. La rédaction primitive de cet opuscule comprenait cinquante-six biographies. Mais *I-tsing* y ajouta, à une époque ultérieure, quatre notices consacrées aux quatre religieux qui l'accompagnèrent lors de son second départ de Canton (§§ 57, 58, 59, 60).

2. C'est-à-dire qu'ils moururent.

3. §§ 52, 42, 41, 49 et 51. *I-tsing* ne mentionne ici que ceux qui étaient encore vivants au moment où il écrivait. Il en est d'autres, tels que *Ta-tch'eng-teng* (§ 32), qu'il rencontra aussi en Inde, mais qui moururent peu après.

luen, maître *Seng-tché* et maître *Tche-hong*. C'est ce qu'on verra en les récapitulant. La première année *tch'oei-kong* [1], je serrai la main à maître *Ou-hing* et me séparai de lui dans les contrées d'Occident. Je ne sais pas maintenant en quel lieu il est, ni s'il est vivant ou mort.

§ 1. — Le *cha-men* (çramaṇa) [2], maître de la Loi, *Hiuen-tchao* [3], était originaire de *Sien-tchang*, dans l'arrondissement de *T'ai* [4]. Son nom sanscrit [5] était *Pan-kia-ché-mo-ti* (Prakâçamati) [6]. Son grand-père et son père l'un après l'autre avaient coiffé le chapeau [7] de haut fonctionnaire. A l'âge où on noue les cheveux des enfants [8],

---

1. En l'an 685. Cette date est celle à laquelle *I-tsing* commença son voyage de retour.
2. On appelle çramaṇa les ascètes de toutes sortes, mais plus particulièrement les religieux bouddhistes (cf. Burnouf, *Introd. à l'hist. du Buddhisme indien*, 2ᵉ éd., p. 245).
3. 玄照
4. D'après le *Ti-li-tche* du livre des *T'ang* (*T'ang-chou*, ch. xxxvii, p. 3 v°), en l'an 675 on donna à l'arrondissement de *Hoa* 華州 le nom de *T'ai* 大. Une des quatre sous-préfectures de cet arrondissement était celle de *Hoa-yn* 華陰, dont le nom fut changé en 685 pour celui de *Sien-tchang* 仙掌 ; cette sous-préfecture s'appelle encore aujourd'hui *Hoa-yn* ; elle dépend de la préfecture de *T'ong-tcheou* 同州府, province de *Chàn-si*.
5. Le mot *Fan* 梵, abréviation de *Fan-lan-mo* = Brahma, désigne en général ce qui est indien. Lorsqu'il détermine le mot « langage » ou le mot « littérature », il faut le traduire par *sanscrit*.
6. C'est-à-dire : qui a l'intelligence éclairée. En chinois, *Tchao-hoei* 昭慧.
7. Le chapeau *mien* était autrefois la coiffure de cérémonie de l'Empereur et des hauts dignitaires. On en verra un dessin dans le *Dictionnaire chinois-français* du P. Couvreur, p. 541.
8. Lorsque les enfants ont sept ou huit ans, on leur noue les che-

il enleva l'épingle de tête et sortit du monde. Quand il fut devenu homme fait, il voulut adorer les vestiges sacrés. Il se rendit donc à la capitale pour examiner et pour entendre les soûtras et les çâstras. Au milieu de la période *tchen-koan*[1], dans le temple *Ta-hing-cheng*, résidence de maître *Hiuen-tcheng*, il commença à étudier la langue sanscrite.

Puis il prit le bâton orné d'étain[2] et se mit en marche vers l'ouest ; — il avait toujours présent à la pensée le jardin de *Tche*[3] (Jêtavana). — Il tourna le dos au chef-lieu de l'arrondissement de *Kin*[4] et sortit dans les Sa-

---

veux de façon à former deux petites cornes. — L'expression *enlever l'épingle de tête* signifie que Hiuen-tchao se fit raser la tête pour entrer dans les ordres et par suite qu'il n'eut plus besoin de l'épingle destinée à maintenir les cheveux.

1. La période *tchen-koan* s'étend de l'an 627 à l'an 650.

2. Le bâton orné d'étain (錫杖 *khakkhara*) était un bâton surmonté d'une tête en étain portant un certain nombre d'anneaux de ce même métal. A l'origine, les religieux mendiants s'en servaient pour frapper aux portes (Watters, *Essays on the Chinese language,* p. 452). On distinguait dans ce bâton trois parties : la tête en étain, la partie centrale en bois, l'extrémité inférieure en ivoire ou en corne (*Dict. num.*, ch. III).

3. *Tche*, abréviation pour *Tche-t'ouo* 祇陀 = Jêta. Jêta, fils de Prasenajit, roi de Çrâvastî, vendit son parc à Anâthapiṇḍika, qui le donna à Çâkyamouni. Ce parc fut le théâtre de plusieurs entretiens mémorables du maître avec ses disciples ; dans la suite, un monastère qui devint très célèbre y fut construit. D'après *Fa-hien* (trad. Legge, p. 56), le Jêtavana-vihâra se trouvait à douze cents pas en dehors de la porte sud de Çrâvastî, l'ancienne capitale du royaume du Kosala septentrional ; le général Cunningham (*Anc. geogr. of India*, t. I, p. 409) identifie cette ville avec la localité appelée Sâhet-Mâhet, sur la Rapti, à 58 milles au nord d'Ayodhyâ, dans la province d'Aoudh.

4. 金府 c'est-à-dire le chef-lieu du 金州. L'arrondissement de *Kin* est aujourd'hui la sous-préfecture de *Ngan-k'ang*, préfecture de *Hing-ngan*, province de *Chàn-si*.

bles mouvants[1] ; — il passa par les Portes de fer[2] et gravit les Montagnes neigeuses[3]. — Il se rinça la bouche avec l'eau de l'Étang des parfums[4], afin de fortifier sa résolution et d'accomplir entièrement les quatre grands (serments)[5] ; — il monta sur les Monts des oignons[6] et éleva son cœur vers l'espérance en jurant de passer au delà des trois mondes[7]. — Sur sa route, il rencontra le *Sou-li* (Souri)[8] et traversa le

1. Les *sables mouvants* 流沙 sont le désert qui s'étend à l'ouest du district de *Toen-hoang*, dans le *Kan-sou*.

2. Cf. note 5 de la p. 4.

3. 雪嶺. L'Hindoukouch.

4. 香池. Je n'ai pas pu découvrir quel est le lac qu'*I-tsing* appelle l'Étang des parfums; peut-être est-ce le lac Issik-kul.

5. Le texte chinois donne seulement les deux mots 四弘, c'est-à-dire les quatre grands. Je suppose que c'est une abréviation de l'expression 四弘誓願, les quatre grands désirs faits avec serment. Ces quatre désirs que le croyant conçoit après avoir compris les quatre vérités fondamentales (Catuḥ-satya) sont : se dégager des peines ; — couper court à l'accumulation des peines par les passions ; — trouver la voie qui n'est autre que la Loi ; — arriver par son moyen au nirvâṇa (*Dict. num.*, ch. IV). — Peut-être aussi cette expression désigne-t-elle les quatre grandes défenses qu'on communiquait à chaque nouveau moine le jour de son ordination.

6. Les *Monts des oignons* sont le Belur-tagh qui sépare le Turkestan chinois des vallées de l'Iaxartes et de l'Oxus.

7. Le mot 有 correspond au sanscrit *bhava*, existence. L'expression 三有 est l'équivalent du sanscrit *Trailokya*, les trois mondes du désir, de la forme et de ce qui est sans forme.

8. Je n'ai pas trouvé le nom de *Sou-li* 速利 mentionné dans les historiens officiels de la Chine. Mais on le relève dans Hiuen-tchoang avec l'orthographe 窣利. Hiuen-tchoang (t. II, p. 12) dit : « Depuis la ville de la rivière *Sou-ye* (ville que M. Watters, *China Review*, t. XIX, p. 117, suppose être au sud de Tokmak, au nord-ouest et pas très loin du lac Son-kul) jusqu'au royaume de *Kié-*

Tou-houo-louo (Tokharestan)¹; — plus loin encore il dépassa le territoire des *Hou*² et arriva dans le royaume des *T'ou-fan*³; il y trouva la princesse *Wen-*

choang-na (Kaçanna = Kesch), le pays s'appelle *Sou-li*, et les habitants portent le même nom. » M. Watters (*loc. cit.*, p. 118) croit que les *Sou-li* de Hiuen-tchoang « correspondent aux Sârts des temps ultérieurs. Ce nom de Sârts est appliqué, dit-on, par les nomades de l'Asie centrale à tous ceux qui résident dans des villes ou des villages, sans avoir égard à leur race ou à leur origine. »

1. 覩 貨 羅 *Tou-houo-louo*. Le Tokharestan est le *Ta-hia* 大 夏 du temps des *Han*; le *Ta-hia* correspondait à la Bactriane des géographes grecs, laquelle était séparée de la Sogdiane par l'Oxus. D'une manière plus exacte, *Hiuen-tchoang* nous apprend que le défilé des Portes de fer (cf. note 5 de la p. 4), à peu près à mi-chemin entre Samarkhand et Balkh, traçait la limite entre les états proprement turcs au nord et les pays qui constituaient le Tokharestan (seulement soumis aux Turcs) que, d'autre part, la limite méridionale du Tokharestan se trouvait à la frontière nord du pays de Bamyan (Hiuen-tchoang, t. I, p. 68). Le Tokharestan paraît donc avoir compris, au VIIe siècle de notre ère, la haute vallée de l'Oxus, en s'étendant à l'est jusqu'au Pamir et au sud jusqu'aux premiers contreforts de l'Hindoukouch. Il se divisait en vingt-sept états. — Les Chinois considéraient le Tokharestan comme provenant de l'ancien royaume des grands *Yue-tche*; la preuve en est que, lorsque vers l'an 660 de notre ère, la dynastie *T'ang* prétendit imposer ses divisions administratives à l'Asie centrale, elle fit de *Ho* (probablement le moderne Kunduz) la capitale du pays en l'appelant *Yue-tche-fou* (cf. Yule, *Notes on Hwen-thsang's account on the principalities of Tokharistan* dans le *Journal Roy. As. Soc.*, n. s., vol. VI, p. 92-120).

2. On désignait sous le nom général de *Hou* 胡 tous les peuples qui habitaient le Tokharestan et les pays avoisinants. Cf. *Nan-hai...,* I, 25 *b* « 北方諸胡覩貨羅及速利國等, tous les Hou du nord, à savoir les états qui composent le Tokharestan et le Souri»; — Cf. aussi *Nan-hai...,* III, 12 *a*: « 北方速利總號胡疆, on appelle du nom général de territoire des *Hou*, les états Souri du nord. »

3. Les *T'ou-fan* sont les habitants du Thibet. D'après Abel Rému-

tch'eng[1] qui le fit conduire dans l'Inde du nord : il s'achemina vers *Che-lan-t'ouo* (Jâlandhara)[2].

Dans le temps qu'il n'y était pas encore arrivé, quand il était engagé dans les parties escarpées et étroites de sa longue route, il fut découvert et arrêté par des brigands. La caravane se trouva dans une position désespérée, car il n'y avait aucun endroit où on pût aller porter plainte. Lui cependant invoqua le secours divin ;

---

sat et le Dr Bushell, le second caractère doit se lire *po* (cf. Bretschneider, *Mediaeval researches*, t. II, p. 22-23). D'après M. Rockhill (*The Life of the Buddha*,, p. 216), *T'ou-po* serait la transcription de deux mots thibétains *Thub-phod,* qui signifient tous deux « habile, capable ». Le nom mongol *Tubed,* qu'on écrit en chinois *T'ou-po-t'o* 土伯特, est fort semblable à la prononciation thibétaine. — D'après M. Feer (*Journ. asiatique*, janv.-fév. 1893, p. 161), *bod* signifierait *parler* et *Bod-yul* serait « le pays où l'on parle, le pays de ceux qui parlent ».

1. En l'an 634, le roi des *T'ou-fan, Ki-tsong-luen-tsan* (transcription du nom de *Khri-ldan-srong-btsan* que porta avant son avènement le roi *Srong-btsan-sgam-po,* d'après M. Rockhill, *op. cit.*, p. 211), après s'être déclaré vassal de l'empire du Milieu, avait demandé une infante de Chine en mariage ; elle lui fut refusée ; il leva alors une armée et attaqua une des villes frontières de l'empire ; il fut battu, mais on fit droit à sa demande et en 641 il épousa la princesse *Wen-tch'eng. Ki-tsong-luen-tsan* est un des souverains qui ont le plus contribué à introduire le Bouddhisme au Thibet ; il fut aidé dans son œuvre par deux de ses femmes (la princesse chinoise *Wen-tch'eng* et la princesse népâlaise *Bribsun*) qui, sous les noms de Dolkar et de Doldjang sont devenues deux divinités du Bouddhisme thibétain. Ce souverain mourut en l'an 650. Le pèlerin *Hiuen-tchao* dut passer au Thibet fort peu de temps après cet événement.

2. *Che-lan-t'ouo* 闍爛陀, orthographe abrégée pour *Che-lan-ta-louo,* c'est-à-dire Jâlandhara, aujourd'hui Jâlandhar, ville du Pendjab. Jâlandhara était alors un royaume indépendant fort étendu ; la dynastie qui le gouvernait prétendait descendre de Souçarma Candra. En 643, *Hiuen-tchoang* fut très bien reçu par le rajah de Jâlandhara, *Ou-ti-to* (Oudita) (cf. Cunningham, *Anc. geogr. of India*, t. I, pp. 136 et suiv.).

il écrivit un vœu et, prosterné devant le saint, il dévoila son cœur. En songe, il eut un pressentiment; il s'éveilla et vit que tous les brigands dormaient. Conduit secrètement, il sortit de leur cercle et c'est ainsi qu'il put s'échapper de cette situation difficile.

Il s'arrêta à *Che-lan-t'ouo* (Jâlandhara) et passa là quatre années. Il fut honoré et estimé par le roi de ce pays[1] qui le retint et subvint à son entretien. Il étudia les soûtras et la discipline ; il s'exerça dans la littérature sanscrite.

Lorsqu'il eut acquis quelque intelligence, il alla graduellement vers le sud ; arrivé au temple *Mo-ho-p'ou-t'i* (Mahâbodhi)[2], il y passa derechef quatre étés.

Tout en regrettant à part lui de ne pouvoir, vivant, rencontrer le Saint[3], il fut heureux de contempler les

---

1. Le texte chinois est ainsi conçu : 蒙國王欽重. Le premier mot *mong* a le sens de *recevoir un service ou un bienfait*. C'est à tort que M. Beal (*Buddhist Records...*, tome I, p. 176, note 30 et p. 242 et *Analyse*, p. 564 et *passim*) a pris ce mot pour le nom même du roi de Jâlandhara, voulant y voir une appellation du roi Oudita. La preuve que *mong* n'est pas un nom propre, c'est que nous retrouvons plus loin, dans l'ouvrage que nous traduisons (§ 2, ch. I, p. 5 v°), ce même mot à propos du roi d'*An-mouo-louo-po*, et la phrase est construite de telle façon qu'il est impossible de la rendre autrement que comme suit : « Il reçut du roi d'*An-mouo-louo-po* la faveur d'être fort aimé et traité avec honneur. » Par conséquent, lorsqu'il s'agi du roi de Jâlandhara il faut traduire : « Il reçut du roi du pays la faveur d'être honoré et estimé », — et non pas, comme le voudrait l'interprétation de M. Beal : « *Mong*, roi du pays, l'honora et l'estima. »

2. Le monastère Mahâbodhi se trouvait à Bouddha-Gayâ (près de la ville actuelle de Gayâ), dans l'état de Magadha. Voyez Cunningham, *Mahâbodhi or the Great Buddhist temple...*, Londres, 1892.

3. *Le Saint* est Çâkyamouni. Vivre avant ou après un Bouddha (Tathâgatânoutpâda) est, d'après les dogmes bouddhiques, une des huit conditions infortunées. *Hiuen-tchao* a du moins la consolation de voir les vestiges qui ont été laissés par le Bouddha passé, Gautama Boud-

vestiges qui en étaient restés; il admira la figure véritable qui a été faite du Compatissant[1]; elle lui apparut telle qu'elle est en réalité et sans aucune substitution. Alors, grâce à l'excès de sa haute vénération, il comprit profondément les *kiu-ché* (kôças)[2], puis il pénétra l'Abhidharma[3]. Il médita avec pureté sur les

dha, et de contempler l'image du Bouddha qui doit venir, Maitreya Bouddha.

1. Le *Compatissant* 慈氏 est un des noms donnés à Maitreya Bouddha qui doit apparaître sur la terre cinq mille ans après Gautama. D'après une légende que nous retrouvons dans *Fa-hien* (trad. Legge, p. 25), un Arhat était parvenu à se rendre dans le ciel Toushita, y avait vu Maitreya Bouddha, et, à son retour sur la terre, en avait fait une fidèle image en bois.

2. D'après le dictionnaire *I-ts'ié-king-yn-i* (ch. xxiv, p. 1 r°), le mot *kiu-ché* (俱舍 kôça) est l'équivalent de *piṭaka* et désigne d'une manière générale quelque chose qui enveloppe ou qui contient. Abel Rémusat en a donné la définition suivante : « Les discours intitulés *kiu-ché* (kôça, ce qui embrasse, ce qui comprend : en chinois *Tsang*) sont cités comme appartenant à la classe des Abhidharmas de la petite translation (Hînayâna); on y discourt sur la conduite et les mérites des Çrâvakas et des Pratyekabouddhas » (*Foe-koue-ki*, p. 109).

3. L'expression *toei-fa* 對法, étant symétrique du mot *kôça*, doit, comme lui, désigner une classe d'ouvrages; ce sont les çâstras de l'Abhidharma. — Il est à remarquer cependant que l'expression *toei-fa-luen* est parfois le titre d'un ouvrage particulier; ainsi, une note du *Nan-haï*... (ch. iv, p. 13 v°) nous apprend qu'Asaṅga est l'auteur du *toei-fa-luen*; dans ce cas, il s'agit du Mahâyânâbhidharma-samgîti-çâstra (Bunyiu Nanjio, *Catalogue*, n° 1199).

D'après le *Dictionnaire numérique* (ch. iii, p. 53 r°), le Tripiṭaka du Hînayâna se divisait comme suit : I. les *king* comprenant deux sections : 1° les *sieou-to-louo* (soûtras) et 2° les *a-han* (âgama); — II. les *luen* comprenant trois sections : 1° les *a-pi-t'an* (abhidharma); 2° les *kiu-ché* (kôças) et 3° les *p'ouo-cha* (vibhâshâ : *p'ouo-cha* 婆沙 signifie, d'après le *Dictionnaire numérique*, « vaste explication »; or, d'après le *I-ts'ié-king-yn-i*, ch. xvii, p. 1 v°, le sens de « vaste explication » est celui du mot *pi-p'ouo-cha* 毗婆沙 ; *p'ouo-cha* est donc une

règles de la discipline et les deux doctrines¹ devinrent aussitôt claires pour lui.

Ensuite il se rendit dans le temple *Na-lan-t'ouo* (Nâlanda)² ; il y séjourna trois années. A l'école du maître de la loi *Cheng-koang* (Jinaprabha)³, il étudia le Madhyamaka-çâstra et le Çata-çâstra⁴. Puis, à l'école du véné-

orthographe abrégée pour *pi-p'ouo-cha* = vibhâshâ) ; — III. les *lu* comprenant le *pi-ni* (Vinaya).

L'Abhidharma du Hînayâna se répartit en deux écoles fondées l'une sur l'ouvrage appelé Abhidharma-vibasha, l'autre sur l'ouvrage appelé Abhidharma-kôça. Ainsi le texte d'*I-tsing* signifie que le pèlerin *Hiuen-tchao* s'initia aux doctrines du Kôça et pénétra par là l'Abhidharma.

1. L'expression *les deux doctrines* 兩教 peut avoir plusieurs sens ; appliquée à la discipline, elle désigne la doctrine ésotérique 內律 et la doctrine exotérique du Vinaya 外律. Une autre division partage le Vinaya en Prâtimoksha-vibhâga et en Vinayavastou (Kern, *Buddhism*, t. II. p. 453).

2. Le temple Nâlanda se trouvait dans le village du même nom (on l'identifie avec la localité appelée aujourd'hui Baragaon). Il était à 7 milles au nord de l'ancienne Râjagṛiha (Cunningham, *Anc. geogr. of India*, t. I, p. 467). On trouvera plus loin, § 41, une description très complète de ce monastère.

3. 勝光 *éclat vainqueur*, traduction du sanscrit Jinaprabha. Dans le *Nan-haï...*, § 34, I-tsing cite ce religieux au nombre de ses contemporains les plus renommés (trad. Ryauon Fujishima, *Journ. asiatique*, 1888, p. 435).

4. L'expression chinoise est *tchong-po-teng-luen* 中百等論. Il n'y a pas de difficulté pour le *po-luen* qui ne peut être que le çataçâstra. Quant au *tchong-luen*, Eitel (*Handbook*, p. 121) et Bunyiu Nanjio (*Catalogue*, n° 1179) le font correspondre au Prâṇyamoûla-çâstra-ṭîkâ. Mais, d'après le *Siu-kao-seng-tchoan* (ch. III p. 5 r°), le Tchong-luen n'est qu'un autre nom du Pan-jo-teng-luen (般若燈論一名中論), lequel est une traduction du Prajñâpradîpaçâstra (Bunyiu Nanjio, *Catalogue*, n° 1185). En outre, nous trouvons à la page 7 v° du même chapitre du *Siu-kao-seng-tchoan* l'expression *Tchong-po-tchou-luen* 中百諸論, où *tchong-luen* signifie, sans

rable[1] *Pao-che-tse* (Ratnasiṃha)[2], il entra en possession des dix-sept points du *Yu-kia* (Yôga)[3] et de la fixité que procure la doctrine du Dhyâna. Promptement il aperçut la passe et le rivage.

Quand il eut tout enfermé dans le grand filet, il se rendit au nord du fleuve *K'iang-k'ia* (Gangâ). Il fut entretenu par *Tchan-pou* (Jambou?)[4], roi du pays. Il

aucun doute possible, le Prajñâpradîpa-çâstra. Cette double identification s'explique par le fait que ces deux ouvrages sanscrits ne sont que des commentaires différents sur le texte fondamental dont il est question dans I-tsing, à savoir le Madhyamaka-çâstra de Nagarjouna.

1. 大德 litt. : *grande vertu*. C'est la traduction du terme sanscrit *bhadanta*.

2. *I-tsing* lui-même rencontra *Pao-che-tse* 寶師子 lorsqu'il visita le temple Nâlanda (v. Ryauon Fujishima, *Journ. asiatique*, 1888, p. 438).

3. Les dix-sept points du Yoga (*Yu-kia* 瑜如) sont les divers degrés auxquels s'élève l'esprit en se livrant à la méditation appelée Yoga : ces points sont les suivants : 1º harmonie réciproque des cinq connaissances sensibles (vijñanas); — 2º harmonie réciproque du sens interne (manas) et des connaissances sensibles (vijñanas); — 3º, 4º et 5º les trois sortes de samâdhi qui sont : réfléchir et examiner (savitarkasavicâra); — ne pas réfléchir mais examiner (nirvitarka-savicâra); — ne pas réfléchir et ne pas examiner (nirvitarka-nirvicâra) ; — 6º être en état de contemplation, *san-mo-hi-to* (samâhita); — 7º ne plus être en état de *san-mo-hi-to* (samâhita); — 8º avoir des pensées (sacitta); — 9º ne pas avoir de pensées (acitta); — 10º, 11º et 12º les trois sortes de *prajñâ* qui sont : connaissance qui est faite de ce qui a été entendu (çroutamayî prajñâ); — connaissance qui est faite de la pensée (cintâmayî prajñâ); — connaissance qui est faite de création intellectuelle (bhâvanâmayî prajñâ ; — voyez *Mahâvyoutpatti*, éd. Minayeff, nº 75); — 13º l'état de Çrâvaka ; — 14º l'état de Pratyekabouddha; — 15º l'état de Bôdhisattva; — 16º avoir encore des appuis — 17º ne plus avoir d'appuis (*Dict. num.*, ch. xi, p. 18 vº).

4. De quel pays Jambou était-il roi? La position du temple *Sin-tché* 信者寺 peut seule nous renseigner. Or nous lisons plus loin, § 41, que le pèlerin *Hoei-luen* s'arrêta dans le pays de *Ngan-mouo-louo-po* 菴摩羅跋 (Amrava ou Amarava?) et y séjourna dans le

s'arrêta dans le temple *Sin-tché* (Sinjà-vihâra?)[1] et dans d'autres temples et y passa derechef trois années.

Ensuite, l'ambassadeur chinois *Wang-hiuen-ts'é*[2], étant revenu dans son pays et ayant parlé dans son rapport de la réelle vertu de ce religieux, il reçut l'ordre

---

temple *Sin-tché*. Jambou devait donc être roi de *Ngan-mouo-louo-po*. Cet état se trouvait au nord du Gange, comme le prouve le texte que nous venons de traduire, et faisait partie de l'Inde du centre, ainsi qu'on le verra à la fin de cette biographie; il devait donc être situé dans la province actuelle d'Aoudh; cependant ni *Fa-hien* ni *Hiuen-tchoang* ne le mentionnent : je ne suis pas parvenu à l'identifier.

1. Si les mots *Sin-tché* doivent être regardés comme une traduction chinoise d'un nom sanscrit, celui-ci serait *Çrâddha-vihâra*; mais ce nom ne paraît guère convenir à un vihâra. Il est donc probable que les mots *sin-tché* sont une transcription.

2. *Wan Hiuen-ts'é* 王玄策 fut envoyé en 648 en ambassade auprès du roi de Magadha Çilâditya 尸羅逸多 ; cette mission avait été décidée après le retour, en 645, de *Hiuen-tchoang* qui avait eu l'occasion de s'entretenir longuement de la Chine avec ce souverain. Mais Çilâditya mourut vers 655 (cette date est donnée par le *Siu-kao-seng-tchoan*, ch. IV, p. 22 v⁰ qui dit : « A la fin de la période *Yong-hoei*, 650-655, Çilâditya mourut en effet ». Ce texte montre que Wang Hiuen-ts'é resta plusieurs années en mission et que les savants européens ont eu tort de prendre l'année de son départ, 648, pour la date de la mort de Çilâditya), avant que l'émissaire impérial eût put le voir. Des troubles éclatèrent alors dans le Magadha; un certain *A-lo-na-choen* 阿羅那順 (M. Sylvain Lévi, *Journ. asiatique*, nov.-déc. 1892, p. 337, a fait une très ingénieuse correction en montrant que A-lo-na-choen devait être une erreur pour A-lo-choen-na = Arjouna) s'empara du pouvoir et repoussa à main armée *Wang Hiuen-ts'é* et son escorte. L'ambassadeur impérial se réfugia chez les *T'ou-fan* ; puis, à la tête de mille soldats *T'ou-fan* et de sept mille cavaliers népâlais, il revint attaquer *A-lo-na-choen* qu'il battit complètement, fit prisonnier et emmena à la capitale de l'empire des *T'ang*. — On peut lire dans le *Journal asiatique* (juillet 1847) le récit plus détaillé de ces faits; Stanislas Julien l'a extrait du cccxxxviii⁰ chapitre de *Ma Toan-lin*.

de retourner dans l'Inde de l'ouest et de ramener *Hiuen-tchao* à la capitale.

Hiuen-tchao passa par le royaume de *Ni-po-louo* (Népaul); le roi de ce pays[1] envoya une escorte qui l'accompagna jusque chez les *T'ou-fan*; il vit de nouveau la princesse *Wen-ich'eng*[2]; elle lui offrit beaucoup de présents et le traita avec honneur. Elle lui donna les moyens de revenir dans le pays des *T'ang*. Alors il parcourut le territoire des *Fan*[3] de l'ouest et arriva en Chine. C'était le neuvième mois qu'il avait pris congé de *Tchan-pou* (Çambhou?) et le premier mois il atteignit sans encombre *Lo-yang*; dans l'espace de cinq mois il avait franchi dix mille *li*[4].

En ce temps, qui était le milieu de la période *lin-té*[5], l'empereur favorisa de sa venue le *Lo* oriental[6]. *Hiuen-*

---

1. D'après l'histoire des *T'ang* (*T'ang-chou*, ch. ccxxi a, p. 1) le roi du Népaul s'appelait, vers l'an 650, *Che-li Na-lien-t'o-louo* (Çri Narêndra?). Le nom de Narêndra-dêva se rencontra dans les listes dynastiques du Népaul; M. Fleet place dubitativement ce souverain vers 700-724 (*Corpus inscrip. indic.*, vol. III, Introd., p. 186).

2. Cf. note 1 de la p. 14.

3. *Fan*, abréviation pour *T'ou-fan* = les Thibétains.

4. Le *li* est une mesure de distance qui a beaucoup varié et qui, actuellement même, diffère suivant les provinces. Mais le *li* qu'employa le religieux indou *I-hang* pour faire ses mesures astronomiques, sous le règne de *Hiuen-tsong* (713-756), étant de 329 mètres, Vivien de Saint-Martin a supposé avec beaucoup de raison que c'est de ce même *li* que se servaient les pèlerins chinois au siècle précédent (*Hiuen-tchoang*, t. III, p. 258). Il est évident d'ailleurs que, dans le passage que nous traduisons, le nombre de dix mille *li* ne prétend à aucune exactitude.

5. La période *lin-té* comprend les années 664-665 de notre ère.

6. Le *Lo* oriental 東洛 n'est autre que *Lo-yang* 洛陽, dans la province de *Ho-nan*. Cette ville n'était pas la vraie capitale de l'empire, car le siège du gouvernement se trouvait à *Tch'ang-ngan*, mais, en 657, l'empereur l'avait nommée *la capitale orientale* 東都. Dans le *T'ong-kien-kang-mou*, nous lisons que, la dixième lune de la

tchao fut admis en audience à la cour et reçut un décret impérial lui ordonnant d'aller dans le royaume de *Kie-che-mi-louo* (Cachemire), pour y prendre le *P'o-louo-men* (Brahmane) à la longue vie (âyoushman), *Lou-kia-i-to* (Lokâyata)[1].

Cependant, à *Lo-yang*, *Hiuen-tchao* avait vu les vénérables religieux; il avait commencé à leur exposer les parties essentielles de la loi bouddhique. Le maître de la discipline *Tao*, le maître de la loi *Koan* et d'autres religieux du temple *King-ngai* l'avaient prié de traduire le *Sa-p'ouo-to-pou-lu-ché* (Sarvâstivâda-vinaya-samgraha)[2]. Mais lorsqu'il reçut l'ordre de partir, il ne put

---

seconde année *lin-té*, en hiver, l'empereur Kao-tsong passa par *Lô-yang*, se rendant au *T'ai-chan* pour y accomplir les cérémonies *fong* et *chan*. C'est à cette occasion qu'il vit *Hiuen-tchao*.

1. De tout temps les empereurs de Chine furent les jouets d'imposteurs qui prétendaient avoir trouvé le secret de l'immortalité (cf. ma traduction du traité de *Se-ma Ts'ien* sur les cérémonies *fong* et *chan*, — et l'abrégé de l'Histoire de la grande dynastie *T'ang*, traduit par le P. Gaubil, dans les *Mémoires concernant les Chinois*, t. XV, p. 443 n. 2) et p. 469). Ce *Lou-kia-i-to* 盧迦溢多 est mentionné dans l'Histoire des *T'ang* (*T'ang-chou*, ch. ccxxi *a*, p. 19 r°); il était originaire du royaume d'*Ou-tch'a* (Orissa) dans l'Inde orientale. Le *T'ong-kien-kang-mou* nous apprend que, pendant la dixième lune de la première année *tsong-tchang* (l'an 668), il se trouvait à la cour impériale et reçut le titre de *Grand maréchal qui pense à la transformation* 懷化大將軍. — *Lokâyata* paraît être ici un nom propre; cependant, dans la littérature sanscrite, il s'applique communément à tous les adeptes du système Cârvâka. — Par analogie avec *Che-lo-i-to* = Çîlâditya; on pourrait aussi écrire *Lou-kia-i-to* = Lôkâditya. Mais le caractère *i* n'est pas le même dans les deux noms et celui qui entre dans le nom *Lou-kia-i-to* est la transcription de *ya* ou *ye* mais non de *di*.

2. 薩婆多部律攝. Cet ouvrage (cf. Bunyiu Nanjio, n° 1127), qui traite de la discipline de l'école Sarvâstivâda, fut traduit plus tard en chinois par *I-tsing* lui-même (voir sa biographie, App.).

suivre sa première intention ; il laissa tous ses livres sanscrits à la capitale.

Puis il franchit de nouveau les Sables mouvants¹ ; — il parcourut derechef le Désert pierreux². — Dans les montagnes escarpées il marcha sur le bord des passerelles de bois ; — ne projetant qu'une ombre de profil, il passa en se mettant en biais. — Il fut balancé sous les ponts de corde³ ; — en effaçant son corps, il parvint à traverser de côté. — Il rencontra des voleurs *T'ou-fan* qui le dépouillèrent de tout, même de sa coiffure, mais lui laissèrent la vie ; — il fut arrêté par des brigands *Hiong-nou*⁴ et ne sauva que sa personne.

1. Cf. note 12 de la p. 1.

2. Proprement : *Les pierres entassées* 磧石 *tsi-che*. Le *Tsi-che-chan* qu'on appelait en sanscrit *Açmakoûṭa*, était regardé comme la montagne où le *Hoang-ho* prenait sa source. Il existe encore une montagne de ce nom, tout près de Payenjong, au sud-est du lac Koukounor.

3. *I-tsing* décrit d'une manière générale les dangers qu'eut à affronter *Hiuen-tchao* dans son second voyage ; puis il retrace au paragraphe suivant l'itinéraire exact qu'il suivit. C'est ce qui explique pourquoi il parle de Balkh quelques lignes plus bas, tandis qu'ici la mention des ponts de corde nous mène déjà jusqu'à l'Indus. En effet, le passage suivant de Cunningham (*Ladak*, pp. 88-89, cité par Legge, trad. de *Fa-hien*, p. 26) est le commentaire vivant de ce texte : « De Skardo à Rongdo et de Rongdo à Makpou-i-shang-rong, sur un parcours de plus de 100 milles, l'Indus se précipite triste et sombre à travers une gorge grandiose dans des montagnes dont rien peut-être n'égale la sauvage sublimité. Rongdo signifie la région des défilés... Entre ces localités, l'Indus se déchaîne d'un côté à l'autre de la morne fissure, s'irritant et écumant avec une indomptable furie. Cependant, même dans ces lieux inaccessibles, l'homme hardi et ingénieux a triomphé de la nature hostile. Le bâillement de l'abîme est franchi par de frêles ponts de cordes et les étroites saillies du roc sont réunies par des échelles de manière à former un sentier vertigineux surplombant la chaudière qui bouillonne au-dessous. »

4. Le terme *Hiong-nou* est pris ici dans un sens vague et désigne des peuplades de race turke. Les *Hiong-nou* proprement dits n'exis-

Dans sa marche, il arriva à la frontière de l'Inde du nord; il rencontra sur la route un envoyé impérial qui ramenait *Lou-kia-i-to* (Lokâyata). *Lou-kia-i-to* (Lokâyata) invita alors *Hiuen-tchao*, ainsi que l'envoyé et toute sa suite, à aller dans l'Inde occidentale, dans le pays de *Louo-tch'a* (Ladak?)[1] pour y prendre la drogue qui prolonge la vie.

Le chemin passe par *Fo-k'o-louo* (Balkh)[2] et atteint le *Na-p'ouo-p'i-ho-louo* (Nava-vihâra)[3]. Il y vit le pot à eau[4] de *Jou-lai* (Tathâgata)[5], ainsi que tous les saints vestiges.

Petit à petit il arriva dans le pays de *Kia-pi-che* (Ka-

---

taient plus au temps des *T'ang*. On sait que ce sont eux qui, en 201 et 165 avant notre ère, infligèrent des défaites retentissantes aux grands *Yue-tche*.

1. L'identification de *Louo-tch'a* 羅荼 avec Ladak est hypothétique, car ce nom n'est cité ni dans *Fa-hien* ni dans *Hiuen-tchoang*. Le mot *tch'a* représente souvent la finale ḍhâka ou ṭaka; ainsi *Ni-louo-pi-tch'a* = Nîlapiṭaka, *Ti-louo-tch'a* = Tiladḥâka; *Louo-tch'a* peut donc bien être l'équivalent de Laḍhâka ou Ladak.

2. *Fo-k'o-louo* 縛渴羅 est appelé *Fo-ho* 縛喝 par Hiuen-tchoang. Ce pays a été identifié avec la contrée où se trouve aujourd'hui Balkh. La capitale, qui portait le même nom que la province, est souvent appelée par les écrivains bouddhiques *Siao-wang-ché-tc'heng*, c'est-à-dire la petite Râjagriha.

3. C'est-à-dire le nouveau temple; en chinois, *sin-se* 新寺.

4. En sanscrit *kouṇḍikâ*. « Dans l'intérieur du couvent, dit *Hiuen-tchoang* (t. II, p. 31), on voit la cuvette dont se servait le Bouddha pour se laver. Elle peut contenir environ un *teou* (un litre et demi). Elle présente différentes couleurs dont l'œil est ébloui; mais il est difficile de nommer le métal et la pierre dont elle est faite. »

5. *Jou-lai* 如來, propt. : celui qui est venu comme (les autres Bouddhas ses prédécesseurs sont venus), c'est-à-dire « celui qui a parcouru sa carrière religieuse de la même manière que ses devanciers ». Cf. Burnouf, *Introd. à l'hist. du Buddhisme indien*, 2ᵉ édit., p. 67, note 2.

piça)¹ ; il y adora l'os du crâne (oushnîsha)² ; il prépara les parfums et les fleurs ; il prit les signes qui s'y trouvèrent imprimés pour voir si ses naissances ultérieures seraient bonnes ou mauvaises³.

Puis il passa par l'état de *Sin-tou* (Sindhou)⁴ et arriva alors dans celui de *Louo-tch'a* (Ladak). Il fut traité avec honneur et respect par le roi ; il séjourna là quatre ans.

Il changea de direction et passa dans l'Inde du sud. Il recueillit toutes sortes de drogues. Dans l'espoir de retourner en Chine, il se rendit au Trône de diamant⁵

1. *Kia-pi-che* 迦畢試, immédiatement au sud de l'Hindou-kouch ; ce pays était renommé dans l'antiquité pour ses vins. Il est difficile de déterminer quelle était la position exacte de la ville de Kapiça (cf. Vivien de Saint-Martin, dans *Hiuen-tchoang*, t. III, p. 299 ; Beal, *Buddhist Records...*, book I, note 198), mais la région appelée Kapiça (la Capissa de Pline) devait se trouver à l'est de la rivière Panjshir ou Bárán et embrassait probablement les vallées de Nijrao et de Tagao avec une partie considérable du Kafiristan (Yule, *Notes on Hiuenthsang's account of the principalities of Tokharistan,* dans le *Journal Roy. As. Soc.*, n. s. vol. VI, p. 103).

2. L'oushnîsha est la protubérance crânienne qui est un des signes distincts (lakshana) du Mahâpourousha. Sur le sens symbolique de cette particularité, voy. Senart, *Essai sur la légende du Buddha*, pp. 125 et suiv. — *Fa-hien* (trad. Legge, p. 36) nous apprend que l'oushnîsha se trouvait conservé dans un temple à *He-lo* (aujourd'hui Hidda, à 5 milles environ au sud de Djellalabad).

3. Cette phrase est expliquée par un passage des biographes de *Hiuen-tchoang* (t. I, p. 77) : « Ceux qui veulent connaître la mesure de leurs péchés ou de leurs vertus broient du parfum en poudre et en forment une pâte molle qu'ils enveloppent dans de la soie et déposent sur l'os ; puis ils referment la boîte. L'apparence que présente ce parfum quand on la retire détermine le degré de leur bonheur ou de leur malheur. »

4. 信度國 *Sin-tou-kouo*, l'état de Sindhou, sur le fleuve Sindh. Les états de Sindhou et de Ladak étaient limitrophes.

5. Le Trône de diamant 金剛座 (vajrâsana) s'éleva, dit-on, de

et revint au temple *Na-lan-t'ouo* (Nâlanda). Ce fut là que je le rencontrai. Il avait accompli ses projets pour la vie présente et désirait obtenir la réunion générale sous l'arbre aux fleurs de dragon[1].

Cependant comme, sur la route du *Ni-po-louo* (Népaul), les *T'ou-fan* s'étaient massés pour faire obstacle et empêcher de passer, — comme, sur le chemin de *Kia-pi-che* (Kapiça), les *To-che* (les Tadjiks)[2] arrêtaient les gens et qu'il était difficile de les traverser, — il reposa sa volonté auprès du pic du Vautour[3], — il enfonça

---

lui-même autour de l'arbre de la sagesse (Bôdhidrouma). Cf. *Hiuen-tchoang*, t. II, p. 460.

1. L'arbre aux fleurs de dragon 龍華 (nâgapoushpa) est l'arbre sous lequel s'assiéra le Bouddha futur, Maitreya Bouddha, et sous lequel, en trois rencontres successives, il fera tourner la roue de la Loi (cf. *Dict. numérique*, chap. III, à l'expression *long-hoa-san-hoei*). Cet arbre est peut-être l'arbre au bois de fer (*Sideroxylon*).

2. Une note placée à la fin de cette biographie nous avertit que *to-che* 多氏 est une orthographe particulière du nom qu'on écrit le plus souvent *ta-che* 大食. Dans ce nom on a retrouvé le mot *Tadjik*. Les Tadjiks forment aujourd'hui une partie de la population du Badakchan. Au VIIe siècle, les Chinois appelaient *Ta-che* les Arabes : « En l'an 651 de notre ère, dit M. Bretschneider (*On the knowledge possessed by the ancient Chinese of the Arabs...*, p. 8), le roi des *Ta-che* qui s'appelait *Han-mo-mo-ni* (probablement, *Emir al-mumenin* = Prince des croyants ; — c'était Othman) envoya pour la première fois un envoyé avec des présents à la cour de Chine et en même temps annonça dans une lettre que la maison *Ta-che* avait déjà régné trente-quatre ans et avait eu trois rois. »

3. Le pic du Vautour 鷲峯 (Gridhrakoûṭa) se trouvait, d'après *Hiuen-tchoang*, à 15 li au nord-est de l'ancienne Râjagriha et, d'après *Fa-hien*, à 15 li au sud-est de la nouvelle Râjagriha. En combinant ces deux données, le général Cunningham (*Anc. geogr. of India*, t. I, p. 446) trouve que cette montagne doit être la petite hauteur appelée aujourd'hui Çaila-giri. D'après les biographes de Hiuen-tchoang (t. I, p. 154), « cette montagne se compose de sommets contigus que do-

ses sentiments dans le Jardin des bambous[1]. — Toutefois il avait sans cesse l'espoir d'aller répandre la lumière de la religion, — et il ne s'était point encore résigné à perdre ses feuilles.

Hélas, malgré son rude voyage et sa sincérité modèle, il ne put mettre à exécution son projet d'être utile aux vivants. Il avait pensé s'élever plus haut que les nuages, mais il perdit ses ailes au milieu de l'espace. Il tomba malade et mourut dans l'état de *Ngan-mouo-louo-po*[2] dans l'Inde du centre. Il était âgé de plus de soixante ans.

Regret[3] : Éminente fut sa puissante volonté ; — la fleur de l'épi poussa dans le champ. — Plusieurs fois il passa le long des Saules fins[4] ; — à diverses reprises il franchit les monts *K'i-lien*[5]. — L'onde purifiante du Fleuve sacré, — le feuillage frémissant du Jardin des

---

mine le Pic du nord qui est d'une hauteur remarquable et qui, par sa forme, ressemble (de loin) à l'oiseau *Ts'ieou* (vautour) : il ressemble aussi à une tour élevée ; de là sont venus les deux noms qu'on lui donne (pic du Vautour et tour du Vautour). »

1. Le Jardin des bambous 竹苑 (Vêṇouvana) fut donné au Bouddha par le roi Bimbisâra ; il se trouvait près de l'ancienne Râjagṛiha.

2. Cf. note 4 de la p. 18.

3. *I-tsing* termine la biographie de *Hiuen-tchao* par un court éloge rythmé ; ce procédé littéraire est surtout fréquent dans le style des inscriptions.

4. 細柳. Les *Saules fins* sont une localité assez souvent mentionnée par *Se-ma Ts'ien* (*Hiao-wen-ti-pen-ki*, sixième année de la deuxième période, et *Hiong-nou-lie-tchoan*). Les Saules fins étaient tout près de *Tch'ang-ngan* (aujourd'hui *Si-ngan-fou*), du côté de l'ouest.

5. 祈連. Les monts *K'i-lien* ne sont autres que le *T'ien-chan* 天山 des Chinois, les monts Célestes. D'après un commentateur du livre des *Han* antérieurs, le mot *K'i-lien* était un mot *Hiong-nou* qui signifiait « ciel » (cf. Watters, *Essays on the Chinese language*, p. 362).

bambous, — voilà à quoi méditait sans cesse son cœur plein d'espérance, — à quoi réfléchissait profondément sa pensée altérée. — Son unique désir était de propager la loi ; — sa confiance résolue était de secourir les vivants. — Hélas, il n'acheva pas ses desseins ; — à notre regret il ne réussit pas. — Les deux fleuves[1] ont recouvert ses os ; — les huit rivières[2] ont exalté sa renommée. — Excellent, il fut fidèle jusqu'à la mort ; cet homme éminent profita à la droiture.

§ 2. — Le maître de la loi *Tao-hi*[3] était originaire de *Li-tch'eng* dans l'arrondissement de *Ts'i*[4]. Son nom sanscrit était *Che-li-t'i-p'ouo* (Çrîdêva)[5].

Ses parents s'occupaient spécialement des rites et de la justice ; — les membres de sa famille étaient fonctionnaires de génération en génération. — Dès son enfance, il fut introduit dans le monastère ; — dès sa jeunesse, il

---

1. Les *deux fleuves* 兩河 sont une figure de rhétorique qui doit désigner l'Inde du centre : ce sont sans doute le Gange et la Djoumna.

2. Les *huit rivières* sont le *King* 涇, le *Wei* 渭, le *Pa* 灞, le *Tch'an* 滻, le *Fong* 酆, le *Hao* 鎬, le *Lao* 潦 et le *Kiue* 潏. Ce sont toutes des rivières de la province de *Chan-si* 陝西, voisines de la ville de *Si-ngan-fou* qui s'appelait alors *Tch'ang-ngan* et était la capitale des *T'ang*.

3. 道希.

4. *Li-tch'eng* 歷成 ou plus exactement 歷城 était, sous les *T'ang*, une sous-préfecture de l'arrondissement de *Ts'i* 齊州, dans la division administrative du *Ho-nan*. C'est aujourd'hui la sous-préfecture de *Li-tch'eng*, préfecture de *Ts'i-nan*, province de *Chan-tong*.

5. 室利提婆. En chinois 吉祥天, le dêva fortuné.

songea à pratiquer ce qui est droit. — Il franchit la vaste immensité des Sables mouvants[1] et contempla les transformations[2] dans l'Inde du centre; — il gravit les sommets élevés des montagnes neigeuses[3] et méprisa la vie pour répandre la Loi.

Lorsqu'il arriva chez les *T'ou-fan*[4], il craignit, à cause des dangers et des difficultés du milieu de la route, de ne pouvoir observer les défenses[5] et les préceptes; il se résolut donc à y renoncer momentanément; mais, lorsqu'il arriva dans les pays d'Occident, il les observa de nouveau avec un redoublement d'austérité.

---

1. Cf. note 1 de la p. 12.

2. C'est-à-dire simplement qu'il visita l'Inde du centre; les choses ne sont pas, elles se transforment.

3. Cf. note 3 de la p. 12.

4. Cf. note 3 de la p. 13.

5. Les défenses 戒 sont celles que fait vœu d'observer le religieux, lorsqu'il entre dans les ordres. Ces défenses, au nombre de dix (Çikshâ pada), sont les suivantes : ne pas détruire la vie (prâṇâtipâta); — ne rien prendre qui ne soit donné (c'est-à-dire ne vivre que d'aumônes) (adattâdâna); — observer la chasteté (brahmacarya); — ne pas mentir (mṛishâ-vâda); — ne pas boire de liqueurs alcooliques (madyapâna); — ne pas manger aux moments où il est défendu de le faire (vikâla-bhojana); — ne pas danser, chanter ou faire de la musique profane (nṛityagîta-vâdita-darçana?); — ne pas orner ou parfumer son corps (gandhamâlyavilepanavarṇaka-dhâraṇa); — ne pas se coucher sur un lit haut, large et grand (oucchaçayana-mahâçayana); — ne recevoir ni or ni argent (jâtarûpa-râjata-pratigrahaṇa?). — Celui qui voulait devenir religieux commençait par jurer qu'il observerait les cinq premières de ces défenses (pañca virati). Ce n'est qu'après un certain temps d'épreuve qu'il était admis à recevoir toutes les défenses (鄔波三鉢那 ap. *Nan hai...*, chap. III, p. 3 r°, *ou-pouo-san-pouo-na* = oupasampadâ; — en chinois, on se sert des expressions 受具足戒 ou 納具戒 ou 滿足戒 ou 進具 qui toutes ont ce même sens).

Il parcourut les divers royaumes, puis arriva au (temple) *Mo-ho-p'ou-t'i* (Mahâbôdhi); plein d'espérance, il contempla les vestiges sacrés; il passa là plusieurs années. Puis il demeura dans le temple *Na-lan-t'ouo* (Nâlanda). Il fut aussi dans l'état de *Kiu-che* (Kouçinagara?)[1]; le roi du pays de *Ngan-mouo-louo-po*[2] l'aima fort et le traita avec honneur. Dans le temple *Na-lan-t'ouo* (Nâlanda), il se mit à l'étude du Grand Véhicule (Mahâyâna); — dans le (temple) *Chou-p'ouo-pan-no* (Soubhavana)[3], il s'appliqua spécialement au recueil

---

1. Je pense que *Kiu-che* 俱尸 représente le nom de Kouçinagara, quoique ce nom soit d'habitude exprimé en chinois par les caractères 拘尸 qu'on trouve dans l'ouvrage même que nous traduisons (§ 46 *ad fin.*). En effet, nous lisons plus loin (§ 32 *ad fin.*) que le temple du Parinirvâṇa se trouvait dans la ville de *Kiu-che* 俱尸城 et il ne peut s'agir dans ce cas, malgré l'orthographe insolite, que de Kouçinagara, puisque c'est en ce lieu que le Bouddha entra dans le Nirvâna.

2. Cf. note 4 de la p. 18.

3. 輸婆伴娜 *Chou-p'ouo-pan-no.* Une note du texte chinois nous avertit que c'était le nom d'un temple situé près du lieu où le Bouddha entra dans le Nirvâna. Les deux dernières syllabes représentent sans doute le mot *vana*, jardin, parc, comme dans Vêṇouvana, Jêtavana, etc. Quant aux deux syllabes *chou-p'ouo*, elles sont peut-être une abréviation du nom de Soubhadra. En effet, d'une part nous trouvons que Fa-hien appelle Soubhadra *Siu-po* 須跋, abréviation analogue puisqu'elle consiste aussi à supprimer la dernière syllabe du mot; d'ailleurs *Chou-p'ouo* peut représenter Soubha.... à autant de titres que *Siu-po*; d'autre part, Soubhadra fut converti, par Çâkyamouni la nuit même où il entra dans le Nirvâna; il est donc naturel qu'un parc portant son nom se soit trouvé près de l'endroit où eut lieu le Nirvâṇa. — Peut-être aussi faut-il écrire Çoubhavana et faire dériver le nom de ce temple du mot çoubha = vertu, bonheur. — Ainsi, *I-tsing* dit que le pèlerin se rendit d'abord dans le temple Nâlanda, puis à Kouçinagara; ensuite il reprend cette idée en style

de la Discipline (Vinaya-piṭaka). Puis il s'exerça dans la science des sons (Çabda-vidyâ)[1]; il en comprit tout l'ensemble.

Il avait du talent littéraire ; il connaissait fort bien les caractères *ts'ao* et *li*[2]. Dans le temple de la Grande Intelligence (Mahâbôdhi) il fit une stèle en chinois.

Ce qu'il avait pris en Chine de soûtras et de çâstras, anciens et nouveaux, soit plus de quatre cents rouleaux, sont tous dans le temple *Na-lan-t'ouo* (Nâlanda).

Lorsque j'étais dans les pays d'Occident, je ne pus le voir. Il se trouvait dans l'état de *Ngan-mouo-louo-po*[3], quand il tomba malade et mourut, âgé de plus de cinquante ans. Plus tard, lorsque je fis ma tournée de pèlerin, je vis la maison où avait habité le vénérable (*Tao*) *Hi*. Je regrettai qu'il n'eût pas réussi complètement ;

---

rythmé et dit : dans le temple Nâlanda, il fit ceci et cela ; à Kouçinagara, dans le temple Soubhavana, il étudia telle et telle chose.

1. La Çabda-vidyâ ou *science des sons* est une des cinq grandes divisions de la connaissance humaine telle que la concevaient les Hindous, les quatre autres étant la science des arts et métiers (Çilpasthâna-vidyâ) — ; la science de la médecine (Cikitsâ-vidyâ); — la logique (Hêtou-vidyâ) ; — la métaphysique (Adhyàtma-vidyâ). — Les Chinois appellent ces cinq sciences *Ou-ming* 五 明 et les désignent tantôt par des transcriptions des noms sanscrits (Ex. : 攝拕 = Çabda, — 苾駄 = vidyâ), tantôt par le mot chinois qui désigne leur objet (聲 , son ; — 工巧 , arts, — 醫九 , médecine, — 因 , causes, — 內 , intérieur). — La science des sons comporte tout un cours d'études grammaticales appelé Vyâkaraṇa (cf. *Nan hai*..., § 34, trad. Ryauon Fujishima, *Journ. asiatique*, 1888, pp. 427 et suiv. Voyez aussi Max Müller, *India : what can it teach us ?* pp. 343 et suiv.).

2. L'écriture *ts'ao* est en caractères cursifs ; l'écriture *li* est en caractères de forme droite et carrée.

3. Cf. note 4 de la p. 18.

j'ai écrit imparfaitement cet éloge de lui en vers irréguliers :

A travers cent difficultés il oublia ses peines ; — solitaire il projetait son ombre[1]. — Les quatre bienfaits [2] étaient présents à sa pensée ; — il accomplit le passage du courant [3]. — Comment se fait-il qu'il n'ait pu mener à bout son dessein de répandre la lumière, — et que soudainement il ait vu son chemin terminé là ?

§ 3. — Le maître de la loi *Che-pien*[4] était originaire de l'arrondissement de *Ts'i*[5]. Il connaissait très bien les prières magiques [6] ; il était instruit dans la langue sanscrite. En compagnie de maître *Hiuen-tchao*[7] il alla de l'Inde du nord dans l'Inde de l'ouest et arriva à la ville de *Ngan-mouo-louo-ko-pouo*[8] ; il fut traité avec honneur par le roi ; il résida dans le temple royal et y vit le maître de la loi *Tao-hi*[9]. Ils développèrent l'amitié qu'avait déjà créée la communauté de leur pays d'origine et demeu-

---

1. C'est-à-dire il voyagea seul.
2. Cf. note 4 de la p. 2.
3. Le *courant* (流 *leou*, srôtas) est celui de la vie sainte qui mène au Nirvâṇa ; en passant par ce courant, on traverse les états successifs de sainteté appelés Srôtaâpanna, Sakridâgamin, Anâgamin et Arhat.
4. 師鞭.
5. Cf. note 4 de la p. 27.
6. 禁咒, propt. : les prières magiques qui exorcisent. En sanscrit : Vidyâ-mantra.
7. Cf. § 1.
8. 菴摩羅割波城. Je n'ai pas pu parvenir à déterminer à quelle localité correspond cette ville de *Ngan-mouo-louo-ko-pouo*. M. Beal, dans son *Analyse*..., p. 565, donne comme l'équivalent sanscrit de cette transcription le nom Amârakuva.
9. Cf. § 2. *Tao-hi*, comme *Che-pien*, était originaire de la province de *Ts'i*.

rèrent ensemble pendant un été. *Che pien* tomba malade et mourut à l'âge de trente-cinq ans.

§ 4. — *Ngo-li-yé-po-mouo* (Aryavarman)[1] était originaire du *Sin-louo*[2]. Au milieu de la période *tchen-koan*[3], il partit de *Tch'ang-ngan* et se rendit à la montagne *Koang-hié*[4] ; il alla chercher la vraie doctrine et adorer en personne les vestiges sacrés. Il demeura dans le temple *Na-lan-t'ouo* (Nâlanda) ; il s'entendait bien aux çâstras qui traitent de la discipline ; il copia une foule de soûtras. Hélas ! l'espoir qu'il nourrissait de revenir

---

1. 阿離耶跋摩.

2. Dans la seconde moitié du VIIe siècle de notre ère, le royaume de *Sin-louo* était le seul qui eût subsisté des trois états de *Pei-tsi*, *Kao-keou-li* et *Sin-louo* (ou en coréen Paik-tjyei, Ko-kou-rye et Sin-ra) qui auparavant se divisaient le pays appelé aujourd'hui Corée. Je dois à l'obligeance de M. Courant, interprète à la légation de France à Péking, la note suivante : « D'après le *Sam-kouk-sa-keui* (三國史記) qui date de la fin du XIe siècle et est le plus ancien ouvrage historique coréen aujourd'hui subsistant, le royaume de Paik-tjyei (百濟) fut soumis, en 660, par les armées chinoises et celles du Sin-ra (新羅) ; en 668, le Ko-kou-rye (高句麗) eut le même sort. Les deux états vaincus furent divisés ; de ses conquêtes, le Sin-ra forma six provinces (Tjyou 州) qui, jointes aux trois provinces primitives, s'étendirent sur les deux tiers de la Corée actuelle ; la partie nord-ouest du royaume, tel qu'il est constitué aujourd'hui, était soumise à la Chine et la partie nord-est était encore sauvage. Cet état de choses dura, avec quelques modifications peu importantes jusqu'à la fin du IXe siècle. » — Cette note explique pourquoi il est souvent question dans I-tsing du *Sin-louo* (ou Sin-ra), une fois seulement du *Kao-li* (§ 50) et jamais du *Pei-tsi*.

3. De l'an 627 à l'an 650.

4. 廣脇, mot à mot : *la large côte* : d'après une note du texte chinois, c'était le nom d'une hauteur qui se trouvait auprès de l'ancienne Râjagrihapoura.

fut déçu ; parti de la contrée orientale qui honore les coqs[1], il termina sa vie dans le pays occidental de la Source du dragon[2]. C'est en effet dans ce temple qu'il mourut, âgé de plus de soixante-dix ans.

1. La Corée s'appelait en sanscrit Koukkouṭeçvara 雞矩吒 醫說羅, c'est-à-dire (le pays qui) honore les coqs (d'où la traduction chinoise que nous trouvons ici : 雞貴). Quelle est l'origine de cette appellation ? En réponse à cette question, M. Courant a bien voulu me communiquer encore la note suivante : « D'après le *Sam-kouk-sa-keui*, en l'an 66 de l'ère chrétienne, on remarqua pour la première fois qu'il y avait des coqs dans le bois du Sin-ra (新羅) et, à cause de ce fait, on donna au royaume le nom de Bois des coqs (Kyei rim 雞林). — Une autre tradition rapportée, sans indication de source, par le *Keui-nyen-a-ram* (紀年兒覽), ouvrage manuscrit de 1778), raconte qu'un homme du pays des Sin-han (辰韓) trouva dans un bois un œuf d'une grosseur extraordinaire : il l'ouvrit et il en sortit un jeune garçon fort beau que six des tribus du pays choisirent pour chef et qui fut le premier roi de Sin-ra (57 av. l'ère chrétienne) ; à cause de la ressemblance entre un œuf et une gourde, que les Sin-han appelaient *pak*, on donna au jeune garçon le nom de Pak (朴). Là serait l'origine du nom de Kyei-rim (Bois des coqs) porté par ce royaume. — Mais le *Sam-kouk-sa-keui* ajoute que Kyei-rim s'écrit aussi Keui-rim (基臨) ; dans ce nom il n'y a plus trace de coq ; il semble donc évident que nous avons là un mot de la vieille langue du Sin-ra qui n'était plus compris dès le xᵉ siècle et sur lequel la fantaisie des écrivains s'est exercée. Je n'ai d'ailleurs pas entendu parler de légendes ayant cours actuellement en Corée au sujet des coqs. ». — Peut-être cependant le mot sanscrit *koukkouṭa*, qui signifie *coq*, n'est-il qu'une transcription, très fidèle d'ailleurs, du nom *Kao-keou-li*. Plus tard cette transcription aura donné lieu à une légende fondée sur un calembourg.

2. 龍泉. La Source du dragon était le nom d'un étang dans le temple Nâlanda. C'est donc ce temple dont il est question dans la phrase suivante.

§ 5. — Le maître de la loi *Hoei-yé*[1] était originaire du *Sin-louo*[2]. Au milieu de la période *tchen-koan*[3], il alla voyager dans les contrées occidentales. Il demeura dans le temple *P'ou-t'i* (Mahâbôdhi) ; il contempla et adora les vestiges sacrés. Il resta longtemps dans le temple *Na-lan-t'ouo* (Nâlanda) pour y entendre les explications.

Un jour que j'examinais les livres chinois, j'aperçus tout à coup au bas d'un çâstra chinois de l'époque des *Léang*[4] une mention ainsi conçue : « Au pied de l'arbre que Bouddha prescrit pour les dents[5], *Hoei-yé*, religieux originaire du *Sin-louo*, a écrit ces mots. » Je m'informai auprès des religieux du temple qui me dirent : « Il est mort ici, âgé d'une soixantaine d'années environ. » — Les livres sanscrits qu'il a écrits se trouvent tous dans le monastère *Na-lan-t'ouo* (Nâlanda).

§ 6. — Le maître de la loi *Hiuen-t'ai*[6] était originaire du *Sin-louo*[7]. Son nom sanscrit était *Sa-p'ouo-tchen-jo-t'i-p'ouo* (Sarvajñadêva)[8]. Pendant la période *Yong-*

---

1. 慧業.
2. Cf. note 2 de la p. 32.
3. De l'an 627 à l'an 649.
4. Les *Léang* sont une dynastie qui régna sur une partie de la Chine, de l'an 502 à l'an 557.
5. Les règles de la discipline prescrivent aux religieux de se nettoyer les dents après chaque repas avec des cure-dents faits du bois d'un certain arbre (Dantakâshṭha, arbre à dents). Les Bouddhistes chinois crurent à tort que cet arbre était le saule. C'est en réalité l'arbre Khadira (*Acacia catechu*).
6. 玄太.
7. Cf. note 2 de la p. 32.
8. 薩婆愼若提婆. En chinois, *i-ts'ie-tche-t'ien*, le dêva qui a une intelligence universelle.

*hoei*¹ il prit le chemin des *T'ou-fan*², traversa le *Ni-po-louo* (Népaul)³ et arriva dans l'Inde du centre. Il adora l'arbre de la *P'ou-t'i* (Bôdhi)⁴. Il rechercha avec soin les soûtras et les çâstras. Il revint sur ses pas dans les pays de l'est et s'avança jusque chez les *T'ou-yu-hoen*⁵. Il y rencontra le maître de la loi *Tao-hi*⁶; derechef ils se mirent en marche de compagnie et retournèrent au temple de la Grande Intelligence (Mahâbôdhi). Plus tard il revint en Chine. On ne sait quelle fut sa fin.

§ 7. — Le maître de la loi *Hiuen-k'o*⁷ était originaire du *Sin-louo*⁸. Au milieu de la période *tchen-koan*⁹, il

---

1. De l'an 650 à l'an 655.
2. Cf. note 3 de la p. 13.
3. Cf. note 1 de la p. 20.
4. L'arbre de la Bôdhi (bôdhidrouma) est le figuier (Açvattha, *Ficus religiosa*) sous lequel Gautama arriva à la connaissance parfaite. Cet arbre se trouvait près de l'emplacement où s'élève aujourd'hui la ville de Gayâ, à 60 milles environ de Patnâ.
5. Les *T'ou-yu-hoen* étaient une tribu de race *Sien-pei* qui, vers le commencement du ɪᴠᵉ siècle de notre ère, émigra du *Léao-tong* vers l'ouest. En l'an 312, on les trouve établis dans la région du Kou-kou-nor, et sur les bords de la rivière *T'ao*, affluent du *Hoang-ho*. Ils y subsistèrent jusqu'en l'an 662, époque où ils furent détruits par les *T'ou-fan* (Thibétains). — Le nom de ce peuple est écrit 土峪渾 dans le texte d'*I-tsing* ; le second de ces trois caractères se prononce *yu* ; mais les historiens officiels écrivent 谷 qui se prononce *kou*. — La raison qui me fait préférer la leçon *T'ou-yu-hoen* est la suivante : nous lisons dans le chapitre ᴄxʟᴠɪ *a* du *Livre des T'ang*, cette phrase : « Dans la prononciation vicieuse de l'est du fleuve, on dit *T'oei-hoen* ». Or *T'oei* peut être, à la rigueur, une contraction de *T'ou-yu*, mais non pas de *T'ou-kou*.
6. Cf. § 2.
7. 玄恪
8. Cf. note 2 de la p. 32.
9. De l'an 627 à l'an 649.

accompagna le maître de la loi *Hiuen-tchao*[1] et arriva au temple de la Grande Intelligence (Mahâbôdhi). Lorsqu'il eut manifesté son adoration et son respect, il tomba malade et mourut, âgé de plus de quarante ans[2].

§§ 8 et 9. — En outre, deux hommes du *Sin-louo*, dont on ne sait pas les noms, partirent de *Tch'ang-ngan* et, après une longue route, arrivèrent dans les mers du sud. Ils se rendirent en bateau dans l'état de *P'ouo-lou-che*[3],

---

1. Cf. § 1.
2. La phrase d'*I-tsing* doit être traduite littéralement : « il avait dépassé l'âge où on n'a plus de doutes ». Le passage suivant du *Luen-yu* (trad. Legge, *Chinese Classics*, t. I, p. 10) explique cette expression et plusieurs autres que nous rencontrerons au cours de cet ouvrage : « Le maître dit : A quinze ans, je m'appliquais à l'étude ; à trente ans, je me tenais droit et ferme ; à quarante ans, je n'avais plus de doutes ; à cinquante ans, je connaissais les décrets du ciel ; à soixante ans, mon oreille était obéissante (pour recevoir la vérité) ; à soixante-dix ans, je suivais les désirs de mon cœur sans transgresser la règle. »
3. L'identification des contrées que les Chinois englobaient sous le nom d'îles des mers du sud, présente de nombreuses difficultés ; on peut voir, en effet, en consultant la carte chinoise publiée et traduite par St. Julien à la fin du troisième volume des *Voyages des Pèlerins bouddhiques*, que les Chinois de l'époque des *T'ang* avaient des connaissances géographiques très défectueuses ; ils prenaient la presqu'île de Malacca pour une suite d'îles et subdivisaient les îles de Java et de Sumatra en plusieurs îles secondaires. Quoi qu'il en soit, nous chercherons à préciser les renseignements que nous fournit *I-tsing*, en considérant que son témoignage doit avoir un grand poids puisqu'il est celui d'un témoin oculaire.

En premier lieu, le pays de *Che-li-fo-che* (Çrîbhôja, ap. St. Julien, *Méthode...*, p. 103) est appelé aussi, par *I-tsing* lui-même, pays de *Fo-che* (Bhôja ; cf. § 46, dernière phrase et note). La particule *çrî* ne fait donc pas partie du nom du pays et n'est que le terme de respect qu'on place en sanscrit devant les noms de souverains, d'états, de temples, etc.

Pour déterminer la situation du pays de Çrî-Bhôja, je remarque qu'en deux endroits (§§ 46 et 52) *I-tsing* nous apprend qu'en allant de Chine en Inde, on passe dans l'état de *Che-li-fo-che*, puis dans celui

à l'ouest du pays de *Che-li-fo-che* (Çrî-Bhôja). Ils tombèrent malades et moururent tous deux.

§ 10. — *Fo-t'ouo-ta-mouo* (Bouddhadharma)[1] est origi-

de *Mo-louo-yu*. Or l'état de *Mo-louo-yu* me paraît correspondre très exactement au *Malaiur* de Marco Polo ; ce serait donc le moderne *Palembang*; Palembang, d'après les commentaires d'Albuquerque, était appelé par les Javanais *Malayo* (Yule, *Marco Polo*, 2ᵉ éd., t. II, p. 263) ; ainsi le pays de Çrî-Bhôja se serait trouvé avant Palembang sur la route de Chine en Inde, c'est-à-dire tout à fait au sud de l'île de Sumatra.

Dans quelques notes trop rares qui ont été ajoutées au texte d'*I-tsing* sous la dynastie des *Tcheou* postérieurs (951-960 ap. J.-C.), nous sommes avertis à deux reprises (§ 46 et *Nan-hai*..., chap. ɪ, p. 3 v°) que le pays de Mo-louo-yu n'existait plus en tant qu'état indépendant et faisait partie intégrante de celui de Çrî-Bhôja. Le pays de Çrî-Bhôja était donc devenu un puissant empire ; par l'analogie du nom, nous sommes amenés à l'identifier avec ce fameux empire de *Zabedj* dont nous parlent les voyageurs arabes de la seconde moitié du ɪxᵉ siècle (tr. etc. par Reinaud, t. I, p. xxɪv).

Cette hypothèse se trouve confirmée par le fait qu'*I-tsing*, parlant du pays de Çrî-Bhôja, l'appelle en deux occasions l'*Ile d'or* (§§ 57 et 59) ; or « Albyrouny dit que les îles proprement dites du *Zabedj* correspondaient à celles que les écrivains sanscrits nomment *Souvarna-Douipa* ou *îles d'or* » (Reinaud, *Relation des voyages*... t. I, p. ʟxxɪv).

Quant au pays de *P'ouo-lou-che* qui se trouvait à l'ouest du pays de *Che-li-fo-che*, le texte d'*I-tsing* peut être rapproché de celui de l'histoire des T'ang (chap. ccxxɪɪ c) qui nous apprend que le pays de *Che-li-fo-che* se divisait en deux états, celui de l'ouest s'appelant *Lang-po-lou-se*. D'après la carte chinoise publiée par St. Julien, les pays de *Che-li-fo-che* et de *Po-lou-se* se seraient trouvés dans une même île qui doit être Sumatra. Peut-être *Po-lou-se* est-il le royaume de *Parlâk* qui est mentionné par Marco Polo sous le nom de *Ferlec*; le nom de cet ancien état s'est conservé dans l'appellation de cap *Parlâk* donnée par les indigènes à la presqu'île Diamond-point (cf. Yule, *Marco Polo*, 2ᵉ éd., t. II, p. 269).

Après avoir terminé la rédaction de cette note, j'ai pris connaissance de la discussion que M. Beal a faite de ce même sujet. Je prie le lecteur de se reporter à l'Addenda placé à la fin de ce volume.

1. 佛陀達摩.

naire du pays de Tokharestan et de Souri[1]. Il était d'une haute stature et d'une bonne vigueur. Il avait étudié le Petit Véhicule et avait mendié sa nourriture. Dans sa jeunesse, il avait entrepris un commerce et c'est ce qui l'amena en Chine. On dit qu'il entra dans les ordres dans le chef-lieu de l'arrondissement de *I*[2]. Il était d'un tempérament voyageur ; il n'est pas une des neuf provinces[3] où il ne soit allé. Plus tard il se rendit en Occident pour y visiter tous les vestiges sacrés. Je le vis au temple *Nalan-t'ouo* (Nâlanda). Ensuite, il changea de direction pour aller dans l'Inde du nord. Il a plus de cinquante ans.

§ 11. — Le maître de la loi *Tao-fang*[4] est originaire de l'arrondissement de *Ping*[5]. Il sortit par les sables mouvants et les plaines pierreuses[6] et arriva au *Ni-polouo* (Népaul)[7]. Il se rendit au temple de la Grande Intelligence (Mahâbôdhi) ; il s'y fixa et en devint un des

---

1. Ces deux pays qui constituaient ce qu'on appelait le territoire des *Hou* sont réunis ici dans l'expression abrégée *Tou-houo-sou-likouo* 覩貨速利國. Cf. notes 8 de la p. 12 et 2 de la p. 13.

2. 益府. L'arrondissement de *I* fut supprimé en 686 et remplacé par l'arrondissement de *Chou* 蜀州. C'est aujourd'hui la sous-préfecture de première classe de *Tch'ong-k'ing*, préfecture de *Tch'eng-tou*, province de *Se-tch'oan*.

3. Les *neuf provinces* 九州 sont les neuf grandes divisions de la Chine qui sont successivement décrites dans le tribut de *Yu* (*Chou-king*, partie III, ch. 1er).

4. 道方.

5. L'arrondissement de *Ping* avait été institué par la dynastie des *Wei* du nord ; c'est aujourd'hui la sous-préfecture de *T'ai-yuen*, préfecture de *T'ai-yuen*, province de *Chàn-si*.

6. Cf. notes 1 de la p. 12 et 2 de la p. 22.

7. Cf. note 1 de la p. 20.

maîtres¹. Après qu'il y eut passé plusieurs années, il revint au *Ni-po-louo* (Népaul). Il vit encore aujourd'hui. Mais il enfreint les règles d'abstinence et ne connaît pas bien les livres sacrés. Il touche à la vieillesse.

§ 12. — Le maître de la loi *Tao-cheng*² était originaire de l'arrondissement de *Ping*³. Son nom sanscrit était *Tchan-to-louo-t'i-p'ouo* (Candradêva)⁴. A la fin de la période *Tchen-koan*⁵, il suivit le chemin des *T'ou-fan*, et alla visiter le royaume du Milieu⁶. Il arriva au temple *P'ou-t'i* (Mahâbôdhi); il adora tous les *tche-ti* (caityas)⁷ et, quand il eut fini, il étudia dans le temple *Na-lan-t'ouo* (Nâlanda). Il fut fort honoré et estimé par le prince royal⁸.

1. 主人. On verra plus loin (§ 41) que cette expression est la traduction du sanscrit *vihârasvâmin*. I-tsing nous apprend aussi (§ 52) que les *vihârasvâmin* étaient ceux qui constituaient proprement la communauté, car ils en possédaient les biens indivis et en avaient la jouissance, tandis que les autres religieux n'avaient droit qu'à la nourriture. Il était fort difficile pour un étranger d'être nommé *vihârasvâmin*.

2. 道生.

3. Cf. note 6 de la p. 38.

4. 旃達羅提婆, c'est-à-dire le dêva semblable à la lune. 月天.

5. De l'an 627 à l'an 649.

6. 中國. Cette expression : *royaume du Milieu*, dans le style ordinaire, désigne la Chine. Mais les écrivains bouddhiques l'appliquent à la terre sainte du Bouddhisme, qu'ils appellent aussi la « terre du Milieu », 中土.

7. 制底. On appelle *caitya* les lieux consacrés par les grands événements de la vie du Bouddha. On en comptait huit.

8. 童子王. Il s'agit peut-être ici du prince héritier (Youvarâja); peut-être aussi faut-il voir dans ce nom celui de ce Koumâra,

A l'est de ce temple, après douze relais[1], se trouve le temple royal[2] où l'on suit uniquement le Petit Véhicule (Hînayâna). C'est là que *Tao-cheng* se fixa et séjourna pendant plusieurs années. Il étudia les trois recueils (Tripiṭaka) du Petit Véhicule; il observa avec subtilité la vraie interprétation. Il réunit un gros bagage de livres sacrés et d'images et annonça qu'il retournait dans son pays. Il arriva jusqu'au *Ni-po-louo* (Népaul), où il tomba malade et mourut. Il avait environ cinquante ans[3].

§ 13. — Le maître du dhyâna *Tch'ang-min*[4] était originaire de l'arrondissement de *Ping*[5].

Depuis le jour où il fit tomber sa chevelure et rejeta l'épingle de tête[6], — où il revêtit la robe sombre et renonça aux habits clairs[7], — il s'appliqua et ne se laissa

---

roi de Kâmaroûpa, avec lequel *Hiuen-tchoang* fut en rapports (trad. St. Julien, II, 254).

1. Le mot chinois *i* 驛, propt. : relai, est l'équivalent du sanscrit *yôjana* (瑜那繕). D'après le *I-ts'ié-king-yn-i*, ch. ii, p. 2, il y avait un grand et un petit yôjana, l'un de 10, l'autre de 20 kilomètres environ. Les anciennes traductions chinoises d'ouvrages sanscrits rendent le terme *yôjana* par 40 *li*, c'est-à-dire qu'elles prennent le grand *yôjana* de 20 kilomètres environ. C'est aussi cette valeur qui est attribuée au *yôjanà* par *Hiuen-tchoang* (Cunningham, *Anc. geog. of India*, t. I, p. 571).

2. 王寺.

3. Littéralement : « il se trouvait à peu près à l'âge où on connaît les décrets (s. e. du ciel) ». Cf. note 2 de la p. 36.

4. 常慜.

5. Cf. note 5 de la p. 38.

6. Cf. note 8 de la p. 10.

7. Le blanc est la couleur des laïques par opposition à la couleur jaune-brun (kashâya) qui est celle des religieux (Burnouf, *Introd. à l'hist. du Buddhisme indien*, 2ᵉ éd., p. 160, note).

aller à aucune paresse, — il récita et psalmodia sans relâche. — Il faisait toujours le serment solennel de désirer vivre dans le paradis[1] ; — l'occupation pure à laquelle il se livrait était de louer et de réciter le nom de Bouddha. — Comme le principe de ses bonheurs était vaste, — il serait difficile de les énumérer en détail.

Lorsque dans la suite il vint à *Lo (yang)*, la capitale[2], il se consacra uniquement à cette même occupation. Un présage mystérieux d'une profonde vérité eut le don de l'émouvoir et aussitôt il résolut d'écrire le livre sacré de la *Pan-jo* (Prajñâ)[3] et d'en remplir jusqu'à dix mille rouleaux. Il espérait pouvoir aller au loin dans les pays de l'ouest, adorer les vestiges divins des actions de *Jou-lai* (Tathâgata) et, par ce bonheur sans égal, revenir à la vie désirée[4]. Il adressa donc au trône une requête par laquelle il demandait à aller dans tous les pays où la doctrine et la réforme avaient pénétré, pour y copier le livre de la *Pan-jo* (Prajñâ) ; c'était en effet son intime résolution. Le ciel le seconda certainement, car il reçut un édit autographe de l'empereur[5] lui ordonnant de se rendre dans le sud, au delà du Fleuve[6] et d'y écrire avec

---

1. 極樂, mot à mot : *la joie parfaite*. Cette expression désigne le paradis que l'imagination bouddhique plaçait dans l'ouest, la terre pure, Soukhâvatî.

2. *Lo-yang* n'était que la seconde capitale de l'empire, *Tch'ang-ngan* étant la principale résidence impériale. Cf. note 6 de la p. 20.

3. 般若. Le Mahâprajñâpâramitâ-soûtra (B. N., n° 1). Cet ouvrage a été traduit en chinois vers l'an 659 par Hiuen-tchoang : il ne comprend pas moins de 600 fascicules.

4. C'est-à-dire la vie dans le Paradis, dont il a été question quelques lignes plus haut.

5. L'empereur Kao-tsong, qui régna de 650 à 684.

6. Le *Yang-tse-kiang*.

soin le livre de la *Pan-jo* (Prajñā), afin de reconnaître la faveur impériale.

Comme ses désirs étaient satisfaits, il se rendit aussitôt au bord de la mer et profita du départ d'un bateau [1] pour se diriger vers le sud. Il alla dans l'état de *Ho-ling*[2].

---

1. Le mot qui signifie « bateau » est ici 舶. Ce terme s'appliquait à des bateaux de 200 pieds de long qui pouvaient porter de six à sept cents personnes (*I-tsie-king-yn-i*, chap. 1).

2. 訶陵國. Le nom de ce pays est parfois écrit *Po-ling* 波淩 (cf. § 25, note sur Jñânabhadra). Par le texte que nous venons de traduire, on voit que *Ho-ling* se trouvait avant *Mo-louo-yu* (Palembang, cf. note 3 de la p. 36) sur la route de Chine en Inde. D'autre part, on ne passait pas nécessairement par ce pays lorsqu'on faisait ce trajet ; les itinéraires d'I-tsing (§ 46) et d'Ou-hing (§ 52) en font foi.

L'atlas de géographie historique intitulé : *Li-tai-yu-ti-yen-ko-hien-yao-t'ou*, publié en 1879 par *Yang Cheou-k'ing* et *Jao Toen-tche*, à la carte des Barbares des quatre régions sous la dynastie *T'ang*, identifie *Ho-ling* avec la grande montagne de *Si-li* 息力大山, c'est-à-dire avec Singapor (cf. *Yng-hoan-tche-lio*, ch. II, p. 25 r° de l'édition in-folio : « *Si-li*... est appelé par les Anglais Singapor. ») — Cette identification n'est pas admissible ; on lit en effet dans le *Ti-li-tche du Livre des T'ang* (*T'ang-chou*, ch. CCCCXXXVI, p. 20 v°) qu'au sud de la presqu'île de Malacca, on arrive à un détroit qui a 100 li du nord au sud ; « sur la rive nord est le royaume de *Lo-yue* 羅越 ; sur la rive sud est le royaume de *Fo-che* 佛逝 (Zabedj, partie sud de Sumatra ; cf. note 3 de la p. 36). A l'est du royaume de *Fo-che*, en allant par eau pendant quatre ou cinq jours, on arrive au royaume de *Ho-ling* 訶陵 ; c'est la plus grande des îles qui sont dans le sud ». D'après ce texte, il est évident que c'est le royaume de *Lo-yue* qui correspondrait à Singapor et que le pays de *Ho-ling*, se trouvant à l'est de la partie méridionale de Sumatra, ne peut être placé que dans l'île de Java.

J'arrive à la même conclusion par une autre considération : la notice sur Java traduite par le P. Amyot (*Mémoires concernant les Chinois*) commence ainsi : « Le royaume de *Koua-oua* (Java) est connu sous différents noms. On l'appelait anciennement *Tche-po-koue* ou le royaume de *Tche-po, Pou-kia-long* et *Hia-siang*, » Or, le livre des *T'ang* (ch. CCXXII c) nous apprend que le pays de *Ho-ling* s'appelait

De là il s'embarqua pour l'état de *Mo-louo-yu*[1]. De ce pays, il désirait se rendre dans l'Inde du centre. Or le bateau marchand sur lequel il monta avait une cargaison fort lourde ; il n'était pas loin du lieu où on avait démarré lorsque soudain des vagues énormes s'élevèrent et, en moins d'une demi-journée, le bateau sombra. Au moment où il périssait, les marchands se précipitèrent pour entrer dans le canot et ils se battirent entre eux. Cependant le patron du bateau était un croyant ; il cria donc d'une voix forte : « Maître, montez donc dans le canot ! » *Tch'ang-min* répondit : « Faites-y monter d'autres personnes ; pour moi, je n'y vais pas. »

La raison de sa conduite était — qu'en méprisant la vie pour le bien des autres êtres, on montre un cœur qui obéit à la *P'ou-t'i* (Bôdhi) — qu'en s'oubliant soi-même pour sauver les hommes, on agit comme le grand homme[2].

Alors, joignant les paumes de ses mains[3] vers l'ouest,

---

aussi *Ché-p'ouo* 闍婆 ; c'est le nom que le P. Amyot orthographie *Tché-po*. Le *Haï-kouo-t'ou-tche* (ch. xiii) prouve que *Ho-ling*, *Ché-p'ouo* et *Hia-kiang* sont trois noms qui furent appliqués à un seul et même lieu ; *Ché-p'ouo* et *Hia-kiang* sont le *Tché-po* et le *Hia-siang* du P. Amyot. Enfin le *Yng-hoan-tché-lio* établit que *Wan-tan*, c'est-à-dire Bantam, est l'ancien *Ché-p'ouo*. Ainsi, le royaume de *Ho-ling* devait se trouver dans la partie occidentale de Java et avoir son centre à Bantam. Dans le nom de Ho-ling ou Ko-ling, Mayers (*China Review*, t. IV, p. 184) suggère l'idée qu'on pourrait retrouver le nom des Kalinga de la côte de Coromandel qui auraient été les premiers à coloniser Java.

1. Cf. note 3 de la p. 36.

2. Je traduis ainsi l'expression chinoise 大士, équivalente du sanscrit Mahâpourousha. C'est une épithète de Maitreya Bouddha.

3. 合掌. Cette expression, qu'on écrit plus volontiers 和掌, est la traduction du mot sanscrit *kritâñjali*, lequel signifie propre-

il invoqua *Mi-t'ouo-fo* (Amita Bouddha)[1] ; pendant qu'il psalmodiait, le bateau s'enfonça et il disparut. Quand le son s'éteignit, il était mort. Il était âgé de plus de cinquante ans.

§ 14. — Avec lui était un disciple ; on ne sait de quel pays était cet homme. Il poussa des gémissements et se laissa aller à la désolation ; il psalmodia aussi en se tournant vers l'ouest et périt en même temps que son maître. — Ce sont les gens qui ont pu être sauvés qui racontèrent cette histoire.

Regret : — Que triste est la mort de cet homme éminent ! — pour les autres il a perdu son propre corps. — Sa clarté était comme celle de la lune ; — sa valeur était comme celle du joyau de *Ho*[2]. — Il pouvait être trempé dans la teinture sombre sans devenir noir ; — il pouvait être frotté sans diminuer[3]. — Il réfugia sa personne au-

---

ment tenir droites devant soi les deux mains largement ouvertes. Mais les Bouddhistes chinois font cette salutation en joignant à plat les paumes des deux mains, ainsi que l'indique d'ailleurs le sens des deux mots *ho-tchang*.

1. *Mi-t'ouo-fo* 彌陀佛, abréviation pour *A-mi-t'ouo-fo* = Amita Bouddha. Amita est le Dhyâni-Bouddha dont l'incarnation sur la terre fut Gautama Bouddha. Il préside au paradis de l'Occident (cf. note 1 de la p. 41) et c'est pourquoi le pèlerin se tourne vers l'ouest en l'invoquant.

2. Le joyau de *Ho* 和珍 était un anneau de jade d'une valeur inappréciable ; *Tchao*, roi de *Ts'in*, le convoitait et chercha à l'enlever par ruse à *Hoei-wen*, roi de *Tchao*, qui en était le possesseur (cf. Se-ma Ts'ien, chap. LXXXI, et l'analyse de cette anecdote dans mon étude sur *La sculpture sur pierre en Chine à l'époque des Han*, première scène du troisième registre de la troisième pierre de la chambrette funéraire du pseudo *Ou Leang*).

3. Allusion à un passage du *Luen-yu* (trad. Legge, *Chinese Classics*, t. I, p. 185) : « Ne dit-on pas : Si une chose est vraiment dure, on

près de Hoei-yen; — il abreuva sa raison auprès de Fang-tsin[1]. — Dans son propre pays, il pratiqua avec noblesse la conduite qu'on y suivait; — dans les pays étrangers, il se conforma aux usages étrangers. — Lorsqu'il se trouva soudain en danger d'être englouti par les flots, — il fit le sacrifice de lui-même et oublia ce qui lui était le plus cher. — Il était toujours plein de compassion pour les autres; — peu de sages approchent de lui. — Son corps souillé fut abandonné aux flots soulevés par le poisson gigantesque (makara) et fut ainsi anéanti; — son pur désir se rendit dans le calme séjour pour y résider parmi les bienheureux. — Sa sagesse n'est point obscurcie; — comment sa vertu aurait-elle été submergée sous les eaux? — Il manifesta avec beaucoup de prestige l'éclat de sa charité; — il alla jusqu'au bout de ce *kié* (kalpa) de souillure et fut entièrement nouveau.

§ 15. — *Mo-ti-seng-ho* (Matisimha)[2] était originaire de la capitale[3]. Son nom de famille était *Hoang-fou*; on ne sait pas quel était son nom personnel. Il voyagea

---

peut la frotter sans la diminuer? Ne dit-on pas : Si une chose est vraiment blanche, on peut la tremper dans un liquide noir sans la rendre noire? »

1. D'après le *I-ts'ié-king-yn-i* de *Hoei-lin* (ch. LXXXI), *Hoei-yen* serait le nom d'un religieux; dès lors il doit en être de même de *Fang-tsin* dans le membre de phrase symétrique; mais ces deux personnages me sont tout à fait inconnus.

2. 末底僧訶. Ce nom signifie celui qui est un lion pour l'intelligence; en chinois *che-tse-hoei* 師子慧; une note du texte chinois écrit le dernier de ces trois mots 惠, ce qui est sans doute une erreur.

3. *Tch'ang-ngan*; aujourd'hui *Si-ngan-fou*, dans le *Chàn-si*.

en compagnie de *Che-pien*[1] et ils allèrent ensemble dans la terre du Milieu[2]; il séjourna dans le temple *Sin-tché*[3]. Il comprenait peu la langue sanscrite; — il ne pénétrait pas encore bien le sens des soûtras et des çâstras. Il eut l'intention de revenir dans son pays; sur son chemin, il passa par le *Ni-po-louo* (Népaul); il y tomba malade et y mourut; il était âgé de quarante ans.

§ 16. — Le maître de la loi *Hiuen-hoei*[4] était originaire de la capitale. On dit qu'il était le fils du maréchal *Ngan*[5].

Prenant le chemin de l'Inde du nord, il entra dans l'état de *Kie-che-mi-louo* (Cachemire). Il fut aimé et apprécié par le roi; il montait l'éléphant du roi; il jouait la musique du roi. Chaque jour il allait faire des offrandes au temple situé dans la montagne de l'Étang des Dragons[6]; ce temple est celui où cinq cents *Louo-han*[7] (Arhat) fu-

---

1. Cf. § 3.
2. Cf. note 6 de la p. 39.
3. Ce temple se trouvait dans le pays de *Ngan-mouo-louo-po*. Cf. note 4 de la p. 18 et note 1 de la p. 19.
4. 玄會.
5. Ce maréchal *Ngan* me paraît pouvoir être identifié avec *Yang Chan-kong*, maréchal pacificateur du sud, préfet de l'arrondissement de *Koang* (廣州刺史安南將軍陽山公), dont le nom est cité aux environs de l'an 569 de notre ère par le *Siu-kao-seng-tchoan*, ch. 1, p. 24 v°.
6. 龍池山寺.
7. *Louo-han*, abréviation fréquente pour *Ngo-louo-han* 阿羅漢. Les cinq cents Arhats sont proprement cinq cents des plus célèbres disciples du Bouddha. Il existe dans plusieurs temples chinois modernes, notamment au *Tié-t'ai-se*, à l'ouest de Péking, des salles dites des cinq cents *Louo-han*, où l'on voit les statues de tous ces personnages. Dans le texte que nous venons de traduire, il ne s'agit

rent entretenus ; c'est en effet en ce lieu que le vénérable *Mou-tien-ti* (Madhyântika)[1], *Che-sa* (Çishya)[2] de *Ngo-nan-t'ouo* (Ananda), convertit le roi des dragons. Puis il exhorta le roi de *Kie-che-mi-louo* (Cachemire) à se convertir et à donner un grand exemple de généreuse amnistie : il y avait dans le royaume plus de mille hommes emprisonnés pour la vie ; il engagea le roi à les relâcher et à les laisser aller et venir dans ses domaines ; mais petit à petit les années s'écoulèrent et il finit par renoncer à ce projet.

Il voyagea alors du côté du sud et arriva au temple de la Grande Intelligence (Mahâbôdhi) ; il adora l'arbre de la *P'ou-t'i* (Bôdhi), contempla l'étang de *Mou-tchen* (Moucilinda)[3], monta sur le pic du Vautour (Gridhrakoûṭa), gravit le sommet où se trouve l'empreinte du pied du Vénérable (Gouroupada)[4].

---

pas de ces disciples eux-mêmes, mais de religieux, qui en leur souvenir furent pris au nombre de cinq cents pour être entretenus dans ce temple.

1. 木田地. Le même fait se trouve rapporté dans la vie de *Hiuen-tchoang* (*Hiuen-tchoang*, t. I, p. 95) : « Un disciple de *A-nan* (Ananda), nommé le vénérable *Mo-t'ien-ti-kia* (Madhyântika Arhat), convertit le roi des dragons (Nâgarâja). Celui-ci quitta l'étang, bâtit cinq cents *kia-lan* (samghârama) et invita les sages et les saints à venir y demeurer pour recevoir ses hommages. » Sur Madhyântika, l'apôtre traditionnel du nord de l'Inde, voyez Kern, *Buddhismus*, t. II, pp. 340 et suiv.

2. 室灑 *che-sa*, équivalent du mot sanscrit *çishya* qui désigne un élève ou disciple (Burnouf, *Introduction à l'hist. du Buddhisme indien*, 2e éd., p. 288, note).

3. 木眞池, l'étang de *Mou-tchen*. Il est probable que *Mou-tchen* est une abréviation pour *Mou-tchen-lin-t'ouo* 目眞鄰陀. — Moucilinda est le serpent (nâga) qui protégea le Bouddha de son corps pendant une période de sept jours où il se livrait à la méditation.

4. On appelle Montagne du pied du Vénérable (*tsuen-tsou-chan* =

Il était naturellement sage et perspicace ; il mit en œuvre beaucoup de talent et d'ingéniosité. Quoiqu'il n'y eût encore consacré que peu de temps, les rimes sanscrites [1] étaient claires et intelligibles pour lui. Dès qu'il eut un peu profité de l'enseignement des livres sacrés, il songea à revenir dans son premier pays. Mais, arrrivé au *Ni-po-louo* (Népaul) [2], par malheur il mourut, Il avait à peine dépassé la trentaine [3].

§ 17. — Il y eut encore un homme qui faisait partie de la suite de l'envoyé par le chemin du nord. Arrivé dans le pays de *Fo-k'o-louo* (Balkh) [4], il renonça au monde dans le nouveau temple [5], résidence de religieux du Hînayâna. Son nom fut *Tche-to-po-mouo* (Cittavarman) [6].

Ensuite, quand il fut près de recevoir toutes les défenses, il ne mangea pas des trois aliments purs [7] ; son

---

Gouroupada) une montagne où, suivant la légende, Kâçyapa aurait habité et serait entré dans le Nirvaṇa. Le Vénérable n'est autre que Kâçyapa (*Hiuen-tchoang*, t. III, p. 7). Cette hauteur porte aussi le nom de Montagne du pied du Coq (*ki-tsou-chan* = koukkouṭapadagiri). Cunningham (*Ancient geography of India*, t. I, p. 460) l'identifie avec le moderne Kurkihâr, à 20 milles au nord-est de Buddha-Gayâ.

1. 梵韻. Je suppose que cette expression désigne des dictionnaires en vers.

2. On remarquera combien sont nombreux les pèlerins qui périrent au Népaul ; il est probable que le climat rigoureux de ce pays leur était funeste à leur retour de l'Inde.

3. Littéralement : il avait à peine passé l'âge où on se tient droit et ferme. Cf. note 2 de la p. 36.

4. Cf. note 2 de la p. 23.

5. Le Nava-vihâra. Cf. note 3 de la p. 23.

6. 質多跋摩.

7. M. T. Watters (*China Review*, vol. XIX, p. 111) explique comme suit ce qu'il faut entendre par les trois (aliments) purs 三淨 :

maître lui dit : « Jou-lai (le Tathâgata), le grand maître, a lui-même institué les cinq corrects[1]. C'est donc qu'il n'y a là aucun mal. Pourquoi ne mangez-vous pas ? » Il répondit : « Les ordonnances et les règles qui sont présentées par tous les livres sacrés du Grand Véhicule

« L'expression *san-tsing* est mise pour *san-tsing-jou* (三淨肉), les trois sortes de viande qui sont pures, c'est-à-dire que la Loi permet à un Bouddhiste de manger. Selon certaines éditions du Vinaya, le Bouddha avait interdit à ceux qui avaient fait profession de le suivre d'enlever la vie ou de se servir de toute espèce de nourriture animale. Il faisait une exception cependant en faveur des disciples qui avaient reçu de leur médecin l'ordre de manger de la viande en cas de maladie. Mais après la mort du Bouddha, dit-on, certains maîtres hérétiques dirent que le Bouddha avait permis l'usage de la nourriture animale pour tous ses disciples, moyennant certaines restrictions. Celles-ci étaient que les disciples ne devraient pas : 1° voir tuer l'animal ; 2° ni entendre tuer l'animal ; 3° ni avoir le moindre soupçon que la créature eût été tuée pour leur usage. La viande qui satisfaisait à ces trois conditions était appelée *tsing*, pure, légale et les « trois pures espèces de viande » sont élégamment décrites comme *non vues, non entendues, non soupçonnées être pour moi* 不見不聞不疑爲我. Puis le nombre des pures espèces de viande fut élevé à cinq par l'addition : 4° de la viande d'un animal mort de mort naturelle, et 5° de celle d'un animal qui a été tué par un oiseau de proie ou par toute autre bête sauvage. Les trois premières furent alors réunies en une classe, à savoir la viande mise en vente au marché et cette espèce, la quatrième et la cinquième furent considérées comme étant les *san-tsing*. »

1. Les *cinq corrects*, traduction littérale du texte chinois : 五正. Nous lisons dans le *Nan-hai...*, ch. i, p. 21 v°, que cette expression désigne les cinq sortes d'aliments appelés en sanscrit *bhôjana* ; ce sont : le riz cuit, la bouillie de blé et de haricots, la bouillie de grains grillés, la viande, les galettes. — Ces cinq sortes d'aliments s'opposaient aux cinq aliments appelés *khâdana* et qui sont : les racines, les tiges, les feuilles, les fleurs et les fruits. Si on avait commencé par manger des aliments compris sous la dénomination de *khâdana*, il était défendu de manger ensuite des aliments *bhôjana* ; mais il était permis de manger d'abord de ceux-ci et ensuite des autres.

(Mahâyâna)[1], ce sont celles que j'observe depuis longtemps ; ma conscience ne saurait les changer. » Le maître répliqua : « Je m'appuie sur les préceptes qui sont exposés dans la section de la Discipline (Vinaya) des trois Recueils (Tripiṭaka); les textes que vous invoquez, je ne les ai point appris ; si vous conservez des vues différentes, je ne suis plus votre maître. » — Ce fut ainsi forcé par son maître qu'il entra sur l'autel[2] ; alors il cacha ses larmes et mangea ; il put ensuite recevoir les défenses.

Dès sa jeunesse il s'était initié à la langue sanscrite. Dans la suite, il prit de nouveau le chemin du nord et revint : on ne sait jusqu'où il arriva. J'ai entendu raconter ces choses à des religieux de l'Inde.

§§ 18 et 19. — Il y eut ensuite, dans le royaume de *Ni-po-louo* (Népaul), deux hommes qui étaient les fils de la nourrice de la princesse *T'ou-fan* (Thibétaine)[3]. Ils

---

1. Les biographes de *Hiuen-tchoang* (t. I, p. 50) rapportent une anecdote qui met en lumière cette même divergence entre la discipline du Mahâyâna et celle d'autres systèmes bouddhiques. Le roi de Koutché pria Hiuen-tchoang « de venir dans son palais, où il recevrait toutes sortes d'hommages et mangerait les trois aliments purs. Le maître de la Loi n'accepta point et le roi en fut extrêmement contrarié. « C'est là, dit Hiouen-thsang, un usage introduit par la doctrine graduelle, mais que n'autorise point celle du Grand Véhicule (Mahâyâna) qui a fait le principal objet de mes études. J'accepterai les autres mets ordinaires. »

2. L'expression chinoise est très brève : 進 *kin* = entrer. On entrait, en effet, sur une sorte d'aire ou d'autel pour recevoir les défenses. Cf. l'expression 進具 = entrer (sur l'autel pour recevoir) toutes (les défenses), note 5, p. 28 *ad fin*.

3. La princesse dont il s'agit est sans doute la princesse chinoise Wen-tch'eng, qui fut une des femmes du roi des T'ou-fan, *Srong Btsan Sgam Po* (cf. note 1 de la p. 14).

entrèrent d'abord tous deux dans les ordres, mais plus tard l'un d'eux revint dans le monde. L'autre réside dans le temple de Çiva[1]. Il connaît très bien la langue sanscrite et s'est assimilé tous les livres sanscrits. Il est âgé de trente-cinq ans.

§ 20. — On ne sait pas d'où est originaire le maître de la loi *Long*. Pendant la période *tchen-koan*[2], il suivit le chemin du nord pour sortir de Chine. Il prit par l'Inde du nord ; il voulait aller voir les transformations dans l'Inde du centre. Il avait appris par cœur le texte sanscrit du *Fa-hoa-king* (Saddharma-pouṇḍarîka-soûtra)[3]. Arrivé dans le pays de *Kien-t'ouo-louo* (Gândhâra)[4], il tomba malade et mourut. C'est un religieux du nord qui est venu me raconter cette histoire.

§ 21. — Le maître de la loi *Ming-yuen*[5] était originaire

---

1. 天王寺 *t'ien-wang-se* (le temple du roi des dêvas). Le roi des dêvas n'est autre que Çiva. On appelle aussi en chinois cette divinité *Ta-tse-tsai* 大自在, ce qui est une traduction du sanscrit Mahêçvara et signifie le Grand Indépendant. Ce passage donne à penser que la fusion entre le Çivaïsme et le Bouddhisme était, dès cette époque, un fait accompli au Népaul.

2. De l'an 627 à l'an 649.

3. 法華經 *Fa-hoa-king* ; c'est le titre abrégé que Dharmaraksha donna à la première traduction qu'il fit du Lotus de la bonne loi. Koumârajîva fit adopter plus tard le titre plus complet de 妙法蓮華經 *Miao-fa-lien-hoa-king*.

4. 健陀羅 *Kien-t'ouo-louo*. Le pays de Gândhara (la Gandaritis de Strabon) avait pour capitale Pouroushapoura qui correspond au moderne Peishawer.

5. 明遠.

de *Ts'ing-tch'eng* dans l'arrondissement de *I*[1]. Son nom hindou était *Tchen-to-t'i-p'ouo* (Cintâdêva)[2]. Dès sa jeunesse, il se conforma aux instructions de la loi. — Quand il fut adulte, il s'y appliqua davantage encore. — Il avait l'air élégant et fin. — Il était appliqué, correct, pur et fort. — Il comprenait très bien le Madhyamaka-çâstra et le Çata-çâstra[3]. Il avait étudié *Tchoang-tcheou*[4].

Il alla d'abord voyager dans le pays des Sept Lacs[5]; ensuite il se rendit au delà des trois *Ou*[6]. Il étudia de-

---

1. *Ts'ing-tch'eng* 清城 était une des quatre sous-préfectures de l'arrondissement de *I* (cf. note 2 de la p. 38). Cette ville, dont le nom fut écrit 青城 à partir de l'an 722, correspond à la sous-préfecture actuelle de *Koan*, préfecture de *Tch'eng-tou*, province de *Se-tch'oan*.

2. 振多提婆 *Tchen-to-t'i-p'ouo* = Cintâdêva, en chinois 思天 (cf. Julien, *Méthode*, p. 66), celui qui est un dieu pour la pensée.

3. Ces deux ouvrages sont désignés par la formule abrégée 中百. Cf. note 4 de la p. 17.

4. 莊周. *Tchoang-tcheou* ou *Tchoang-tse* est un penseur taoïste qui vivait à la fin du ive siècle avant notre ère; on lui attribue un ouvrage en trente-trois chapitres qui porte son nom; ce livre a été traduit en 1881 par M. Balfour, en 1889 par M. Giles et en 1891 par M. Legge.

L'opuscule d'*I-tsing* nous montre que les religieux bouddhiques avaient une prédilection marquée pour *Tchoang-tse*; *I-tsing* lui-même devait avoir beaucoup lu cet auteur, car en plus d'un endroit il lui emprunte des comparaisons ou des tours de phrase.

5. Les *Sept Lacs* 七澤 sont une appellation littéraire du pays de *Tch'ou* 楚 qui comprenait le *Hou-koang* actuel avec une partie du *Ho-nan* et du *Ngan-hoei*.

6. Les trois *Ou* avaient été établis sous la dynastie *Han*; le dictionnaire de *K'ang Hi* cite trois explications de cette expression: suivant certains auteurs, les trois Ou auraient été le gouvernement de

rechef les soûtras et les çâstras; il s'appliqua surtout à la doctrine de la fixité[1]. Puis il se retira et se cacha dans la montagne *Lou*[2]; il passa dans ce lieu la saison d'été[3].

Mais alors il s'indigna de voir la sainte religion méprisée et arrêtée. Il prit donc le bâton du pèlerin[4] et alla dans le sud. Il arriva à *Kiao-tche*[5]; il fut ballotté dans un bateau sur les flots soulevés par le poisson gigantesque (makara) et parvint dant l'état de *Ho-ling*[6].

Ou 吳郡, *Ou-hing* 吳興 et *Tan-yang* 丹陽; suivant d'autres, *Tan-yang* n'est pas de ce nombre et doit être remplacé par *Hoei-ki* 會稽; enfin, d'après une troisième autorité, les trois *Ou* seraient *Sou* 蘇, *Tchang* 掌 et *Hou* 湖. Quoi qu'il en soit, cette dénomination assez vague paraît comprendre les pays qui forment aujourd'hui les provinces de *Tche-kiang*, *Kiang-sou* et *Fou-kien*.

1. Le samâdhi.

2. D'après le *Kiun-kouo-tche* du livre des *Han* postérieurs, la montagne *Lou* 廬山 se trouvait au sud de la sous-préfecture de *Siun-yang*, laquelle était située au nord de la sous-préfecture actuelle de *Hoang-mei*, préfecture de *Hoang-tcheou*, province de *Hou-pé*.

3. C'est-à-dire qu'il y fit la retraite prescrite pendant la saison des pluies, varshavasana.

4. Cf. note 2 de la p. 11.

5. *Kiao-tche* 交阯. On écrit souvent le second caractère avec la clef du pied 趾 parce que, suivant une tradition qu'on trouve répétée à satiété dans les auteurs chinois, les gens de ce pays avaient le gros orteil opposable; il est probable cependant que cette explication a été forgée après coup et que les termes *Kiao-tche* étaient, à l'origine, la représentation phonétique d'un nom indigène. Peut-être *Kiao-tche* n'est-il pas autre chose que le nom de *Kescho*, c'est-à-dire *Hanoi*, qui était sous les *T'ang* la capitale du district de *Je-nan*, comme elle est aujourd'hui celle du Tonkin. M. Richthofen l'identifie avec la Kattigara de Ptolémée (*China*, vol. I, pp. 509 et 510, note 1).

6. Dans l'île de Java. Cf. note 2 de la p. 42.

Ensuite il arriva dans l'île du Fils du lion (Ceylan)[1] ; il y fut l'objet des bons traitements et des respects du souverain. Alors il s'introduisit secrètement dans la tour et y prit en cachette la dent de *Fo* (Bouddha)[2] ; il espérait la rapporter dans son pays afin qu'on lui présentât des offrandes en foule. Lorsqu'il fut parvenu à la prendre dans sa main, par un juste retour il se la vit arracher avec violence. L'affaire n'alla pas au gré de son désir et il se vit couvert d'opprobre et de honte.

Il se rendit dans l'Inde du sud. On m'a rapporté qu'au dire d'un homme de l'île du Fils du lion (Ceylan) il se dirigea vers le lieu central[3] où se trouve le monastère de la Grande Intelligence (Mahâbôdhi) pour y trouver le repos ; mais on n'a eu aucune nouvelle de lui et il doit être mort en chemin ; on ne sait pas quel âge il avait.

---

1. *Hiuen-tchoang* (t. III, pp. 125-130) raconte tout au long la légende d'après laquelle l'île de Ceylan aurait été habitée d'abord par un homme qui était le fils d'un lion et d'une femme ; c'est de là que serait venu le nom de Ceylan (Siṃhala, de Siṃha = lion).

2. Les quatre dents œillères du Bouddha devinrent, après sa mort, des reliques fameuses ; une d'elles fut possédée par les dieux ; une autre par les serpents (nâgas) ; une troisième fut placée dans la capitale du Gândhara (Peishawer) ; enfin la quatrième se trouva dans la ville, appelée depuis Danta-poura, capitale du Kalinga. C'est cette dernière dent qui fut transportée à Ceylan en l'an 311 de notre ère par la fille du roi Gouhaçiva. En 1315 elle fut prise par les Tamouls et revint en Inde où le roi de Ceylan, Parâkrama III, alla lui-même la chercher quelques années plus tard. En 1560, les Portugais s'en emparèrent, et l'emportèrent à Goa où l'archevêque la fit détruire solennellement. Mais les Cinghalais prétendirent que les Portugais n'avaient pris qu'une fausse relique et, d'après eux, la dent authentique de Bouddha se trouve encore aujourd'hui dans le Dalada Maligawa (temple de la Relique de la dent) à Kandy. Le Prince de Galles fut admis à la voir en 1876.

3. 中方. Le lieu où le Bouddha parvint à l'intelligence complète est regardé comme le centre du monde.

Les gens de l'île du Fils du lion (Ceylan) gardent cette dent de *Fo* (Bouddha) avec des précautions d'une sûreté extraordinaire. Ils l'ont placée sur une haute tour; ils ferment avec des serrures compliquées des portes multiples; sur la serrure on fait un sceau et cinq fonctionnaires y apposent leurs cachets [1]. Si on ouvre une porte, un bruit retentissant remplit la ville et les faubourgs. Chaque jour on vient faire des offrandes à cette relique; des fleurs odorantes la couvrent de tous côtés; si on l'implore avec une grande foi, alors la dent apparaît au-dessus des fleurs ou bien un éclat surnaturel se produit. La foule tout entière voit cela.

D'après une tradition, si cette île perdait la dent de *Fo* (Bouddha), elle serait avalée et dévorée par les *Louo-tch'a* (Rakshas) [2]; c'est pour prévenir ce malheur qu'on la garde d'une manière si exceptionnelle.

D'après une autre tradition, cette dent doit aller dans le pays de *Tche-na* (Chine) [3]. Cela sera un effet lointain de la puissance sainte; si on a la foi, cela arrivera. Com-

---

1. Ces précautions extrêmes prises pour protéger une relique ne sont pas un fait isolé dans l'histoire du Bouddhisme. *Fa-hien* (trad. Legge, p. 37), nous raconte avec quel soin minutieux on gardait à He-lo (aujourd'hui Hidda, à l'ouest de Peishawer), l'os du crâne de Bouddha.

2. Les Rakshas 羅刹 sont des démons qui sont censés dévorer les hommes. D'après le Râmâyaṇa, ils avaient été jadis les maîtres de Ceylan; la dent sainte était un palladium qui les empêchait de détruire l'île.

3. De fait, on montre aujourd'hui, dans un monastère de Fou-tcheou, une dent de Bouddha. La présence de cette dent en Chine peut s'expliquer par deux passages historiques différents; d'une part, en effet, Sanang Setsen nous apprend que, sous Koubilaï-Khan, une ambassade mongole vint à Ceylan et put en remporter deux molaires de Bouddha; d'autre part, nous savons par les historiens chinois qu'en l'an 530 de notre ère une dent de Bouddha fut apportée en

ment serait-ce réalisé par le ministère d'un homme qui par la violence a prétendu accomplir ce qui n'était point son devoir?

§§ 22, 23, 24. — Le maître de la dicipline, *I-lang*[1], était originaire de *Tch'-eng-tou*[2], dans l'arrondissement de *I*. Il s'entendait bien aux règles de la discipline; il expliquait la doctrine du *Yu-kia* (Yôga)[3]. Il partit de *Tch'ang-ngan* et franchit au loin le *Kiang* et le *Han*[4] avec un religieux de la même province que lui appelé *Tche-ngan*[5] et son frère cadet dont le nom était *I-hiuen*[6].

Dès qu'il fut parvenu à l'âge viril, il sut vénérer la droite raison. Il possédait une vaste connaissance de la loi intérieure[7]. Il avait en outre beaucoup de talent

---

Chine par une ambassade persane (cf. Yule, *Marco Polo*, 2ᵉ édit., t. II, pp. 311-312).

La Chine est appelée ici *Tche-na* 支那, ce qui est la reproduction phonétique du nom hindou *Cina*; on trouve aussi dans les auteurs bouddhiques chinois l'orthographe *Tchen-tan* 眞丹, qui correspond au sanscrit *Cinasthâna*. — Une note, qu'on trouvera un peu plus loin (§ 41) dans le texte que nous traduisons, nous avertit qu'on donnait plus spécialement le nom de *Tche-na* à Canton et de *Maha-tche-na* à la capitale impériale (*Tch'ang-ngan*); on appelait aussi la capitale (ou, pour parler plus exactement, le souverain qui l'habitait) *t'i-pouo-fo-tan-lo* = *dévapouttra*, le fils du ciel.

1. 義朗.
2. 成都, capitale de la province de *Se-tch'oan*; cf. note 2 de la p. 38.
3. Cf. note 3 de la p. 18.
4. La rivière *Han* est un affluent du *Yan-tse-kiang*, qui se jette dans ce fleuve à *Han-k'eou*.
5. 智岸.
6. 義玄.
7. 內典 *nei-tien* = la règle intérieure; on dit aussi 內法 *nei-*

littéraire. Il résolut d'aller comtempler les saints vestiges ; il se mit dont en route avec son plus jeune frère. L'aimable frère cadet et le bon frère aîné tour à tour se soutenaient l'un l'autre ; comme des bergeronnettes [1], ils pensaient sans cesse l'un à l'autre ; — comme le poisson aime l'eau, ainsi ils se chérissaient.

Lorsqu'ils furent arrivés à *Ou-lei* [2], ils montèrent sur une jonque marchande ; ils suspendirent leur bateau [3] sur l'abîme ; ils dominèrent dix mille flots. Ils franchirent en bateau le *Fou-nan* [4] et attachèrent l'amarre dans le pays de *Lang-kia* [5] ; ils furent traités par le roi de *Lang-kia-chou* avec les rites accordés aux hôtes de distinction. *Tche-ngan* tomba malade et mourut là.

fa — la loi intérieure. Ces expressions désignent la doctrine religieuse par opposition aux enseignements laïques.

1. Les bergeronnettes sont, en Chine, le symbole de l'amitié fraternelle.

2. 烏雷 *Ou-lei* est un petit port de mer situé un peu à l'ouest de Pakhoï ; il se trouve au sud de la sous-préfecture de *K'in*, préfecture de *Lien-tcheou*, province de *Koang-tong*.

3. D'après le dictionnaire de *K'ang-hi* (au mot 丈), l'expression 百丈, ou plus exactement 百丈牽, désigne une embarcation. Mot à mot, cette expression signifie « la cordelle de cent brasses de longueur » dont on se sert pour haler un bateau ; par antonomase, le bateau lui-même.

4. 扶南, le Siam. Cf. note 2 de la p. 5.

5. Le nom du pays de *Lang-kia* ou de *Lang-kia-chou* 郎迦戌 se retrouve dans *Hiuen-tchoang* sous le nom de *Kia-mo-lang-kia*. Voici le passage de cet auteur relatif aux contrées de l'Indo-Chine (*Hiuen-tchoang*, t. III, p. 82-83) : « En sortant de ce royaume (celui de Samataṭa) au nord-est, sur le bord d'une grande mer, on rencontre au milieu d'une vallée, le royaume de *Chi-li-tch'a-ta-lo* (Çrikshatra). Plus loin, au sud-est, près d'une grande baie, se trouve le royaume de *Kia-mo-lang-kia* (Kâmalaṅkâ) ; plus loin, à l'est, le royaume de *To-lo-po-ti* (Dârapati ?) ; plus loin, à l'est, le royaume de *I-chang-na-pou-lo*

Le vénérable (I)-lang, portant dans son cœur la tris-

(Içânapoura) ; plus loin, à l'est, le royaume de *Mo-ho-tchen-po* (Mahâcampâ). »

— Une note du *Nan-hai...* (chap. I, p. 3 v°) qui a été rédigée par un commentateur du temps des Tcheou postérieurs (951-960 ap. J.-C.), donne un témoignage analogue : « Sur une étendue de cinq cents yôjanas à l'est du temple Nâlanda, l'ensemble de ces états s'appelle les pays-frontières de l'est. Si l'on va jusqu'au bout, on arrive à de grandes montagnes noires que le raisonnement montre devoir être la frontière sud des *T'ou-fan* (Thibet). On dit qu'elles se trouvent au sud-ouest de la province de *Chou* (*Se-tch'oan*). En marchant pendant plus d'un mois, on arrive à ces montagnes. Au sud de ces hauteurs, le pays borde la mer ; c'est l'état de *Che-li-tch'a-tan-louo* (室利察咀羅) ; au sud-est de celui-ci se trouve l'état de *Lang-kia-chou* (郎迦戍) ; plus à l'est, est le pays de *Tou-ho-po-ti* (社和鉢底) ; plus à l'est enfin, on arrive au pays de *Lin-i* (臨邑). »

En comparant ces deux textes on voit que les trois premiers états qu'ils mentionnent sont les mêmes. En outre, le Mahâcampâ ou Grand Campâ est l'appellation bouddhique du pays que les Chinois appelaient *Lin-i* (cf. § 45). La seule différence qu'on remarque est la mention, dans *Hiuen-tchoang*, de l'état d'Içânapoura ; ce pays, étant à l'ouest du Campâ (Ciampa) qui comprenait la Cochinchine et la plus grande partie de l'Annam actuel, doit être le Cambodge ; cette hypothèse est confirmée par les considérations suivantes : d'après les découvertes épigraphiques de M. Aymonier (*Excursions et reconnaissances...*, nov.-déc. 1884, pp. 253-297), nous savons qu'en l'année 626 de notre ère, le roi du Cambodge était Içânavarman. L'histoire des T'ang corrobore ce témoignage, car nous y lisons (chap. CCXXII c) que le roi du *Tchen-la* (Cambodge), le Kshatriya Içâna (刹利伊金那), au début de la période tchen-koan (627-650) battit le *Fou-nan* (Siam) et prit son territoire. Içâna était donc le souverain qui régnait sur le Cambodge vers le temps même où *Hiuen-tchoang* visitait l'Inde, et Içânapoura, c'est-à-dire la ville d'Içâna, désigne évidemment la capitale du Cambodge et par suite ce pays lui-même.

Il nous reste à identifier les trois premiers pays mentionnés simultanément dans les deux textes précités.

Vivien de Saint-Martin (*Hiuen-tchoang*, t. III, p. 391) avait cru

tesse de cette séparation causée par la mort, s'embarqua avec son frère. Il se dirigea vers l'île du Fils du lion (Ceylan) pour y feuilleter et y rechercher des règles différentes. Il se prosterna le front contre terre en adorant la dent de *Fo* (Bouddha). Il se rendit petit à petit dans les contrées de l'ouest.

Tels sont les récits qu'on m'a faits ; mais maintenant je ne sais pas où il est. Dans l'île du Fils du lion (Ceylan) on ne l'a pas vu ; dans l'Inde du centre non plus on n'en a pas entendu parler. Il est probable que son âme est revenue auprès des autres générations. Il était âgé de plus de quarante ans.

§ 25. — Le maître de la discipline, *Hoei-ning*[1], était originaire de *Tch'eng-tou*, dans la province de *I*.

La résolution qui lui avait été inspirée par le ciel était d'agir avec énergie ; — sa pensée se consacrait aux grands avantages[2]. — Dès sa jeunesse il fut intelligent et perspicace ; — il réfugia ses pas sur l'aire sainte de

retrouver le nom de Çrîkshêtra dans celui du pays de Silhet ; mais cette opinion n'est pas admissible, puisque Hiuen-tchoang et le commentateur du *Nan-haï*... nous disent tous deux que Çrîkshêtra était au bord de la mer. M. Beal (*Buddhist records...*, t. II, p. 200) est d'avis que Çrîkshêtra est le nom d'un ancien royaume birman dont la capitale, qui portait le même nom, se trouvait près de Prôme, sur l'Irâwaddy.

D'après ce même auteur (*id.*, *ibid.*), le pays de Kâmalaṅkâ comprenait le Pégou et le delta de l'Irawaddy. Quant à Dwârawati, c'est le nom sanscrit par lequel les Bouddhistes désignaient le Siam. Ces identifications paraissent plausibles, quoique nous manquions de textes pour en vérifier l'exactitude.

1. 會寧. On a vu plus haut que *Tch'eng-tou* est la capitale de la province de *Se-tch'oan*,

2. C'est-à-dire aux avantages inappréciables que procure la religion et non aux biens de ce monde.

la loi. — Il tint en honneur, comme la perle qu'on se met dans les cheveux, la raison triomphante ; — il rejeta, comme des souliers qu'on ôte [1], la gloire et les honneurs. — Il s'entendait un peu aux soûtras et aux çâstras, — mais il comprenait mieux encore la discipline et les règles. — Sa pensée constante était de propager la loi ; — les contrées occidentales étaient sa préoccupation fixe.

C'est pourquoi, au milieu de la période *lin-té*[2], il prit le bâton orné d'étain pour aller vers les mers du sud. Il se rendit en bateau dans l'île de *Ho-ling*[3] ; il résida là trois années. Alors, avec un très savant religieux de l'état de *Ho-ling* nommé *Jo-na-po-t'ouo-louo* (Jñânabhadra)[4], il traduisit dans les livres sacrés *Ngo-ki-mouo*

---

1. Cette comparaison est un souvenir d'une parole que prononça l'empereur *Ou* (140-86 av. J.-C.) de la dynastie des premiers *Han*. Quand il eut été initié aux doctrines taoïstes qui prétendaient conférer à leurs adeptes l'immortalité, il s'écria qu'il ne faisait pas plus de cas de ses femmes et de ses richesses que de souliers qu'on ôte (cf. ma traduction de *Se-ma Ts'ien* sur les cérémonies *fong* et *chan*, p. 69).

2. De l'an 664 à 665.

3. Dans l'île de Java. Cf. note 3 de la p. 25.

4. Les biographies des religieux éminents écrites au temps des *Song* (*Song-kao-seng-tchoan*) consacrent (chap. II) un paragraphe à Jñânabhadra : « Le nom du religieux Jñânabhadra était en chinois *Tche-hien* 智賢. Il était originaire du royaume de *Po-ling* 波淩 (ou *Ho-ling* 訶陵). Il avait fort bien étudié les trois recueils. Au milieu de la période *lin-té* (664-666), un çramaṇa de *Tch'eng-tou*, *Hoei-ning*, voulut se rendre en Inde pour y contempler et y adorer les vestiges sacrés. Il monta en bateau et se dirigea vers l'ouest. Sur son chemin, il passa par *Po-ling*. Alors *Tche-hien* (Jñânabhadra) et lui traduisirent en deux chapitres la section postérieure du Nirvâṇa-soûtra (涅槃後二卷) ; cela est tiré des livres sacrés Agama ; il y est raconté comment on brûla le cercueil de l'Honoré du monde (世尊 = Lokajyêshṭha) et comment on recueillit les reliques (設利羅 = çarîras). Ce texte offre plusieurs différences avec le Ma-

(Agama), le *Nie-p'an* (Nirvâṇa) du Tathâgata et le brûlage de son corps [1]; ce texte présente de grandes différences avec le *Nie-p'an* (Nirvâṇa) du Grand Véhicule (Mahâyâna).

Cependant moi, *I-tsing*, quand j'étais dans les pays d'Occident, je vis de mes propres yeux la table des matières du *Nie-p'an* (Nirvâṇa) du Grand Véhicule (Mahâyâna) où il était dit : « Le nombre en gros est de vingt-cinq mille stances. » La traduction formerait plus de soixante rouleaux. Or, en examinant le recueil complet, je ne pus pas en définitive trouver toutes ces stances; je découvris seulement un livre sur les questions qui furent posées dans le premier synode au sujet

hâparinirvâṇa-soûtra. Lorsque la traduction fut finie, ce livre fut envoyé dans le *Kiao-tcheou* (交州 Tonkin). *Hoei-ning* se rendit alors dans les contrées occidentales. Au commencement de la période *i-fong* (676-679), le gouverneur du *Kiao-tcheou*, *Leang-nan-ti* (梁難敵) envoya un délégué avec *Yun-k'i* (cf. § 26), disciple de *Hoei-ning*, en les chargeant d'une requête pour présenter le livre à la cour. La troisième année, qui était l'année *ou-in* (678 ap. J.-C.), un cramaṇa du temple de *Ta-ts'e-ngen* (大慈恩寺 , c'est le temple que *Hiuen-tchoang* a illustré par son séjour), *Ling-hoei* (靈會), adressa à l'héritier présomptif une requête pour qu'on répandît cet ouvrage. C'est parce que personne plus que *Yun-k'i* n'avait pris à cœur le service de son maître, que celui-ci lui ordonna de présenter le livre sacré et de propager la conversion. C'est pourquoi il ne put accompagner de son ombre son maître et aller dans les pays d'Occident. »

1. L'ouvrage dont il est ici question est une addition au Mahâparinirvâṇa-soûtra (cf. Bunyiu Nanjio, n° 115). Il est à remarquer qu'*I-tsing*, ainsi que l'auteur du *Song-kao-seng-tchoan*, rangent l'ouvrage traduit par Jñânabhadra et Hoei-ning dans la classe des Agama, c'est-à-dire dans ce qui est aujourd'hui la première classe des soûtras du Hînayâna. D'après le *Catalogue du Tripiṭaka* actuel, cet ouvrage se trouve dans la cinquième classe des soûtras du Mahâyâna.

des catégories[1]. Il comprenait plus de quatre mille stances.

Lorsque *Hoei-ning* eut traduit ce texte des livres *Ngo-ki-mouo* (Agama), il chargea un jeune religieux nommé *Yun-k'i* d'aller présenter ce livre sacré. *Yun-k'i* revint donc au chef-lieu de l'arrondissement de *Kiao*[2]; puis, par courriers rapides, il se rendit à la capitale et offrit l'ouvrage à l'empereur, dans l'espérance qu'il ordonnerait que ces enseignements nouveaux fussent répandus en Chine.

Yun-k'i revint de la capitale et passa par *Kiao-tche*[3]. Il y prêcha les religieux et les laïques; on lui apporta en présent plusieurs centaines de pièces de soie légère. Il se dirigea derechef vers le pays de *Ho-ling* pour remercier *Tche-hien* (Jñânabhadra) et pour rejoindre *Hoei-ning*.

En ce temps, *Hoei-ning* était déjà parti pour les pays d'Occident. Dans tous les lieux successifs où il avait été je me suis informé de ce qu'on racontait; j'ai cherché des renseignements dans les cinq Indes; mais il n'y avait aucune trace de lui; s'il en est ainsi, il est permis de croire que cet homme était déjà mort.

Cela est déplorable, hélas! *Hoei-ning* voyagea solitaire à cause de la loi. Il traduisit le premier deux volumes qu'il envoya à la cour impériale. Mourant à l'écart,

---

1. Le texte chinois de cette phrase est ainsi conçu : 但得初大衆間品一夾. — Le premier synode se serait réuni dans la caverne de Sattapaṇṇi, près de Râjagṛiha, aussitôt après la mort du Bouddha.

2. L'arrondissement de *Kiao* comprenait le delta du fleuve Rouge au Tonkin.

3. Hanoï, cf. note 5 de la p. 53.

il tint pour précieuse l'île; restant ignoré, il transforma son rempart[1]. Quoique son corps ne soit plus, son exemple subsiste; quand l'époque où il vécut sera éloignée, sa renommée restera. Il a adopté les premières résolutions d'un Bôdhisattva ainsi que ses dernières pensées[2] afin d'élever haut sa réputation. Il était âgé de trente-quatre ou trente-cinq ans.

§ 26. — Maître *Yun-k'i*[3] est originaire de la province de *Kiao*[4]. Il voyagea en compagnie de *T'an-juen*[5]. Sous la direction de *Tche-hien* (Jñânabhadra) il fut admis à recevoir toutes les défenses. Il est revenu[6] dans les mers du sud depuis plus de dix ans. Il s'entend parfaitement au parler *Koen-luen*[7]; il connaît bien la langue

---

1. Cette phrase et la précédente doivent signifier qu'on ne sait en quel lieu il entra dans le Nirvâṇa. Le rempart dont il est ici question doit être le rempart du corps 身城 ; c'est-à-dire le corps (cf. § 52). Quant à l'expression *pao-tchou* 寶渚, je la traduis par *tenir pour précieuse l'île*, parce qu'en vertu des lois du style rythmique, *pao* doit être un verbe puisqu'il correspond à *hoa* qui est un verbe ; l'île est une métaphore qui désigne assez bien le Nirvâṇa qui est la terre, la rive à laquelle on aborde après avoir été ballotté sur l'océan du monde.

2. Je suppose que cette phrase signifie que, d'un bout à l'autre de sa vie, il vécut comme un Bôdhisattva.

3. 運期.

4. Le Tonkin.

5. Cf. § 35.

6. Après avoir été porter en Chine l'ouvrage traduit par Jñânabhadra et *Hoei-ning*.

7. L'appellation Koen-luen, dont on trouve encore la trace dans le nom de l'archipel Poulo-Condor, peut être prise pour synonyme de Malais. Voici, d'après I-tsing lui-même (*Nan-haï*..., chap. I, p. 3 et 4), quelle est l'origine de ce nom : ce furent des gens du pays de Kiue-loen 掘倫 qui vinrent les premiers dans le Tonkin et le Koang-tong;

sanscrite. Dans la suite, il jugea convenable de rentrer dans le monde et se fixa dans le pays de *Che-li-fo-yeou* (Çrîbhôja)[1]. C'est là qu'il vit encore aujourd'hui. En allant et revenant sur les flots profonds, il a fait parvenir les livres sacrés dans la terre impériale ; il a répandu une doctrine qu'on ne vénérait point encore. Voilà ce dont il a été capable. Il est âgé d'environ trente ans.

c'est pourquoi on prit l'habitude d'appliquer le nom de Kiue-loen ou de Koen-loen 崑崙 à toutes les contrées des mers du sud qui étaient alors fort peu connues. Cependant, remarque I-tsing, ce nom a pris ainsi une extension que rien ne justifie ; en effet, les gens du pays de Kiue-loen sont noirs et ont les cheveux crépus, tandis que les habitants des grandes îles des mers du sud (les Malais) ne diffèrent guère des Chinois. — Si nous rapprochons de ce passage le texte de l'histoire des T'ang (chap. ccxxii c), nous voyons que, dans le Fou-nan (Siam), les gens sont noirs et vont nus et que le souverain a pour nom de famille Kou-long 古龍 ; de même, dans l'état de P'an-p'an (dans la presqu'île de Malacca), le souverain a le titre d'empereur Koen-loen ou Kou-long. Ainsi, le pays qu'I-tsing appelle Kiue-loen doit être le Siam et les états de la presqu'île de Malacca où le souverain s'appelait d'un nom qu'on pouvait transcrire Koen-loen, Kou-long ou Kiue-loen ; les gens de ce pays étaient noirs ; lorsque leur nom eut été appliqué par les Chinois à tous les peuples des mers du sud, il se trouva que la plus grande partie de ces peuples était de race malaise, non noire, fort différente des habitants de Siam ; c'est ainsi que le nom des tribus Kiue-loen en vint à désigner improprement la race malaise.

1. Che-li-fo-yeou 室利佛遊. On a vu plus haut ce pays appelé Che-li-fo-che 室利佛逝 (note 3 de la p. 36). La différence d'orthographe est peu importante et il s'agit bien d'un seul et même état ; en effet, une note chinoise qui se trouve au § 46 nous apprend que le pays de Mo-louo-yu devint plus tard le pays de Che-li-fo-che ; d'autre part, une note du *Nan-haï...*, chap. I, p. 3 v° nous avertit que ce même pays de Mo-louo-yu devint plus tard le pays de Che-li-fo-yeou ; ainsi se trouve démontrée l'identité du pays connu sous ces deux appellations de Che-li-fo-che et de Che-li-fo-yeou. — Sur la position probable où il se trouvait, cf. note 3 de la p. 36.

§ 27. — *Mou-tch'a-t'i-p'ouo* (Môkshadêva)[1] était originaire de l'arrondissement de *Kiao*[2]. Je ne sais pas quel était primitivement son nom personnel. Il navigua dans les mers du sud et en traversa tous les pays. Il arriva au temple de la Grande Intelligence (Mahâbôdhi); il adora tous les vestiges saints; après cela, il mourut. Il était âgé de vingt-quatre ou vingt-cinq ans.

§ 28. Le maître de la loi *K'oei-tch'ong*[3] était originaire de l'arrondissement de *Kiao*. Il fut *che-sa* (çishya)[4] de *Ming-yuen*[5]. Son nom sanscrit était *Tche-tan-louo-t'i-p'ouo* (Citra-dêva?)[6]. Il s'embarqua avec *Ming-yuen* et navigua sur les mers du sud. Il arriva dans l'île du Fils du lion (Ceylan). Il se rendit dans l'Inde occidentale; il y vit maître *Hiuen-tchao*[7]; ils se dirigèrent vers l'Inde du centre.

Cet homme avait reçu d'en haut un naturel intelligent et perspicace. Il psalmodiait fort bien les livres sanscrits; dans tous les lieux où il arrivait il s'exerçait à chanter tous les ouvrages qui s'y trouvaient. Il commença par adorer l'arbre de la *P'ou-t'i* (Bôdhi). Arrivé à *Wang-ché-tch'eng* (Kouçâgârapoura)[8], il tomba ma-

1. 木叉提婆 c'est-à-dire le dêva de la délivrance; en chinois, 解脫天. On sait que Hiuen-tchoang porta aussi ce surnom.
2. Le Tonkin.
3. 窺沖.
4. C'est-à-dire disciple. Cf. note 2 de la p. 47.
5. Cf. § 21.
6. 質呾囉提婆.
7. Cf. § 1.
8. 王舍城 *Wang-ché-tch'eng* = la ville de la Résidence royale. Cette expression désigne non Râjagrihapoura, mais Kouçâgârapoura. En effet, le *Siu-kao-seng-tchoan* (ch. iv, p. 17 b) dit : « En marchant

lade dans le Jardin des bambous (Vênouvana); il se vit retenu là et mourut à l'âge de trente ans.

§ 29. — Le maître de la loi, *Hoei-yen*[1], est originaire de l'arrondissement de *Kiao*. Il était le *che-sa* (çishya) du vénérable *Hing*[2] et, à la suite de son maître, il alla dans l'état de *Seng-ho-louo* (Ceylan)[3]. Il se fixa alors dans ce pays. Je n'ai pu déterminer s'il est mort ou vivant.

§ 30. — Je ne sais pas d'où était originaire le maître

vers l'est pendant soixante *li*, on arrive à l'ancienne ville de Kouçâgârapoura (矩舍揭羅補羅); on l'appelle en chinois la ville des Herbes (茅城) : une herbe odoriférante y pousse en grande quantité et c'est de là que vient ce nom ; cette ville est au centre même de l'état de Magadha ; c'est celle qui est appelée ville de la Résidence royale (王舍城) dans le texte des livres saints. » Plus loin (id., *ibid.*, p. 15 *b*) nous lisons que Râjagrihapoura (曷羅闍姞利呬城) s'appelle en chinois la Nouvelle résidence royale (新王舍). — Enfin (id., *ibid.*, p. 15 *b*), nous voyons qu'Açôka transféra sa capitale de la Nouvelle résidence royale, c'est-à-dire de Râjagrihapoura, à Pâṭaliputra. — La ville de la Résidence royale n'est donc pas Râjagrihapoura, mais Kouçâgârapoura. Cette dernière ville avait été la résidence royale des anciens souverains du Magadha ; Bimbisâra se transporta à Râjagrihapoura qui devint ainsi la Nouvelle résidence royale. — Le jardin des Bambous (Vênouvana) dont il est question dans le passage que nous venons de traduire se trouvait d'ailleurs près de Kouçâgârapoura et non de Râjagrihapoura (cf. *Fa-hien*, trad. Legge, p. 84).

1. 慧琰. Il est à remarquer que le caractère 琰, ayant fait partie du prénom de l'empereur *Kia-k'ing* (1796-1821), est aujourd'hui prohibé.

2. 行公. Il s'agit sans doute de *Tche-hing*, § 31.

3. 僧訶羅 *Seng-ho-louo*, transcription du sanscrit Siṃhâla = Ceylan.

de la loi *Sin-tcheou*[1]. Son nom sanscrit était *Ché la-t'ouo-po-mo* (Çraddhavarman). Il prit le chemin du nord et se rendit dans les pays de l'ouest. Quand il eut accompli toutes les adorations et toutes les visites, il se fixa dans le temple *Sin-tché*[2].

A l'étage supérieur de ce temple il construisit un pavillon en briques; il y installa une literie[3] qu'il laissa en offrande perpétuelle.

1. 信冑 *Sin-tcheou* = l'armure de la foi; c'est la traduction même du sanscrit Çraddhâvarman 設喇陀跋摩 *Ché-la-t'ouo-po-mo*.

2. 信者寺, dans l'état de *Ngan-mouo-louo-po*; cf. note 4 de la p. 18.

3. La literie 卧具 est un des six objets 六物 que le religieux peut posséder. D'après le *Nan-hai*..., ch. I, pp. 1 et suiv., les six objets sont : 1° le *seng-k'a-ti* 僧伽胝 ou habit doublé (saṃghâtî); 2° le *ou-tan-louo-seng-kia* 嗢呾囉僧伽 ou habit de dessus (outtarâsaṅga); 3° le *ngan-tan-p'ouo-souo* 安呾婆婆 ou habit de dessous (antaravâsaka); 4° le *po-tan-louo* 波呾囉 ou bol (pour la nourriture mendiée, — pâtra); 5° le *ni-che-tan-na* 尾師呾那 ou literie (c'est le terme même qui est l'occasion de cette note; — en pâli : nisîdanam); 6° le *po-li-sa-louo-fa-na* 鉢里薩囉伐拏 ou filtre (parisrâvaṇa).

Suivant une autre énumération que nous fournit aussi le *Nan-hai*..., ch. II, pp. 1 et 2, le religieux bouddhique pouvait avoir treize sortes de vêtements qu'on appelait les treize ressources en sa possession 十三資具; ce sont : 1° le saṃghâti; 2° l'outtarâsaṅga; 3° l'antaravâsaka; 4° le *ni-che-tan-na* (pali : nisîdanam); 5° la jupe; 6° la jupe secondaire; 7° le *seng-kio-k'i* 僧脚崎 ou vêtement protégeant les aisselles (saṃkakshika); 8° le *seng-kio-k'i* secondaire; 9° le linge pour s'essuyer le corps; 10° le linge pour s'essuyer le visage; 11° le vêtement qu'on met quand on se rase la tête; 12° le vêtement destiné

Étant tombé malade, au bout de plusieurs jours ce qui lui restait de vie allait cesser, lorsque, soudain au milieu de la nuit, il dit : « Voici un *P'ou-sa* (Bôdhisattva) qui me tend la main pour me recevoir. » Il composa son maintien, joignit les paumes des mains, poussa un grand soupir et mourut ; il était âgé de trente-cinq ans.

§ 31. — Le maître de la loi, *Tche-hing*[1], était originaire de l'arrondissement de *Ngai*[2]. Son nom sanscrit était *Pan-jo-t'i-p'ouo* (Prajñâdêva)[3]. Il navigua sur les mers du sud et se dirigea vers l'Inde occidentale. Il accomplit en tous lieux les adorations et fit les offrandes respectueuses. Lorsqu'il fut arrivé au nord du *K'iang-kia* (Gañga), il s'arrêta dans le temple *Sin-tché*[4] et y mourut à l'âge de plus de cinquante ans.

§ 32. — Le maître du dhyâna, *Ta-tch'eng-teng*[5], était originaire de l'arrondissement de *Ngai*; son nom sanscrit était *Mo-ho-yé-na-po-ti-i-po* (Mahâyâna-pradîpa).

à couvrir des ulcères ou la gale ; 13° le vêtement qui est prêt pour le cas où on prend des médecines.

1. 智行.

2. D'après le *Hai-kouo-t'ou-tché* (chap. vi, p. 1 r°), citant le *Tong-si-yang-k'ao*, l'arrondissement de *Ngai* 愛州 au temps des *T'ang*, correspond au moderne *Ts'ing-hoa* 清化 ou, suivant la prononciation annamite, à Thanh-hoa, au sud de l'embouchure du fleuve Rouge.

3. 般若提婆, c'est-à-dire le dêva de la sagesse ; en chinois : 慧天.

4. Dans l'état de *Ngan-mouo-louo-po*, cf. note 4 de la p. 18.

5. 大乘燈. Ces trois mots chinois sont la traduction du sanscrit Mahâyâna-pradîpa 莫訶夜那鉢地已波 et signifient : (ayant) le flambeau du Grand Véhicule.

Encore enfant, il s'embarqua à la suite de ses parents et alla dans le pays de *Tou-ho-louo-po-ti* (Dvâravatî)[1]. Ce fut alors que pour la première fois il sortit du monde.

Plus tard il accompagna l'ambassadeur impérial *Yen-siu*[2] et entra à sa suite dans la capitale. Dans le temple *Ts'e-ngen*[3], résidence du maître de la loi des trois recueils, *Hiuen-tchoang*, il fut admis à recevoir toutes les défenses. Il demeura à la capitale plusieurs années; il y acquit une vaste connaissance des livres sacrés.

Puis il pensa à adorer les saints vestiges; — il s'attacha avec passion aux contrées reculées de l'ouest. — Il réunissait essentiellement en lui la fidélité et la bonté; — son naturel combinait l'intégrité et la droiture. — Le pic des défenses[4] était présent à sa pensée; — les branches de l'arbre du dhyâna[5] plaisaient à ses réflexions. — Comme il estimait que ceux qui s'embourbent dans l'existence sont déçus par les causes[6] et que si les cau-

---

1. Le pays de Dvâravatî correspond probablement au Siam. Cf. note 5 de la p. 57. Le nom de cette contrée est transcrit ici *Tou-ho-louo-po-ti* 杜和羅鉢底. Dans une note du *Nan-hai*..., chap. I, p. 3 v°, il est écrit *Tou-ho-po-ti* 社和鉢底. Enfin dans *Hiuen-tchoang* (t. III, p. 83) on le trouve écrit *Touo-louo-po-ti* 墮羅鉢底.

2. 郯緒.

3. 慈恩寺. Sur *Hiuen-tchoang*, note 4 de la p. 2.

4. Cf. note 5 de la p. 28.

5. C'est sous le figuier, appelé depuis l'arbre de la sagesse, le bôdhidrouma, que le Bouddha se livra à la méditation prolongée (dhyâna) par laquelle il parvint à l'intelligence.

6. Les douze causes (nidâna) sont ce qui nous fait tenir à l'existence (有 = bhava) et c'est à démontrer leur inanité que s'applique d'abord la doctrine bouddhique.

ses sont supprimées on fait tomber l'existence, — que ceux qui se détachent de la vie ont un secours qui leur est acquis, et que si l'on possède ce secours on peut s'opposer à la vie, — il concentra donc toute sa volonté sur la ville royale ¹, — il appliqua ses désirs au parc des bambous ². — Il espérait supprimer les huit conditions malheureuses ³, — obtenir en définitive les quatre roues ⁴.

1. 王城. Cette expression est l'équivalent du sanscrit Râjapoura. Mais il est probable que Wang-tch'eng est une abréviation imposée par les règles du style rythmique et que la ville dont il est ici question est *Wang-ché-tch'eng*, c'est-à-dire Kouçâgârapoura (cf. note 1 de la p. 39).

2. Le Vênouvana.

3. Les huit conditions malheureuses (八難 akshaṇa) sont les suivantes, d'après M. Bunyiu Nanjio, *Catalogue*..., n° 728 : 1° vivre en enfer (naraka) ; — 2° être un fantôme affamé (prêta) ; — 3° être un animal inférieur (tiryagyôni) ; — 4° être un dêva à la longue vie (dîrghâyousha-dêva) ; — 5° être né dans une contrée limitrophe (pratyanta-janapada);— 6° avoir une infirmité des organes des sens (indriyavaikalya);—7° avoir de fausses opinions (mithyâdarçana),—8° être né avant ou après un Bouddha (tathâgatânoutpâda). D'après le *Dictionnaire numérique* (chap. VIII, à l'expression *kie-nei-pa-nan*), ces huit termes doivent être rangé dans l'ordre suivant (conservant pour les désigner, les numéros d'ordre donnés ci-dessus) : 1, 3, 2, 6, 7, 8, 5, 4. — Le Mahâvyoutpatti (n° 120) les classe dans un ordre encore différent : 1, 3, 2, 4, 5, 6, 7, 8.

4. Cette expression fort énigmatique nous est expliquée par le *Dictionnaire numérique*, au terme *p'ou-sa-se-luen* 菩薩四輪, les quatre roues du Bôdhisattva. Ces quatre roues sont : 1° être né dans le royaume du Milieu (l'Inde), ce qui supprime les difficultés 1, 3, 2, 5 et 4 des huit difficultés précitées ; — 2° s'appliquer au vrai désir, ce qui supprime la difficulté 7 ; —3° être ferme et excellent, ce qui supprime la difficulté 6 ; — 4° approcher de l'homme excellent, ce qui supprime la difficulté 8. — Les quatre roues (catvâri dêvamanoushyâṇâm cakrâṇi) sont, d'après le Mahâvyoutpatti (n° 83) : 1° pratiroûpadêçavâsa (habiter dans un pays convenable); 2° satpouroushâpâçraya (= 4 de la liste

Il prit donc des images de *Fo* (Bouddha) et se procura des soûtras et des çâstras, puis il traversa les mers du sud et arriva dans l'état du Fils du lion (Ceylan) où il vit et adora la dent de *Fo* (Bouddha)¹. Il assista à tous les prodiges surnaturels.

Il traversa l'Inde du sud et arriva ensuite dans l'Inde orientale. Il s'arrêta dans le pays de *Tan-mouo-li-ti.* (Tâmralipti)². Au moment où il entrait dans l'embouchure du fleuve, des brigands survinrent et pillèrent le bateau. Il ne garda que la vie sauve. Il demeura dans ce pays douze années. Il acquit une connaissance étendue de la langue sanscrite. Il expliquait le *Yuen-cheng* (Nidânaçâstra)³ et d'autres livres sacrés.

En même temps il voulait accomplir la tournée destinée à assurer le bonheur ; c'est pourquoi, ayant trouvé une caravane de marchands, il se rendit avec moi dans

---

chinoise) ; 3° âtmanaḥ samyakpraṇidhânam (bien concentrer son âme = 2 de la liste chinoise) ; 4° poûrvê kṛitapouṇyatâ (avoir des mérites acquis dans une existence antérieure = 3 de la liste chinoise).

1. Cf. note 2 de la p. 54.

2. 耽摩立底. Tâmralipti, dit le général Cunningham (*Anc. geogr. of India*, t. I, p. 504), est le nom sanscrit de Tamluk, qui est situé sur la rivière Rûpnârâyan, à 12 milles au-dessus de son embouchure avec l'Hûghli. — M. J. Fergusson (*J. Roy. As. Soc.*, n. s., t. VI, pp. 243 et suiv.) a contesté cette identification et pense que Tâmralipti se trouvait là où s'éleva plus tard Satgaon qui était le grand port du Bengale quand les Portugais et les Anglais visitèrent pour la première fois l'Inde. En ce temps, l'Hûghli n'était pas une rivière, mais un estuaire.

Ta-tch'eng-teng, étant dans le pays de Tâmralipti, habita le temple *Po-louo-ho* (跋羅訶 Varâha ?). C'est là qu'*I-tsing* le rejoignit (cf. *Nan-hâï...*, chap. II, pp. 5 r° et 7 r°).

3. Le Nidâna-çâstra (cf. Bunyiu Nanjio, n° 1227), dont la composition est attribuée à Oullaṅgha s'appelle en chinois *Yuen-cheng-luen* 緣生論.

l'Inde du centre¹. Il arriva d'abord au temple *Na-lant'ouo* (Nâlanda), puis il alla au Trône de diamant (Vajrâsana) et revint par *Pi-ché-li* (Vaiçâlî)²; ensuite il arriva dans le royaume de *Kiu-che*³ et parcourut ce pays avec le maître du dyâna *Ou-hing*⁴.

Maître (*Ta-tch'eng*)-*teng* soupirait souvent et disait : « Mon désir primitif était de magnifier la loi, de la rendre plus forte en Chine. Il est préférable que ma volonté ne s'accomplisse pas. Je vais toucher à la décrépitude. Maintenant, quoique mon idée ne se soit pas réalisée, dans une naissance ultérieure j'espère mener à bien cette résolution. » Cependant sa préoccupation constante était le ciel des dieux *Tou-che-to* (Toushita)⁵; il espérait se réunir avec le Compatissant (Maitrêya Bouddha). Chaque jour il peignait un ou deux arbres aux fleurs de dragon⁶ pour montrer l'extrême souhait de son cœur.

Le vénérable (*Ta-tch'eng*)-*teng*, au cours de ses voyages, passa par la maison qu'avait autrefois habitée le maître de la loi *Tao-hi*⁷. A cette époque, cet homme était déjà mort. Ses volumes chinois étaient dans le

---

1. Cf. sur ce voyage, la digression qu'*I-tsing* fait au § 45.

2. 薛舍離 *Pi-ché-li* = Vaiçâlî. Cette ville a été identifiée par Cunningham avec le village actuel de Besârh, à l'est de la rivière Gaṇḍak, à 23 milles au nord-nord-est de Degwâra.

3. 俱尸國 : on a vu (note 1 de la p. 29) les raisons qui me déterminent à identifier ce nom avec celui de la ville de Kouçinagara.

4. Cf. § 51.

5. 覩史多天 *tou-che-to-t'ien*, les dêvas Toushitas, c'est-à-dire ceux qui sont satisfaits. Ce sont les dieux du quatrième étage de la région des désirs (Burnouf, *Introduction...*, p. 543 ; — Monnier Williams, *Buddhism*, p. 213). C'est parmi eux que se trouvent les Dhyâni Bouddhas avant leur incarnation sur terre.

6. Cf. note 1 de la p. 25.

7. Cf. § 2.

même état qu'auparavant; — ses tablettes sanscrites étaient encore en ordre. En les voyant, (*Ta-tch'eng*)-*teng* se sentit ému, versa des larmes et dit en soupirant : « Autrefois, à *Tch'ang-ngan*[1], nous allions ensemble nous asseoir sur les nattes de la salle où on enseignait la loi; aujourd'hui, sur une terre étrangère, je ne trouve plus que sa demeure. »

Regret : Elle s'étend loin, elle est puissante la force du roi de la mort! Ce héros missionnaire[2] a expiré soudainement. — L'attente de la Chine a été frustrée; — en terre sainte son âme s'est envolée. — On se rappelle avec émotion tout ce qu'il laisse d'espérances déçues et on verse des larmes; — on déplore cet homme simple et sincère et on s'afflige. — C'est dans la ville de *Kiu-che* (Kouçinagara)[3], dans le temple du *Pan-nie-p'an* (Parinirvâṇa) que le maître du dhyâna rentra dans le repos; il était alors âgé de plus de soixante ans[4].

§ 33. — *Seng-kia-po-mouo* (Samghavarma)[5] était ori-

---

1. La capitale de la Chine à l'époque des *T'ang*.

2. Il s'agit de *Ta-tch'eng-teng* et non pas, comme on pourrait le croire, de *Tao-hi*.

3. 俱尸城 *Kiu-che-tch'eng*. Le nom de la ville de Kouçinagara est le plus souvent orthographié 拘尸 (cf. note 1 de la p. 29). Cependant il est évident qu'il s'agit bien ici de Kouçinagara, puisque c'est dans cette ville qu'eut lieu le parinirvâṇa du Bouddha; on lit dans *Hiuen-tchoang* (t. II, p. 334) la description d'un temple de cette ville où se trouvait représentée la mort du Bouddha ; c'est sans doute ce temple dont il est ici question sous le nom de temple du Parinirvâṇa (般涅槃寺 *pan-nie-p'an-se*).

4. Littéralement : « son âge était celui où l'oreille est obéissante ». Cf. note 2 de la p. 36.

5. 僧伽跋摩.

ginaire du pays de *K'ang*[1]. Dans sa jeunesse il traversa les sables mouvants et, voyageant à pied, il arriva à la capitale impériale.

8. Le royaume de *K'ang* 康 n'est autre que Samarkand (cf. Imbault-Huart, *Documents sur l'Asie centrale*, p. 183). Les souverains de Samarkand étaient les descendants des princes du *K'ang-kiu* 康居, c'est-à-dire du Ferghanah. Le *K'ang-kiu* ayant été battu par les *T'ou-kiue*, sa population émigra de Tachkend à Samarkand, en franchissant les monts Bolor. Le nouveau royaume devint très florissant ; c'était, à vrai dire, une fédération de neuf cités; le souverain de *K'ang* (Samarkand) avait la souveraineté sur les huit principautés suivantes:

1º *Ngan* 安. Le Ngan oriental correspond au *Ho-han* de *Hiuen-tchoang* et a été identifié par Vivien de Saint-Martin avec le moderne *Kermineh* ; le Ngan central est le *Pou-ho* du pèlerin bouddhiste et devait se trouver, sinon à Bokhara, du moins fort peu au nord de cette ville (Watters, *China Review*, t. XIX, p. 185).

2º *Ts'ao* 曹. Le pays de *Ts'ao* se subdivisait en *Ts'ao* oriental, central, occidental et *Ts'ao* proprement dit. Les *Ts'ao* central et occidental sont le *Kie-pou-tan-na*, Kaboutan, de *Hiuen-tchoang* ; ils se trouvaient au nord de Samarkand, probablement dans les environs du moderne Mitan (Watters, *ibid.*, p. 184).

3º *Che* 石, c'est-à-dire le royaume de pierre ; c'est probablement Tachkend, nom qui signifie en turc le Château de pierre (Vivien de Saint-Martin, dans *Hiuen-tchoang*, t. III, p. 276).

4º *Mi* 米. C'est le *Mi-mo-ho* de *Hiuen-tchoang*, le moderne Maghian (Vivien de Saint-Martin ; — Watters, *loc. cit.*, p. 184).

5º *Ho* 何. C'est le *Kou-sang-ni-ka*, Kusanik, de *Hiuen-tchoang*. D'après Vivien de Saint-Martin, cette cité devait se trouver à mi-chemin entre Samarkand et Bokhara; d'après Watters, elle serait dans le voisinage du district actuel de Panyshamba.

6º *Houo-sin* 火尋 ou Kosim ; c'est le *Houo-li-si-mi-ka* de *Hiuen-tchoang*; il correspond au moderne Kharesm (Watters, *loc. cit.*).

7º *Ou-ti* 戊地. C'est le *Fa-ti* de *Hiuen-tchoang*, le district actuel de Darganata, sur le côté ouest de l'Oxus (Watters, *loc. cit.*).

8º *Che* 史. C'est le *Kié-choang-na* de *Hiuen-tchoang*, le district

Il était naturellement sincère; il avait une foi admirable. — Il se conformait aux défenses; il était d'une stricte austérité. — La charité était ce qu'il s'efforçait de pratiquer; — la compassion était sa préoccupation constante.

Pendant la période *hien-k'ing*[1], il reçut l'ordre impérial d'accompagner un ambassadeur. En se conformant aux rites, il alla visiter avec respect les pays d'Occident. Il arriva au temple de la Grande Intelligence (Mahâbôdhi); auprès du Trône de diamant (Vajrâsana) il fit préparer un magnifique banquet[2]; pendant sept jours et sept nuits les lampes brûlèrent sans discontinuer; il fit les frais d'une grande assemblée de la loi.

En outre, dans le jardin du (temple) *P'ou-t'i* (Mahâbôdhi), il sculpta au pied d'un arbre açôka les images de *Fo* (Bouddha) et de *Koan-tse-tsai-p'ou-sa* (Bôdhisattva Avalokitêçvara)[3]. Il exprima avec éclat ses félicitations et ses éloges, d'une manière qui frappa d'admiration ses contemporains. Dans la suite, il revint en Chine.

Plus tard il reçut l'ordre impérial de se rendre à *Kiao-tche*[4] pour y recueillir des drogues. En ce temps une

---

actuel de Kesch; la capitale devait être située là où se trouve la moderne Shar-i-sebs (Watters, *loc. cit.*).

Tous les princes de ces états avaient pour nom de famille Tchao-ou 昭武 c'est-à-dire guerriers illustres, traduction du persan Pehlvân.

1. De l'an 656 à l'an 660.

2. *I-tsing* a parlé assez longuement de ces repas offerts à une communauté entière de religieux (v. *Nan-hai*, ch. ɪ, pp. 17 et suiv.). Il raconte qu'à son arrivée dans le pays de Tâmralipti il songea à faire lui-même les frais d'un de ces banquets, mais qu'il en fut détourné par les difficultés considérables que présentait la réalisation de ce projet.

3. 觀自在菩薩.

4. Hanoï. — Cf. note 5 de la p. 53.

grande disette sévissait dans l'arrondissement de *Kiao*; hommes et bêtes mouraient de faim. Chaque jour, au milieu de la ville, il faisait une distribution de choses à boire et à manger pour venir au secours des délaissés et des misérables. Son cœur compatissant se serrait et les larmes coulaient sur son visage. Les gens de ce temps l'appelèrent le Bôdhisattva qui pleure toujours[1]. Il fut alors atteint d'ulcères aux jambes et tout à coup il mourut, âgé de plus de soixante ans.

§§ 34 et 35. — Le maître de la loi *Pei-ngan*[2] et le maître de la loi *Tche-ngan*[3] étaient tous deux originaires de *Kao-tch'ang*[4]. Ils vinrent jeunes et grandirent à la capitale. La propagation de la lumière était leur préoccupation. C'est pourquoi ils convertirent leur cœur à la doctrine triomphante.

Puis ils allèrent contempler les transformations dans l'Inde du centre. Ils se mirent à la suite de l'envoyé *Wang Hiuen-k'ouo*[5] et furent ballottés sur un bateau au milieu des mers. Mais ils tombèrent malades et moururent tous deux. Les ouvrages chinois qu'ils

1. 常啼菩薩.
2. 彼岸.
3. 智岸.
4. *Kao-tch'ang* 高昌 correspond au Karakhodjo des Persans; les ruines en sont encore visibles à 42 kilomètres à l'est de Tourfan. Sous la dynastie des *T'ang*, cette ville était la capitale des khans ouïgours. Quand *Hiuen-tchoang* y passa en 630, le khan s'appelait *Kiu Wen-t'ai* 麴文泰; en 640, l'empereur *T'ai-tsong* dirigea une expédition contre lui; le khan se tua et son pays fut érigé en préfecture de l'empire sous le nom de *Si-tcheou*.
5. 王玄廓.

avaient pris, le Yôga-çâstra[1] et d'autres soûtras et çâstras se trouvent tous deux dans le pays de *Che-li-fo-che* (Çrîbhôja)[2].

§ 36. — Le maître de la loi *T'an-juen*[3] était originaire de *Lo-yang*. Il possédait bien l'art des formules magiques ; — il était versé dans la doctrine sombre[4]. — Il avait approfondi les règles de la discipline ; — il s'était beaucoup appliqué à l'étude de la science médicale[5]. — Il avait fort bel air ; — ses connaissances étaient extrêmement détaillées.

Il prit le bâton orné d'étain et se rendit dans la région située au delà du Fleuve[6]. Secourir les êtres était son désir. Il s'avança graduellement vers le sud et arriva à *Kiao-tche*[7]. Il s'y arrêta et y passa le temps de la moisson. Religieux et laïques honoraient sa conduite.

Il s'embarqua et se dirigea vers le sud, avec l'espérance d'arriver dans l'Inde occidentale. Mais lorsqu'il fut parvenu dans le pays de *Pou-p'en*[8], au nord de *Ho-*

---

1. 瑜珈 *Yu-kia* (s. e. *luen*). Le Yôga-çâstra est le nom abrégé du Yôgâcaryâbhoûmi-çâstra qui est attribué à Asaṅga (cf. Bunyiu Nanjio, n° 1170).

2. Cf. note 3 de la p. 36.

3. 曇閏.

4. La doctrine sombre 玄理 est celle qui traite du dhyâna ; — les formules magiques 咒 sont les mantras.

5. La science de la médecine était, pour les Hindous, une des cinq branches du savoir humain (cf. note 1 de la p. 30).

6. Le *Yang-tse-kiang*.

7. Kesho ou Hanoï, cf. note 5 de la p. 53.

8. 濆盆. Nous avons vu (note 2 de la p. 42) que Ho-ling devait être la partie septentrionale de Java. Je n'ai pas pu déterminer exactement la situation de *Pou-p'en*.

ling, il tomba malade et mourut; il était âgé de trente ans.

§ 37. Le maître des çâstras, *I-hoei*[1], était originaire de *Lo-yang*. Il avait reçu du ciel un naturel intelligent; — il avait profondément réfléchi. — Étendre sa connaissance était sa préoccupation; — rechercher la vérité était son but.

Il entendit l'explication du *Ché-luen* (Mahâyâna-samparigraha-çâstra), du *Kiu-ché* (Abhidharma-kôça-çâstra)[2] et autres livres et y acquit à son tour beaucoup de réputation. Cependant, comme les sens présentaient des différences et des concordances, son esprit était aux prises avec des contradictions; il désira donc changer de méthode, étudier les textes sanscrits et écouter en personne les instructions subtiles. C'est pourquoi il comptait aller dans l'Inde du centre, puis revenir en Chine. Hélas! la moisson déjà verte ne parvint pas à maturité; son vaste projet avorta avant la récolte. Arrivé au pays de *Lang-kia-chou*[3], il fut atteint par la maladie et mourut à l'âge de plus de trente ans.

---

1 義輝.

2. Le *Mahâyâna-samparigraha-çâstra* est attribué à Asaṅga. D'après le Catalogue du Tripiṭaka, il en existe trois traductions chinoises (Bunyiu Nanjio, n°s 1183, 1184 et 1247). L'Abhidharma-kôça-çâstra est une œuvre de Vasoubandhou. Le texte chinois que nous traduisons désigne ces deux ouvrages sous une forme assez abrégée : 聽攝論具舍等. Le mot *ché* 攝 indique le Mahâyâna-samparigraha-çâstra et les deux mots 居舍 l'Abhidharma-kôça-çâstra. Les noms de ces deux traités sont quelquefois encore plus écourtés. Ex.: 攝舍兩論 (*Siu-kao-seng-tchoan*, ch. i, p. 252).

3. Cf. note 5 de la p. 57.

§§ 38, 39, 40. — En outre, il y eut trois religieux chinois qui prirent le chemin du nord et se rendirent dans le pays d'*Ou-tch'ang-na* (Oudyâna)¹. On raconte qu'ils allèrent au lieu où se trouve l'os du crâne de Bouddha (oushnîsha) et qu'ils l'adorèrent. Mais maintenant on ne sait pas s'ils sont vivants ou morts. Cela m'a été rapporté par un religieux de l'Oudyâna qui est venu ici.

§ 41. — Maître *Hoei-luen*² est originaire du *Sin louo*³. Son nom sanscrit est *Pan-jo-po-mouo* (Prajñâvarman)⁴. C'est dans son propre pays qu'il sortit du monde. Il entretint l'espérance de voir les saints vestiges. Après avoir navigué, il aborda dans les pays de *Min* et de *Yue*⁵. Par eau et par terre il arriva jusqu'à *Tch'ang-ngan*. Il reçut l'ordre impérial d'accompagner dans l'ouest, en

---

1. 烏長那國 *Ou-tch'ang-na-kouo* = royaume d'Oudyâna. Oudyânapoura était un autre nom de la ville que *Hiuen-tchoang* appelle Nâgarahâra ; d'après M. W. Simpson (*On the identification of Nâgarahâra...* dans le *Journ. Roy. As. Soc.*, 1881, pp. 183-207), Nâgarahâra se trouvait à l'ouest du moderne Djelalabad, dans l'angle de terre compris entre la rivière de Kaboul au nord et la rivière Surkhab à l'ouest ; le district de Nâgarahâra n'avait pas de roi, mais dépendait de Kapiça ; c'est ce qui explique pourquoi *I-tsing* dit ici que l'os du crâne de Bouddha se trouvait dans l'Oudyâna (Nâgarahâra) tandis que plus haut il le plaçait dans le Kapiça (notes 1 et 2 de la p. 24). Le district de Nâgarahâra s'étendait sur une longueur d'environ 100 milles de l'est à l'ouest ; il devait aller de Jugduluck au Khyber ; dans cette dernière direction il touchait au Gandhara ; dans l'autre au Kapiça (Simpson, *loc. cit.*).

2. 慧輪.

3. Cf. note 2 de la p. 32.

4. 般若跋摩 *Pan-jo-po-mouo* = l'armure de la sagesse ; en chinois 慧甲.

5. Les provinces actuelles de *Fou-kien* et de *Koang-tong*.

qualité de serviteur, le maître de la loi *Hiuen-tchao*[1] ; lorsqu'il fut arrivé dans les pays de l'ouest, il accomplit toutes les adorations auprès des vestiges sacrés. Il s'arrêta dans le pays de *Ngan-mouo-louo-po* et résida dans le temple *Sin-tché*[2] où il passa dix années.

Récemment il s'est établi plus à l'est, dans le temple des religieux du *Tou-houo-louo* (Toukhara)[3], pays du nord. Ce sont des gens du *Tou-houo-louo* (Toukhara) qui l'ont autrefois construit pour les religieux de leur pays. Ce temple a de grandes richesses, des biens-fonds considérables et une grasse opulence. Par les donations dont il jouit et les aménagements qu'il possède, il l'emporte sur tous les autres temples. Son nom est : *Kien-t'ouo-louo-chan-tch'a* (Gandhâra-chaṇḍa ?)[4].

Hoei-luen demeura là et y acquit une très bonne connaissance de la langue sanscrite ; il étudia à fond les *kiu-ché* (kôças)[5]. Lorsque je vins, il existait encore ; il était âgé d'environ quarante ans.

1. Cf. § 1.
2. 信者寺. Sur le pays de *Ngan-mouo-louo-po*, cf. note 4 de la p. 18.
3. Le Toukhara ou Tokharestan, cf. note 1 de la p. 13.
4. Le pays de Gandhâra correspond au moderne Peishawer (cf. note 4 de la p. 51). Ce passage présente une difficulté ; nous avons vu en effet (note 1 de la p. 13), qu'au viie siècle de notre ère, le Tokharestan ne dépassait pas l'Hindoukouch. Comment pouvait-on donc appeler temple de Gandhâra (Peishawer) un temple construit par des gens du Tokharestan ? La solution de cette question se trouve peut-être dans ce fait que le temple aurait été construit au temps où le Tokharestan et le Gandhâra étaient réunis sous une même domination. Nous savons en effet qu'au commencement du ve siècle de notre ère *Ki-to-louo* (寄多羅 = Kidara ?), roi des Kouchans, chassé de la Sogdiane par les *Joan-joan*, franchit l'Oxus et fonda au sud de ce fleuve un puissant royaume ; son fils était gouverneur de Peishawer (cf. Specht, *Études sur l'Asie centrale*, pp. 32-33).
5. Cf. note 2 de la p. 16.

Quand des religieux du nord viennent en Inde, ils logent tous dans ce temple dont ils sont considérés comme les supérieurs[1].

A l'ouest du temple de la Grande Intelligence (Mahâ-bôdhi) se trouve le temple de l'état de *Kia-pi-che* (Kapiça)[2]. Ce temple aussi est fort riche; il s'y trouve un grand nombre d'hommes d'une vertu éminente ; tous y étudient le Hînayâna. Quand des religieux du nord viennent en Inde, ils demeurent aussi dans ce temple dont le nom est *Kiu-na-tche-li-to* (Gouṇacarita)[3].

A plus de deux yôjanas au nord-est du temple Mahâbôdhi se trouve le couvent appelé *K'iu-lou-kia* (Koulouka)[4]; il a été, en effet, construit autrefois par un roi du pays de *K'iu-lou-kia* (Koulouka), lequel est situé dans le sud. Quoique ce temple soit pauvre et simple, l'observance des règles y est très stricte. Récemment le roi Adityasêna[5] (?) a fait construire à côté de l'ancien monas-

---

1. Vihârasvâmin. Cf. note 1 de la p. 39.

2. Cf. note 1 de la p. 24. Ici, le nom est écrit 迦畢施.

3. 寠拏折里多 *Kiu-na-tche-li-to*. En chinois 德行 = la marche de la vertu.

4. 屈錄迦 *K'iu-lou-kia*. Ce royaume ne se trouve pas cité dans *Hiuen-tchoang* et nous n'avons ici que la seule indication qu'il était dans le sud. Malgré la brièveté de nos renseignements, ils nous semblent suffisants pour voir dans Koulouka la ville de Kolkai ou Korkai qui se trouve à 2 ou 3 milles de Kayal, près de l'embouchure de la rivière Tâmraparṇî, à l'est du cap Comorin. Kolkai (le Κόλχοι ἐμπόριον des Grecs) fut le berceau de la dynastie Pâṇḍya, le lieu où elle régna avant d'aller s'établir à Madura (cf. Dr Caldwell, dans Yule, *Marco Polo*, t. II, p. 361).

5. 日軍 *je-kiun* = l'armée du soleil — M. Burgess dit (*Ind. Ant.*, 1881, vol. X, p. 193) : « On peut noter que ce nom de Je-kiun est l'équivalent chinois exact d'Adityasêna. Or, d'après une inscription de Jayadêva du Népal, A. D. 760 (*Ind. Ant.*, vol. IX, p. 181), nous appre-

tère un nouveau temple qui vient maintenant d'être achevé. Les religieux des royaumes du sud, lorsqu'ils viennent ici, logent pour la plupart dans ce temple.

Tous les pays ont ainsi leurs temples grâce auxquels les religieux sont mis en rapport avec leur patrie. La Chine seule n'a pas une résidence, ce qui rend pour nous les voyages pénibles et difficiles. A plus de quarante relais (yôjanas) à l'est du temple *Na-lan-t'ouo* (Nâlanda), en descendant le *K'iang-kia* (Gange), on arrive au temple *Mi-li-kia-si-kia-po-no* (Mṛigaçikhâvana) [1]. Non loin de là il y a un ancien temple dont il ne reste plus que les fondements en briques. On l'appelle le temple de *Tche-na* (Chine) [2]. Une tradition transmise depuis les temps anciens par les vieillards rapporte qu'autrefois ce temple fut construit pour les religieux de Chine par le grand roi (mahârâja) *Che-li-ki-to* (Çrî-Goupta) [3]. En ce

nons que le roi Adityasêna du Magadha était le grand-père de la mère de Jayadêva, et si nous attribuons quatre-vingts ans à trois générations, cela placerait Adityasêna vers 680 après J.-C., soit de 670 à 690, en accord parfait avec la mention d'I-tsing. » — Une inscription de Shâhpur donne pour Adityasêna la date de 672-673. Ce roi, appartenant à la famille des Gouptas du Magadha, doit avoir joué un rôle important dans les troubles qui suivirent la dissolution du royaume de Kanoj à la mort de Harshavardhana Çilâditya. — V. *Corpus inscriptionum indicarum*, vol. III, Introd., p. 14 (1888). »

1. 蜜栗加悉伽鉢娜. La transcription de ce nom est la même que celle du Mṛigavana, plus l'insertion dans le milieu du mot des deux caractères *si-kiâ*. D'après les indications données ici, il ne s'agit évidemment pas du fameux Mṛigavana situé dans la région de Bénarès.

2. 支那寺 *Tche-na-se*. Sur le mot sanscrit Cîna désignant la Chine, cf. note 3 de la p. 55.

3. 室利笈多. Ce monarque, nous dit plus loin *I-tsing*, vivait environ cinq cents ans avant lui, c'est-à-dire dans la seconde moitié du IIe siècle de notre ère. Çrî-Goupta est mentionné dans les inscriptions

temps, il y avait plus de vingt religieux chinois qui étaient sortis de leur pays par le chemin de *Tsang-ko*[1] dans la province de *Chou* et s'étaient rendus au temple *Mo-ho-p'ou-t'i* (Mahâbôdhi) pour y faire leurs adorations. Le roi, remarquant leur piété, leur donna ce terrain pour qu'il leur servît de lieu de repos ; il leur conféra la possession de vingt-quatre grands villages. Dans la suite, les religieux chinois disparurent ; les villages se détachèrent du temple et dépendirent d'autres personnes ; maintenant il y a trois de ces villages dont la population dépend du temple du Parc des antilopes[2]. On peut compter que, depuis la fondation de ce temple de Chine jusqu'à aujourd'hui, il y a plus de cinq cents années. Actuellement ce lieu dépend du roi de l'Inde orientale qui s'appelle *T'i-p'ouo-po-mo* (Dêvavarman)[3] ; il dit souvent que si quelques religieux venaient du pays

---

des rois Gouptas, ses successeurs, comme le fondateur de leur dynastie. Il régnait au ive siècle ; par conséquent l'indication fournie par I-tsing ne doit pas être prise au pied de la lettre.

1. D'après le *I-ts'ié-king-yn-i* de *Hoei-lin* (chap. LXXXI), *Tsang-ko* était le nom d'une tribu située à l'extrême sud-ouest de la Chine et c'est aussi le nom du territoire qu'elle habitait. Le chemin de *Tsang-ko* était le plus court pour aller de Chine en Inde, mais il était fort dangereux ; il traversait les places de *Yu-yao*, *Yue-kiue*, *Pou-hi* et *Yong-tch'ang* (aujourd'hui encore *Yong-tch'ang-fou*, dans la province de *Yun-nan*). L'ancien nom de ce pays était *Ngai-lao*, d'où nous avons tiré le nom de Laos ; ce fut au temps des *Han* qu'il se convertit au Bouddhisme ; il prit ensuite le nom de royaume de *Chen-tou* (ce passage tendrait à prouver qu'à l'origine le *Chen-tou* et le *T'ien-tchou*, c'est-à-dire l'Inde, n'étaient pas identiques, quoique plus tard ces deux noms aient été considérés comme équivalents). Les princes de ce pays se disaient descendants d'un dragon, leur ancêtre.

2. Le temple Mṛigaçikhâvana (?) dont il a été question plus haut.

3. 提婆跋摩. Ce roi paraît avoir appartenu à la dynastie des Varman qui régnait sur le Magadha occidental au viie siècle.

du Fils du Ciel de la dynastie *T"ang*, il rétablirait ce temple et leur rendrait la jouissance des villages dont il leur ferait une donation perpétuelle. En vérité, on peut soupirer et dire : S'il est facile d'avoir un nid de pie, les oiseaux qui se plairont à y habiter sont difficiles à trouver. Que si quelqu'un a le désir de profiter aux hommes, qu'il fasse une requête pour développer ce projet; en vérité ce n'est pas une petite entreprise.

Le temple de la Grande Intelligence (Mahâbôdhi) du Trône de diamant (Vajrâsana), c'est le roi de l'état de *Seng-ho-louo* (Ceylan) qui l'a construit. Des religieux de l'île du Fils du lion (Ceylan) séjournent là depuis longtemps.

A plus de sept relais (yôjanas) au nord-est du temple de la Grande Intelligence (Mahâbôdhi), on arrive au temple *Na-lan-t'ouo* (Nâlanda). Il a été autrefois construit par le roi *Che-li Ché-kié-louo-tie-ti* (Çrî-Çakrâditya)[1] pour le *pi-tch'ou* (bhikshou) *Ho-louo-ché-p'an-ché* (Râjavamça) de l'Inde du nord. Ce temple, dans son périmètre primitif, n'était qu'un carré de cinquante pieds; dans la suite, les rois qui se succédèrent le firent à l'envi de plus en plus vaste[2], si bien qu'aujourd'hui il n'y a

---

1. 室利鑠羯羅昳底 . *Hiuen-tchoang* (t. III, p. 42) attribue aussi la fondation du temple Nâlanda au roi Çakrâditya, mais il ne mentionne pas Râjavamça (?) 曷羅社槃社.

2. Le nom de Nâlanda, si on le décompose en *na-alam-da* signifie « qui n'a pas assez à donner » ou « donnant sans se lasser ». D'après certains auteurs, ce nom aurait été attribué au temple, à cause des donations magnifiques qu'il reçut successivement de cinq princes (*Siu-kao-seng-tchoan*, chap. iv, p. 18 v°). Selon une autre tradition, le Bouddha, dans une de ces naissances antérieures, aurait été un roi fort charitable qui aurait répandu ses bienfaits dans ce lieu et c'est pourquoi la localité aurait été appelée Nâlanda (*Hiuen-tchoang*, t. III, p. 41). — Enfin, comme on le verra quelques pages plus loin, *I-tsing*

pas de temple plus beau que celui-là dans tout le Jamboudvîpa¹. On ne peut en tracer en détail toutes les proportions, mais je vais en décrire rapidement la vaste étendue.

La configuration de ce monastère est à peu près celle d'un carré, comme la terre. Des quatre côtés le bord droit et saillant du toit forme de longues galeries couvertes qui font tout le tour de l'édifice. Tous les bâtiments sont en briques; ils se composent de trois étages superposés, chaque étage étant haut de plus de dix pieds. Les poutres transversales sont reliées par des planches et il n'y a ni chevrons ni tuiles, mais avec des briques on a fait une esplanade; tous les temples² sont parfaitement alignés et on peut y aller et venir à son aise. La paroi de derrière de l'édifice constitue le mur extérieur. Les rangées de briques s'élèvent jusqu'à trente et quarante pieds de hauteur. Au sommet on a représenté des têtes d'homme de grandeur naturelle.

Quant aux habitations des religieux, il y en a neuf par façade ; chaque habitation a une superficie d'environ dix pieds carrés. Au fond on a pratiqué une fenêtre qui s'élève jusqu'au bord du toit. Quoique les portes soient hautes, on les a faites à un seul battant de façon que tous

---

donne au mot Nâlanda une tout autre étymologie et le fait venir du nom d'un serpent qui habitait autrefois un étang situé près de l'emplacement où s'éleva plus tard le temple ; c'était le serpent Landa, en sanscrit Nâ(ga) Landa.

1. Le Jamboudvîpa, c'est-à-dire l'île des Pommiers-Roses (*Eugenia Djambos*) est, d'après la géographie bouddhique, celui des quatre continents qui se trouve au sud du mont Soumerou. Les trois autres sont d'ailleurs à peine connus et le Jamboudvîpa est, pour les écrivains bouddhiques, le monde habité, l'οἰκουμένη.

2. On verra, quelques lignes plus bas, que dans le monastère Nâlanda il n'y avait pas moins de huit temples.

peuvent s'apercevoir de loin ; il n'est pas permis d'y mettre de stores. Du dehors, en jetant un regard d'ensemble on voit les quatre côtés à la fois ; une surveillance mutuelle s'exerce ainsi ; comment serait-il possible de faire la moindre action secrète ? Au sommet d'un des angles on a fait un chemin suspendu qui permet d'aller et venir sur le temple. A chacun des quatre angles il y a une salle construite en briques ; ce sont des religieux instruits et vénérables qui y demeurent.

La porte du temple est tournée vers l'ouest ; son étage supérieur s'envole dans les airs et donne le vertige dans le vide. On y a sculpté des images merveilleuses dont la beauté a épuisé l'art de l'ornementation. Cette porte se rattache à l'édifice ; on ne l'en a point faite distincte à l'origine ; mais à deux pas en avant on a placé quatre colonnes. Quoique cette porte ne soit pas d'une hauteur exagérée, en vérité cependant la charpente qu'on y a mise est extrêmement forte.

Chaque fois que le moment de manger est venu, on enlève les barres de fermeture à toutes les portes. C'est en effet le but de la religion sainte de prévenir les choses cachées.

Dans l'intérieur du monastère, les espaces grands de plus de trente pas sont pavés en briques. — Pour les petits espaces de cinq à dix pieds, pour tous les espaces qui couvrent les chambres, qui sont sur le toit, devant la vérandah ou dans les habitations, on se sert de fragments de briques gros comme des pêches ou des jujubes ; on y mêle une colle pâteuse et avec des battoirs on frappe le tout de manière à l'égaliser. On environne le pourtour avec de la chaux. On fait un mélange de fibres de chanvre auxquelles on ajoute de l'huile avec des résidus de chanvre et des débris de vieilles peaux ; on l'humecte pendant plusieurs jours puis on étend cet enduit sur l'emplacement rempli de briques; on couvre le tout avec des herbes vertes. Après trois jours environ on regarde si cela devient sec. On frotte à plusieurs reprises la surface avec des pierres polies; on la saupoudre d'une pluie de terre rouge ou d'une substance analogue au cinabre. Ensuite, avec un enduit gras, on la rend polie et claire comme un miroir. Toutes les salles et les marches des escaliers sont faites de cette manière. Lorsque ces opérations ont été terminées, les passants peuvent fouler aux pieds cette surface et la traverser pendant dix ou vingt ans sans que jamais elle s'altère ou se fende. Ce n'est pas comme la chaux, qui, lorsqu'elle est mouillée par l'eau, ne manque pas de s'écailler.

Il n'y a pas moins de huit temples ainsi construits. En haut tous ont une terrasse plane et on peut y passer. Leurs dimensions sont respectivement semblables. Au côté Est de chaque temple on a choisi un bâtiment tantôt simple tantôt triple pour y placer les images saintes. Ou bien, à une distance variable en avant de ce même côté, on a élevé un observatoire en forme de terrasse qui sert de salle de Bouddha.

Sur le côté ouest du temple, en dehors de la grande enceinte, on a édifié ici et là de grands *tsoei-tou-po* (stoûpas)¹ et une foule de *tche-ti* (caityas). Le nombre en est d'une centaine. Les vestiges sacrés se touchent les uns les autres et défient l'énumération. L'or et les pierres précieuses forment une ornementation brillante; en vérité il y a peu d'endroits aussi parfaits.

1. 窣覩波. D'après ce passage, la différence entre le stoûpa et le caitya paraît être surtout dans la grandeur des deux sortes d'édifices, le premier étant plus élevé que le second (cf. cependant note 7 de la p. 39).

Les règles concernant les religieux et les novices de ce temple, les statuts au sujet de la sortie du monde et de l'admission dans l'ordre sont tous conformes à ce qui est exposé dans le *Tchong-fang-lou* et le *Ki-koei-tchoan*[1]. Dans l'intérieur du monastère, on se contente de prendre le plus vieux pour lui donner la présidence et en faire le supérieur vénérable[2]; on ne s'inquiète pas de son mérite. Tous ceux qui ont la garde des verrous des portes prennent chaque nuit les sceaux dont ils les ont scellés et les remettent au président; ils ne sauraient en aucune façon les déposer chez les maîtres du temple[3] (vihârasvâmin) ou les directeurs (karmadâna). Ce sont seulement ceux qui constituent le monastère qui sont appelés maîtres du temple; leur nom sanscrit est *pi-ho-louo-souo-mi* (vihârasvâmin)[4]. Quant à ceux qui, à tour de rôle, font observer les règles, gardent les portes du temple et vont annoncer les affaires à l'assemblée des

---

1. Je n'ai pas pu trouver de renseignements sur le *Tchong-fang-lou* 中方錄 dont le nom signifie « écrit sur le pays du milieu », c'est-à-dire sur l'Inde. Quant au *Ki-koei-tchoan*, c'est le titre abrégé du *Nan-hai-ki-koei-nei-fa-tchoan* 南海寄歸內法傳, ce qui signifie : « Traité sur la loi intérieure (c'est-à-dire le Bouddhisme) envoyé des mers du sud ». Cet ouvrage fut composé par *I-tsing*, en même temps que l'opuscule que nous traduisons, lorsqu'il était dans le pays de Çrîbhôja; il le remit au religieux *Ta-tsin* (§ 56) qui retournait des mers du sud à Canton et il *l'envoya* ainsi en Chine; le Traité sur la loi intérieure... expose divers points de la discipline de l'école Sarvâstivâda; il comprend quatre chapitres divisés en quarante sections; les sections XXXII et XXXIV ont été traduites en français par M. Ryauon Fujishima (*Journal asiatique*, 1888).

2. 尊主. Sthavira.

3. 寺主. Cf. note 1 de la p. 39.

4. 毗訶羅莎弭.

religieux, on les appelle *pi-ho-louo-po-louo* (vihârapâla)¹; la traduction de ce mot est « gardien du temple ». Quant à ceux qui font résonner la *kien-ti* (ghaṇṭâ)² et qui surveillent les repas, leur nom est *kié-mouo-t'ouo-na* (karmadâna); la traduction de ce mot est « celui qui donne les occupations »; ceux qui les appellent *wei-na* ne parlent que par à peu près³.

Lorsque la communauté des religieux a une affaire, on convoque une réunion pour la régler; les gardiens du temple (vihârapâla) ont l'ordre de parcourir les rangs pour l'annoncer devant chaque personne successivement; tous doivent joindre les paumes des mains et chacun expose son sentiment. Si une seule personne refuse son consentement, l'affaire ne peut pas aboutir. Ils n'ont en aucune façon la coutume de frapper un marteau devant l'assemblée en tenant à la main un avis.

1 毗訶羅波羅. La traduction chinoise de ce mot est 護寺 = celui qui garde le temple.

2. 揵稚 *kien-ti*. Le *Fan-i-ming-i-tsi* nous avertit que le second caractère doit être lu *ti* et non *tch'oei*. On trouve ce même mot dans *I-tsing* orthographié 揵椎 ou 楗椎. « Suivant le *Ou-fen-liu* (Mahîçâsaka-vinaya), on donnait le nom de *kien-ti* (ghaṇṭâ) à toute espèce d'instrument sonore en terre cuite (*ong*), en bois (*mou*), en cuivre (*thong*) et en fer (*thie*). Cette plaque sonore tenait lieu de la cloche, dont on ne faisait pas encore usage dans ces temps reculés (note de St. Julien, dans *Hiuen-tchoang*, t. II, p. 431) ».

3. Le nom de karmadâna (羯磨陀那) signifie « celui qui donne les occupations » (授事); c'est en effet le karmadâna qui assigne aux religieux leurs occupations (cf. *Nan-hai...*, ch. IV, p. 1 r°). Le terme *wei-na* (維那) est une expression hybride comme en ont beaucoup forgé les premiers traducteurs chinois; il se compose du mot chinois *wei* qui signifie *loi, règle*, accompagné de la terminaison sanscrite *na*.

Si l'on voit que quelqu'un refuse son consentement, on le persuade par le raisonnement; on ne saurait user d'intimidation ou de violence pour que, sous la contrainte qui lui est infligée, il se soumette.

Ceux qui ont la charge de la garde des greniers et de la surveillance des terres, quoiqu'ils soient deux ou trois, doivent aussi envoyer un domestique de l'administration des greniers; celui-ci joint les mains et fait sa déclaration; si tout le monde est d'accord, alors on peut agir. Pour les dépenses, en vérité le vice que quelqu'un puisse en disposer arbitrairement n'existe pas. Si quelqu'un ne fait pas de déclaration publique et emploie arbitrairement quelque chose, ne fût-ce que le vingtième d'un boisseau de grain, il est aussitôt expulsé par ses confrères. Si une personne se prétend puissante, qu'elle use à sa guise des biens de la communauté, qu'elle décide de son autorité privée, et sans le déclarer à l'assemblée, des affaires importantes, on l'appelle *kiu-louo-po-ti* (koulapati)[1], ce qui signifie chef de famille; c'est là un grave défaut aux yeux de la loi de Bouddha; c'est ce que les hommes et les dieux haïssent tous; quand bien même cette personne serait dans la suite utile au monastère, elle a en définitive commis une faute extrêmement lourde. Ceux qui sont sages certainement n'agiront point ainsi.

En outre, pour ce qui est des doctrines hérétiques, il y en avait autrefois quatre-vingt-seize[2]; maintenant il

---

1. 俱攞鉢底 *kiu-louo-po-ti*. D'après ce texte et un passage analogue du *Nan-hai...* (ch. ɪɪ, p. 5 v°), on voit que le terme *koulapati*, lorsqu'il est appliqué à un religieux, est loin d'être un titre honorifique, comme on l'a cru parfois (cf. Eitel, *Handbook...*, p. 78; Burnouf, *Introd. à l'hist. du Buddhisme indien*, p. 216, note 2).

2. Ce texte concorde avec le passage où *Fa-hien* déclare que dans le

n'en subsiste plus qu'une dizaine. S'il y a des assemblées de purification et des réunions générales, chaque secte demeure dans un lieu qui lui est particulier. Les religieux et les nonnes ne contestent aucunement entre eux pour la préséance. Comme leurs lois sont différentes et que leurs doctrines ne s'accordent pas, chacun s'est accoutumé à ce qu'il adore; ils restent chez eux et ne se mêlent point les uns aux autres.

L'esprit des règles de ce temple est très sévère et très élevé. Chaque quinzaine, ceux qui règlent les occupations (karmadâna?) et les assistants scribes ont l'ordre de parcourir les habitations en lisant les règles.

Les noms des membres de la communauté ne sont pas inscrits sur les registres royaux. Ceux qui violent les lois sont punis de leur faute par l'assemblée elle-même. De cette manière les religieux et les novices se craignent tous les uns les autres.

Je me souviens avoir vu à la capitale des gens qui peignaient des modèles du temple *Tche-hoan* (Jêtavana-vihâra)[2]; tous étaient faits de fantaisie. Afin de répan-

---

royaume du Milieu, c'est-à-dire dans l'Inde, il y a quatre-vingt-seize sectes hérétiques (cf. trad. Rémusat, p. 175; trad. Legge, p. 62). Ce passage et celui du texte japonais de Fa-hien donnent à entendre que les hérésies dont il est ici question ne sont pas des doctrines tout à fait étrangères au Bouddhisme, mais bien des sectes bouddhiques différentes de celle à laquelle se rattache l'auteur.

1. 祇洹寺. *Tche-hoan* est une abréviation pour *Tche-t'o-hoan-na* = Jêtavana. Le Jêtavana-vihâra était le temple qui avait été construit dans le jardin de Jêta; des modèles de ce temple semblent avoir été portés en Chine où on en fit un grand nombre de miniatures et de reproductions (Watters, *Essays...*, p. 411). Mais *I-tsing* remarqua que ces imitations n'étaient point fidèles, et, pour rectifier l'idée que ses compatriotes se faisaient d'un temple bouddhique, il inséra dans son ouvrage le dessin du temple Nâlanda, dessin qui a disparu des édi-

dre une autre tradition, j'ai rédigé grossièrement le petit exposé qui va suivre.

Dans la région des cinq Indes, il n'y a que de grands temples ; les souverains ont tous ordonné d'y établir des clepsydres ; grâce à cet instrument, lorsque les diverses époques du jour et de la nuit sont arrivées, il n'est pas difficile de se conformer à ce que la discipline enseigne. La nuit se divise en trois parties ; pendant la première et la dernière, les règles ordonnent de se livrer à la contemplation (dhyâna) en psalmodiant ; pendant la partie intermédiaire, on fait ce qu'on veut. L'explication du système de la clepsydre est conforme à ce qui est exposé dans le *Ki-koei-tchoan*[1].

tions actuelles, et le fit suivre d'une description qu'on va lire après la petite digression sur la clepsydre.

1. Le *Ki-koei-tchoan* n'est autre que le *Nan-hai-ki-koei-nai-fa-tchoan* (cf. note 2 de la p. 52). — C'est à la fin du chapitre III de cet ouvrage qu'*I-tsing* donne la description de la clepsydre dont on se servait au temple Nâlanda : on disposait par terre un grand vase en métal rempli d'eau ; une coupe de cuivre flottait à la surface ; on avait percé au fond de cette coupe un petit trou d'un diamètre tel qu'elle se remplissait très exactement en trois quarts d'heure et s'enfonçait alors sous l'eau. La mesure du temps commençait à partir de 6 heures du matin ; lorsque la coupe coulait à fond pour la première fois, on frappait un coup sur un tambour ; pour la seconde fois on frappait deux coups ; pour la troisième, trois coups ; pour la quatrième, quatre coups ; mais alors on soufflait deux fois dans une conque et on frappait un nouveau coup de tambour ; on marquait ainsi que la première division de la journée s'était écoulée. On recommençait ensuite à noter chaque durée de trois quarts d'heure comme précédemment ; à la seconde division de la journée qui correspondait à midi, on frappait deux coups de tambour après avoir soufflé dans la conque ; ce signal était particulièrement important parce qu'à ce moment tout le monde devait avoir cessé de manger. Il y avait ainsi huit divisions (八時) de trois heures dans l'espace d'un jour et d'une nuit. — Dans les pays *Koen-luen* (malais), dans les mers du sud, *I-tsing* dit avoir vu une autre sorte de clepsydre : c'était un vase percé d'un trou ; on le remplissait

Quoique je décrive de nouveau la forme du temple, je crains cependant qu'il n'y ait encore dans la chose quelque confusion; j'ai donc exécuté ce dessin qui en représente le plan, espérant ainsi que les yeux le saisiront sans difficulté. Si on pouvait proposer à l'empereur de construire un temple conforme à ce modèle, la perfection de la Résidence royale (Kouçâgârapoura) et celle de la Chine seraient semblables.

J'ai dit en soupirant :

Une foule de belles œuvres sont comme autrefois harmonieusement disposées;

Tous les hommes éminents sont déjà des anciens pour nous;

On voit par là que les vivants sont séparés des morts;

Comment n'en aurait-on pas le cœur affligé?

Modèle du temple [1].

Ceci est le modèle du *Che-li Na-lan-t'ouo Mo-ho P'i-ho-louo* (Çrî-Nâlanda-mahâ-vihâra) [2]. Traduit en chinois, ce nom signifie : l'heureuse grande résidence du serpent sacré. Dans les contrées d'Occident, lorsqu'on parle d'un souverain ou de quelque haut fonctionnaire ou des bâtiments d'un grand temple, on met toujours d'abord la particule *che-li* (çrî) dont le sens comporte l'idée d'heureux et de fortuné. *Na-lan-t'ouo* (Nâlanda) est le nom d'un serpent; près de là en effet il y avait un serpent dont le nom était le *na-kia Lan-t'ouo* (nâga Landa). C'est de là

---

d'eau et il se vidait exactement huit fois pendant le jour et huit fois pendant la nuit.

1. Là devait se trouver une planche qui est aujourd'hui perdue.

2. 室利那爛陀莫訶毗訶羅.

qu'est venue cette appellation¹. *P'i-ho-louo* (Vihâra) a le sens de résidence²; ceux qui disent temple ne font pas une traduction exacte.

Lorsqu'on a vu un des temples, les sept autres sont identiques³. En haut ils offrent une terrasse plane où les passants peuvent aller et venir.

Si l'on veut examiner la configuration du monastère, il faut le regarder en se tournant vers l'ouest; c'est en allant à l'ouest, en dehors de la porte, qu'on en saisit bien la vraie forme.

A environ vingt pas au sud de la porte, au bord du chemin, il y a un *tsoei-tou-po* (stoûpa) haut de plus de cent pieds. C'est là qu'autrefois l'Honoré du monde⁴ passa dans la retraite trois mois d'été⁵. Le nom sanscrit de cet édifice est *Mou-louo-kien-t'ouo-kiu-ti* (Moûla-gandha-koṭi)⁶, ce qui signifie en chinois : la salle parfumée de la première origine.

A plus de cinquante pas au nord de la porte, il y un autre grand stoùpa plus haut encore que le premier. C'est le roi *Yeou-je* (Bâlâditya)⁷ qui l'a élevé. Tous deux

1. Sur cette étymologie du nom de Nâlanda, cf. note 2 de la p. 84.
2. Le vihâra est la résidence des moines.
3. On a vu plus haut qu'il n'y avait pas moins de huit temples dans le monastère Nâlanda.
4. Cette épithète, qui est la traduction du sanscrit lôkajyêshṭha, est applicable à tous les Bouddhas.
5. La retraite d'été (varsha) durait en Inde depuis le milieu de juin jusqu'au milieu d'octobre.

6. 慕攞健陀俱胝. On appelait *koṭi* ou *gandha-koṭi* tous les lieux où le Bouddha avait séjourné pendant un certain temps (cf. Monier-Williams, *Buddhism*, p. 404).

7. 幼日王 = *le roi jeune soleil*. Bâlâditya, fils et successeur de Vikramâditya, roi de l'Inde centrale, aurait été, d'après la biographie chinoise de Vasoubandhou, le contemporain et le disciple de ce maître; il aurait donc vécu au VIᵉ siècle de notre ère.

sont également construits en briques. L'ornementation dont ils sont couverts est d'une remarquable délicatesse; il s'y trouve des lits d'or et des planchers de pierres précieuses. Les offrandes sont d'une rare beauté. Au centre il y a une image de *Jou-lai* (Tathâgata) tournant la roue de la loi [1]. Plus loin, au sud-ouest, il y a un petit *tche-ti* (caitya) haut d'environ dix pieds; c'est là qu'un *P'ouo-louo-men* (Brahmane) qui tenait un petit oiseau dans sa main posa des questions [2]; ce qu'on appelle en chinois *la pagode du loriot*, c'est cet édifice même.

A l'ouest de la salle de la première origine (Moûlagandha-koṭi), il y a un arbre de l'espèce que *Fo* (le Bouddha) prescrit pour les dents. Ce n'est pas un saule [3].

---

1. « Dharmacakraṁ pravatayituṁ, mettre en mouvement la roue (ou le disque) de la loi, cette figure singulière ne sert pas à marquer une prédication quelconque de la loi; appliquée par exception à d'autres circonstances, elle est essentiellement réservée à la première manifestation de la doctrine, telle que le Bouddha la promulgue à Bénarès, dans le jardin des gazelles, devant ses cinq premiers disciples » (Senart, *Essai sur la légende du Buddha*, p. 357). M. Senart a fait remarquer l'analogie qui existe entre le Bouddha tournant la roue de la loi et un monarque Cakravartin, et c'est une des preuves les plus fortes qu'il donne, pour montrer que la légende du Bouddha a emprunté plusieurs de ses éléments à d'anciens mythes solaires.

2. *Hiuen-tchoang* parle aussi de ce caitya : « A côté d'un étang qui se trouve en dehors du mur occidental de ce monument (le stoûpa renfermant les cheveux et les ongles que le Tathâgata se coupa pendant l'espace de trois mois), il y a un stoûpa. Ce fut en cet endroit qu'un hérétique, tenant dans sa main un passereau, interrogea le Bouddha au sujet de la mort et de la vie » (t. III, p. 49).

3. Cf. *Hiuen-tchoang* (t. III, p. 49) : « Plus loin, dans l'intérieur de l'enceinte située au sud-est, à environ cinquante pas des murs, il y a un arbre extraordinaire, haut de huit à neuf pieds, dont le tronc est double. Jadis *Jou-lai* (le Tathâgata) mâcha une petite branche de l'arbre *yang*, et la jeta à terre, où elle prit racine. Quoiqu'il se soit écoulé, depuis cette époque, bien des mois et des années, l'arbre n'augmente ni ne diminue. » — *I-tsing* nous avertit que cet arbre n'est

Plus à l'ouest, sur le bord du chemin, se trouve l'autel des défenses [1]. Il a plus de dix pieds, grande mesure, par côté. Il consiste en un mur en briques haut de plus de deux pieds qu'on a élevé sur une aire plane; dans l'intérieur de l'enceinte est un emplacement pour s'asseoir; il est surélevé d'environ cinq pouces; au centre est un petit *tche-ti* (caitya). De l'est de l'autel à l'angle de la salle, il y a l'emplacement d'un promenoir de *Fo* (Bouddha); il est fait de rangées de briques; il est large d'environ deux coudées, long de quatorze ou quinze et élevé de plus de deux. Sur le promenoir on a façonné, avec de la chaux qu'on a laissée blanche, des représentations de fleur de lotus; elles sont hautes d'environ deux coudées et larges de plus d'un pied; il y en a quatorze ou quinze; elles marquent les traces des pieds de *Fo* (Bouddha) [2].

---

pas un saule parce que les Bouddhistes de Chine avaient cette croyance erronée; le dantakâshṭa paraît avoir été le plus souvent une sorte d'acacia (*Acacia catechu*).

1. 戒壇 *kie-t'an*, autel des défenses; c'est là que les novices étaient admis à recevoir les dix défenses et entraient définitivement dans l'ordre. « On y monte par trois séries d'escaliers. Sur le sommet sont assis le religieux qui officie et ses assesseurs. Les séries d'escaliers sont arrangés de telle manière que le néophyte passe trois fois autour de l'autel en y montant, pour indiquer sa triple soumission au Bouddha, à la Loi et à l'Église » (Edkins, *Chinese Buddhism*, p. 35).

2. Dans le *Nan hai*... (ch. III, pp. 9 et 10), *I-tsing* parle des promenoirs du Bouddha. Il y en avait dans tous les lieux que visitaient souvent les fidèles, ainsi au bas du Gṛidhrakoûṭa et au pied du Bôdhidrouma, dans le Mṛigadâva et dans Râjagṛihapoura. Tous ces promenoirs avaient les mêmes dimensions. Mais, d'après le texte du *Nan hai*..., les fleurs de lotus qui marquent les traces des pieds du Bouddha n'ont que deux pouces et non pas deux coudées de haut. Il y a donc dans l'un des deux textes une faute (肘 au lieu de 寸). La leçon *deux pouces* me paraît préférable.

Ce temple regarde au sud la ville royale (Kouçâgâra-poura) dont il n'est distant que de trente *li*; le Pic du vautour (Gṛidhrakoûṭa) et le Jardin des bambous (Vêṇouvana) sont tous deux à côté de la ville. Au sud-ouest, on va vers le temple de la Grande Intelligence (Mahâbôdhi), au sud franc, vers la montagne du Pied du Vénérable (Gouroupada), ces deux endroits étant tous deux à environ sept relais (yôjanas). Au nord, on va vers *Pi-ché-li* (Vaiçâlî) qui est à une distance d'environ vingt-cinq relais (yôjanas). A l'ouest, on regarde vers le Mṛigadâva qui est à plus de vingt relais (yôjanas); à l'est, pour aller à l'état de *Tan-mouo-li-ti* (Tâmralipti), il y a de soixante à soixante-dix relais (yôjanas). C'est là le port de mer où on s'embarque pour retourner en Chine.

Le nombre des religieux qui habitent ce temple est de trois mille cinq cents [1]. Il y a deux cent un villages qui dépendent d'eux; ce sont les souverains qui de génération en génération leur ont donné ces hommes et ces terres pour servir à leur entretien perpétuel.

Réflexion additionnelle: L'étang du dragon [2] et le bain de la tortue sont des lieux aussi éloignés de nous que le ciel l'est des eaux. — Sur le chemin ce sont de lointaines chevauchées; — sur la route les voyageurs trouvent des difficultés qui les empêchent d'arriver. — Jusqu'à aujourd'hui on en a entendu parler, — mais peu de personnes les ont vus en réalité. — La forme en a été figurée par un artiste spécial; — les proportions et l'appa-

---

1. Ceci n'est que le nombre des religieux mêmes. D'après le *Nan hai...* (ch. IV, p. 4 r°), on voit que le nombre total des religieux et des novices dépassait cinq mille.

2. On a vu plus haut (note 2 de la p. 33) que l'étang du dragon se trouvait dans le temple Nâlandâ.

rence en sont bien exposées. — Conformément à la ressemblance, on a peint ces choses antiques; — on s'émerveille en les voyant comme devant une nouveauté. — Sans doute ceux qui les regarderont seront pénétrés d'admiration; — comme si *Fo* (le Bouddha) était présent, leur âme s'élèvera.

CHAPITRE II

§ 42. — Le maître de la Loi, *Tao-lin*[1], est originaire de *Kiang-ling* dans l'arrondissement de *King*[2]. Son nom sanscrit est *Che-louo-po-p'ouo* (Çîlaprabhâ)[3]. L'année où, jeune homme, il prit le bonnet viril[4], il revêtit la robe sombre et quitta le monde ; — quand il fut devenu homme mûr, il questionna ses amis et rechercha la vérité. — Il étudia le recueil de la discipline et la perle des défenses fut brillante ; — il s'ouvrit la porte du dhyâna et l'onde du calme fut pure. — Il avait reçu du ciel un naturel innocent et intègre ; — il pratiquait parfaitement le désintéressement et la droiture. — Il se purifiait dans le torrent limpide et donnait ainsi le calme à sa volonté ; — il se rinçait la bouche à la source de jade et nourrissait ainsi son âme. — D'ailleurs il se tenait toujours assis et ne se couchait pas ; — toutes les fois qu'il mangeait, il était absolument correct.

Il se prit ensuite à regretter que l'afflux en Orient de

1. 道琳.

2. Aujourd'hui encore on trouve dans la province de *Hou-pé* la sous-préfecture de *Kiang-ling* 江陵, qui dépend de la préfecture de *King-tcheou* 荊州.

3. 尸羅鉢頗. Ce nom signifie : l'éclat des défenses ; en chinois, 戒光.

4. A vingt ans.

l'auguste religion fût déjà passé depuis plusieurs années. Après être entré d'abord par la porte du calme et après avoir beaucoup étudié les règles de la discipline[1], il désira rechercher le courant et s'enquérir de la source en voyageant au loin dans les pays d'Occident.

Prenant donc son bâton, il entreprit une longue route ; — il fut ballotté en bateau sur les mers du sud. — Il dépassa les colonnes de cuivre[2] et arriva au pays de *Lang-kia*[3] ; — il franchit le pays de *Ho-ling*[4] et traversa l'état des hommes nus[5]. Dans chacun des pays où il se trouva, le roi l'accueillit avec une extrême politesse et le traita fort bien. Après plusieurs années, il arriva dans l'Inde orientale, au pays de *Tan-mouo-li-ti* (Tâmralipti). Il y passa trois ans ; il apprit la langue sanscrite. Alors il renonça aux défenses et les reçut de nouveau[6] ; il étudia la discipline de l'école *I-ts'ie-yeou* (Sarvâstivâda). Non seulement il apprit à unir le calme et la sagesse[7],

---

1. C'est-à-dire : après avoir pratiqué le dhyâna et s'être appliqué à l'étude du recueil du Vinaya.
2. Cf. note 1 de la p. 5.
3. Cf. note 5 de la p. 57. Ce passage étant en style rythmé, on ne doit pas être surpris si *I-tsing* parle du pays de Kâmalaṅka (Pégou) avant de mentionner celui de *Ho-ling* (Java), quoique l'itinéraire du pèlerin ait dû suivre l'ordre contraire.
4. Cf. note 2 de la p. 42.
5. 裸國. *I-tsing* parle plus loin (§ 46) de ce pays où il passa lui-même ; la description qu'il en donne prouve qu'il s'agit des îles Nicobar.
6. Il faut entendre sans doute que *Tao-lin*, à son arrivée en Inde, changea de secte et adopta de nouvelles règles de discipline. Il voulut de nouveau recevoir les dix défenses en suivant les rites corrects.
7. Le calme 定 (samâdhi) est proprement l'exemption de toute sensation (vêdanâ) ; la sagesse 慧 (prajñâ), l'exemption de toute conscience (saṃjñâ).

mais encore il s'enfonça avec passion dans la science du recueil des prières magiques.

Ensuite il alla faire un pèlerinage dans l'Inde du centre. Il adora en se prosternant le Trône souverain de diamant et le symbole sacré de la Bôdhi. Puis il se rendit au temple *Na-lan-t'ouo* (Nâlanda) où il rechercha et examina les soûtras et les çâstras du Grand Véhicule. Il se pénétra des *kiu-che* (kôças). Il passa là plusieurs années ; il alla voir le Pic des vautours (Gṛidhrakoûṭa), la Forêt du bâton (Yashṭivanagiri)[1], le Jardin de la montagne, les arbres des grues. En tous ces lieux, plein d'espérance, il éleva ses yeux ; partout il fit voir sa parfaite sincérité.

Puis il voyagea dans les pays de l'Inde du sud pour s'y renseigner sur les règles sombres.

Il alla dans l'Inde de l'ouest, au pays de *Louo-tch'a* (Ladakh) et y passa une année. Il se tint debout de nouveau sur l'autel surnaturel ; il reçut de nouveau les prières magiques.

Voici comment j'essaierai d'expliquer cette expression : les prières magiques se disent en sanscrit *p'i-t'i t'ouo-louo pi-té-kia* (vidyâ-dhara-piṭaka)[2]. La traduction de *p'i-t'i* (vidyâ) est prières magiques ; *t'ouo-louo* (dhara)

---

1. « Les bambous de cette forêt, dit *Hiuen-tchoang* (t. III, p. 10) sont longs et vigoureux ; ils couvrent la montagne et s'étendent sur toute la vallée. Jadis un *P'o-louo-men* (un Brâhmane), ayant appris que le corps de Chi-kia-fo (Çâkya Bouddha) était haut de seize pieds, il voulut mesurer le corps du Bouddha, qui s'éleva constamment au-dessus de l'extrémité du bâton et dépassa seize pieds. Il continua à grandir encore, de sorte que le Brâhmane ne put connaître à fond la vraie taille de la statue. Celui-ci jeta aussitôt son bâton et s'en alla. Par suite de cette circonstance, le bambou resta planté en terre et y prit racine. » Telle fut l'origine de la forêt.

2 毗睇陀羅必得家.

signifie tenir dans les mains ; *pi-té-kia* (piṭaka) signifie recueil. Il faut donc dire : le recueil des porteurs des prières magiques [1].

Cependant on dit que ce recueil des prières magiques comprenait, dans le texte sanscrit, cent mille stances : la traduction chinoise formerait bien trois cents rouleaux. Or maintenant, si on recherche ces textes, on voit que beaucoup sont perdus et que peu sont intacts.

Après la mort du Grand Saint, le *Ngo-li-yé* (ârya) *Na-kia-ho-chou-na* (Nâgârjouna) — qui n'est autre que le *P'ou-sa* (Bôdhisattva) de l'arbre du dragon [2] — étudia spécialement les parties importantes de ce recueil.

Puis un de ses disciples, nommé *Nan-t'ouo* (Nanda) [3], qui était un homme intelligent et instruit, pénétra son esprit de ces règles. Il passa douze années dans l'Inde de l'ouest et s'appliqua uniquement à l'étude des prières. Il parvint ainsi à faire aisément exaucer ses vœux. Chaque fois que venait l'heure de manger, sa nourriture descendait des airs. En outre, un jour qu'il psalmodiait les prières magiques, il demanda un vase « conforme

---

1. On appelle vidyâ-dhara = porteurs de la science (magique), une certaine classe de génies de l'air qui font partie du cortège de Çiva et ont leur séjour dans l'Himâlaya.

2. Nâgârjouna 那伽曷樹那 est appelé en chinois le Bôdhisattva de l'arbre du dragon 龍樹菩薩, parce que la première partie de son nom, *Nâga*, signifie dragon, et que la seconde, *arjouna*, est le nom d'un arbre qu'on appelle en chinois l'arbre du dragon.

3. 難陀. M. Beal (*Some Remarks on the Suhrillekha...* dans l'*Ind. Antiquary*, vol. XVI, pp. 169-172) a signalé la ressemblance frappante qui existe entre la relation de la transmission du vidyâ-dhara-piṭaka telle que nous la donne *I-tsing* et le récit initial de la Bṛihatkathâ qui rapporte les origines et les vicissitudes de ce recueil de contes.

VOYAGES DES PÈLERINS BOUDDHISTES 103

à ses désirs »[1]; au bout de peu de temps il l'obtint; or, dans le vase il trouva un livre sacré. Plein de joie, il négligea de le retenir au moyen de prières magiques et ce vase s'évanouit subitement. Alors le maître de la Loi, *Nan-t'ouo* (Nanda), craignant que les prières magiques ne fussent dispersées et égarées, les réunit en un recueil d'environ douze mille stances et en fit un corps de doctrine. Dans l'intérieur de chaque stance il exposa le signe, conforme à la prière, que devaient représenter les contorsions des doigts[2]. Quoique les paroles fussent les mêmes et que les lettres fussent les mêmes, en vérité le sens en était différent et l'usage en était différent. Si on n'en donne pas l'explication de vive voix, en vérité il n'y a pas moyen d'en rendre compte d'une manière intelligible.

Plus tard, le maître des çâstras, *Tch'en-na* (Jina)[3],

---

1. L'expression « conforme aux désirs » 如意 désigne le pouvoir surnaturel que possèdent les saints de plier le monde physique au gré de leurs désirs.

2. En récitant les prières magiques, on devait faire certaines contorsions des doigts (moudrâ) qui étaient censées représenter des caractères sanscrits. Nanda avait arrangé le texte des prières de telle façon qu'en le lisant d'une certaine manière on n'y voyait que la prière elle-même, tandis qu'en le lisant dans un autre sens, on y trouvait l'indication de la position que devaient prendre les doigts pendant la récitation de cette prière. Je m'imagine que ce devait être une combinaison analogue à celle de l'acrostiche.

3. D'après Eitel (*Handbook*, p. 53), Jina 陳那 était originaire de Andhra. Une note insérée au temps de la petite dynastie *Tcheou* (951-960) dans le texte du *Nan-hai*..... (ch. IV, p. 13 v°) donne la liste des huit çâstras qui sont attribués à Jina; ce sont : 1° le *Koan-san-che-luen* 觀三世論; 2° le *Koan-tsong-siang-luen* 觀總相論 (B. N., 1229, Sarvalakshaṇadhyâna çâstra kârikâ); 3° le *Koan-king-luen* 觀境論; 4° le *In-men-luen* 因門論; 5° le *Se-*

reconnut que ces combinaisons étaient trop subtiles pour l'intelligence des hommes, que leur profondeur poussait la raison à ses dernières limites; il toucha le livre de la main et dit en soupirant : « Si autrefois la merveilleuse pensée de ce sage s'était appliquée à la logique [1], quel honneur me resterait-il ? » Par là on peut voir que le sage connaît sa propre valeur, mais que les sots ne savent pas distinguer chez les autres ce qui est superficiel et ce qui est profond.

Le recueil des prières tel que l'ont fait ces hommes n'est pas encore répandu en Chine. C'est pourquoi *Tao-lin* appliqua son esprit à ces subtilités. Or le recueil des prières magiques dit : S'élever jusqu'au ciel, monter sur les dragons, s'asservir les cent esprits, savoir être le bienfaiteur des êtres vivants, ce n'est que par les prières magiques qu'on y arrive.

Pour moi, *I-tsing*, quand j'étais dans le temple *Na-lan-t'ouo* (Nâlanda), je suis allé plusieurs fois sur l'aire où se trouve l'autel et je me suis appliqué avec espérance aux parties essentielles de cette doctrine. Mais comme on ne peut mener à bien deux tâches à la fois,

---

in-men-luen 似因門論; 6º le *Li-men-luen* 理門論; 7º le *Ts'iu-che-che-ché-luen* 取事施設論; 8º le *Ki-leang-luen* 集量論. — Les ouvrages 4 et 5 devaient être des traités de logique; *Hiuen-tchoang* parle aussi (t. I, p. 188; t. III, p. 107) du *In-ming luen* (Hêtouvidyâ çâstra) ou traité de logique composé par Jina. Ce livre a dû être perdu, car il ne se trouve pas actuellement dans la liste des écrits du Tripiṭaka qui ont pour auteur Jina (cf. Bunyiu Nanjio, *Catalogue...*, App. 1., nº 10).

1. L'idée de Jina est celle-ci : Si Nanda, qui était un homme supérieur, avait écrit sur la logique au lieu de s'occuper des prières magiques, à quelle gloire aurais-je pu prétendre, moi auteur de traités de logique, puisque j'aurais été incapable de faire mieux que lui ?

j'ai fini par renoncer à cette pensée. Afin de répandre ces enseignements nouveaux, j'en ai touché ici les points essentiels.

Tao-lin partit ensuite des régions occidentales et se détourna pour aller dans l'Inde du nord; il fit un pèlerinage dans le *Kia-che-mi-louo* (Cachemire), puis il entra dans le pays d'*Ou-tch'ang-na* (Oudyâna); il s'y renseigna sur la doctrine de la fixité (samâdhi), il y rechercha la *Pan-jo* (Pradjñâ). Ensuite il se rendit dans le pays de *Kia-pi-che* (Kapiça) où il adora l'*ou-tsoei-ni-cha* (oushnîsha)[1]. A partir de ce moment, on ne sait pas ce qu'il est devenu.

Pour moi, *I-tsing*, lorsqu'à mon voyage de retour j'arrivai au pays de *Kié-t'cha*[2] (Kaḍa?) dans les mers du sud,

---

1. L'oushnîsha ou os du crâne de Bouddha se trouvait à Hidda près de Djellalabad (cf. note 2 de la p. 24).

2. *I-tsing* avait quitté le temple Nâlanda en l'an 685 (cf. note 1 de la p. 10); il s'embarqua dans le pays de Tâmralipti (*Nan-hai...*, ch. IV, p. 13 r°), passa par le pays de *Kié-tch'a* (§ 46 *ad fin.*) et arriva dans le pays de Çrî-Bhôja où il demeura quatre années avant son premier retour à Canton (*Nan-hai...*, chap. IV, p. 13 r°). Dans son voyage d'aller, *I-tsing* était arrivé à la fin de l'année 671 dans le pays de Çrî-Bhôja; en 672 il se rendait dans l'état de Malaiur (Palembang), puis dans celui de Kié-tch'a; c'est là qu'il s'embarquait pour faire voile vers l'Inde et, au bout de dix jours, il arrivait à un archipel qui doit être, d'après la description qu'il en donne, les îles Nicobar.

D'après ces données, le pays de *Kié-t'cha* 羯茶 devait se trouver sur le territoire actuel d'Atchen, c'est-à-dire à l'extrémité nord-ouest de Sumatra; en effet, le livre intitulé *Haï-lou* (sur lequel voy. Wylie, *Notes on Chinese Literature*, p. 53) nous apprend que, pour aller de la pointe d'Atchen aux îles Nicobar il faut, avec un vent favorable, de onze à douze jours, ce qui correspond à peu près au temps que mit *I-tsing* pour aller du pays de *Kié-tch'a* à l'archipel des hommes nus (*Hai-lou*, dans le *Haï-chan-hien-koan ts'ong-chou*, p. 25 r°).

Dans son *Analyse* (p. 560) de l'ouvrage que nous traduisons, M. Beal identifie *Kié-tch'a* avec Quedàh, le plus septentrional des états malais de la presqu'île de Malacca. La seule raison qu'il pourrait fournir

je rencontrai un *Hou*[1] des pays du nord qui me dit :
« Il y a deux religieux que j'ai rencontrés dans les états
des *Hou*. » D'après la description qu'il me donna de
leurs personnes, ce devait être cet homme (*Tao-lin*) qui,
accompagné de *Tche-hong*[2], tenta de revenir dans son
pays; on dit qu'ils furent arrêtés par les brigands du
chemin, qu'ils revinrent et rentrèrent dans l'Inde du
nord. Il doit être âgé de plus de cinquante ans.

§ 43. — Le maître de la discipline, *T'an-koang*[3], était
originaire de *Kiang-ling* dans la province de *King*[4].
Lorsqu'il fut sorti du monde, il se rendit à la capitale.
Il y fut le *che-sa* (çishya)[5] du maître de la discipline,
Tch'eng. Il était très bon discoureur; — il avait du
talent littéraire. — Il avait étudié simultanément les
choses religieuses et les choses laïques; — dans sa
conduite il observait les défenses avec pureté et exactitude.

Il s'en alla dans le sud, sur la vaste mer, avec l'espoir d'accomplir ses adorations dans l'Inde, pays de
l'ouest. Ensuite il arriva dans l'état de *Ho-li-ki-louo*
(Harikéla)[6] qui est à l'est de l'Inde orientale.

pour justifier son opinion serait la vague analogie des deux noms;
mais on ne voit pas pourquoi *I-tsing* aurait fait ce détour vers le nord-
est et d'autre part la distance entre Quedàh et les Nicobar paraît trop
grande pour pouvoir être franchie en dix jours par une jonque.

1. Cf. note 2 de la p. 13.
2. Cf. § 51.
3. 曇光.
4. Cf. note 2 de la p. 99.
5. Le disciple. Cf. note 2 de la p. 47.
6. D'après la carte chinoise publiée par Stan. Julien (*Hiuen-
tchoang*, t. III), le pays de Harikéla se trouve situé entre celui de
Tâmralipti et celui d'Outkala, c'est-à-dire entre le bras du Gange
appelé le Hûghli et l'Orissa septentrional.

Il avait dépassé la trentaine. On ne sait où il s'est rendu. En Inde, depuis longtemps on n'en a pas de nouvelles. Il doit être tombé dans quelque fleuve ou dans quelque précipice.

§ 44. — En outre, j'ai vu un religieux du pays de *Ho-li-ki-louo* (Harikéla) qui m'a dit : « Il y avait un religieux chinois âgé de plus de cinquante ans; il était fort estimé du roi; il avait l'autorité supérieure dans un monastère; il s'était procuré beaucoup de livres saints et d'images; il aimait faire battre de verges. Ce fut dans ce pays qu'il tomba malade; on l'enterra donc en terre étrangère. »

§ 45. — Le maître du dhyâna. *Hoei-ming*[1], est originaire de *Kiang-ling* dans la province de *King*.

L'observance des défenses pénétrait toutes ses actions; — son amour de l'existence (bhava) était réglé et contenu. — Il étudia en même temps les ouvrages religieux et les profanes; — il donna libre carrière à sa volonté et la fit aller plus haut que les nuages. — Il élevait les yeux vers le Fleuve fortuné et exaltait ses méditations; — il songeait au Parc des bambous et remplissait son cœur d'espérance.

Il s'embarqua et arriva au *Tchaṇ-po* (Campâ)[2]. Il ren-

1. 慧命.

2. Le Campâ 占波 ou Ciampa était un des plus puissants états de l'Indo-Chine; il comprenait la Cochinchine et la partie méridionale de ce que nous appelons aujourd'hui l'Annam. Les auteurs chinois nous apprennent que le Campâ avait été sous *Ts'in-che-hoang-ti* (221-208 av. J.-C.) la province de *Lin-i* 林邑, que, sous les premiers *Han*, il était nommé le district de *Siang-lin* 象林縣 et qu'à

contra une tempête et fut aux prises avec beaucoup de difficultés. Il s'arrêta à *Chang-king* ¹ puis revint en Chine.

§ 46. — Le maître de la discipline, *Hiuen-k'oei*, était originaire de *Kiang-ning*, dans l'arrondissement de *Juen* ². Son nom de famille dans le monde était *Hou* ³. Ses nobles parents et illustres ancêtres avaient eu en

la fin de la dynastie des seconds *Han* (vers 220 ap. J.-C.) un certain *K'iu-lien* 區連 fut le premier à se proclamer roi du *Lin-i*. Le nouvel état prit le nom de *Hoan-wang* 環王 après la période *tche-té* (756-758) ; il garda son indépendance jusqu'à la fin du xvᵉ siècle, époque où il fut détruit par les Annamites. Les débris de la race tchame ont subsisté jusqu'à nos jours dans la province cochinchinoise du Binh Tuan (sur les Tchames, voyez Aymonier, *Les Tchames et leurs religions*, dans la *Revue de l'histoire des religions*, t. XXIV).

Le nom de Campâ est d'origine sanscrite : on sait en effet que les Bouddhistes donnèrent à la plupart des pays de l'Indo-Chine et du sud de la Chine des noms tirés de localités célèbres en Inde. C'est ainsi que le royaume de *Lin-i* fut appelé Campâ du nom de la ville hindoue qui s'appelait Campâ, aujourd'hui Champanagar, près de Bhaghalpur (cf. le Yun-nan appelé parfois Gandhara, ap. Yule, *Marco Polo*, 2ᵉ éd., t. II, p. 59).

1. 上景. Je n'ai pas trouvé ce nom dans les historiens officiels de la Chine. Il faut le distinguer de *Pi-king* 比景 dont on rencontre souvent la mention. *Pi-king* était situé au nord du Ciampa ; il se trouvait dans la province qui fut appelée *Je-nan* 日南 par les *Han* ; or, d'après le *H'ai-kouo-t'ou-tche* (ch. vi, p. 1 v°) le *Je-nan* correspond au *Quang-nam* actuel 廣南 ; il est donc probable que *Pi-king* est le port connu aujourd'hui sous le nom de Tourane. Quant à *Chang-king*, ce devait-être, d'après un passage du § 78, un port situé entre l'île de *Hai-nan* et l'embouchure du fleuve Rouge.

2. 潤州. On donne encore quelquefois, par un archaïsme littéraire, le nom de *Juen-tcheou* à la ville de *Tchen-kiang*, dans le *Kiang-sou*.

3. 胡.

même temps les talents littéraires et les vertus militaires ; ils avaient estimé la bonté et honoré la justice ; ils respectaient la Loi ; ils respectaient les religieux ; comme les rameaux tiennent aux feuilles, comme des cigales se placent en file, ils se transmirent sans interruption une excellente renommée.

Le maître de la discipline sortit de sa famille dès son jeune âge ; — quand il fut grand, il vénéra la vertu. — Puis, lorsqu'il eut été admis à recevoir les défenses, — il se distingua et se sortit de pair. — Il étudia le recueil entier de la discipline ; — il pratiqua spécialement le calme du dhyâna. — Il observait les défenses d'une manière sévère et noble ; — en vérité il y avait peu d'hommes qui lui fussent comparables. — Il entendit l'enseignement de tous les principaux livres saints ; — il en scruta entièrement le sens profond. — Il s'exerça beaucoup aux compositions en prose et en vers ; — il s'entendait surtout aux écritures *ts'ao* et *li* [1]. — Il n'avait que les trois habits [2] ; — mettre à nu son bras était sa manière de s'orner ; — il ne revêtait pas entièrement son habit mais le rejetait sur son bras ; — le pan de son vêtement se rabattait sur son épaule. — Lorsqu'il entrait dans le temple, il allait pieds nus ; — pour marcher sur la route il mettait des souliers. — Quand même les gens riaient de lui en le voyant, — sa stricte vertu ne se démentait pas un seul instant. — Il ne se couchait pas et restait habituellement assis ; — comment aurait-il re-

---

1. Cf. note 2 de la p. 30.

2. Les trois habits (三衣 tricîvara) du religieux bouddhique sont le saṃghâṭi, l'outtarâsaṅga et l'antarvâsa (cf. note 3 de la p. 67). Le vêtement de dessus devait être mis de façon à pouvoir laisser à nu l'épaule et le bras droits (*Nan-hai...*, ch. II, pp. 1 v° et 2 r°) en signe de vénération.

posé son côté sur la natte où l'on dort? — Pratiquant les observances [1], il mendiait sa nourriture ; — comment aurait-il franchi la porte de la boutique où on vend du vin? — Ceux qui sont vertueux aiment tous les sandales de paille ; on voit donc bien que lorsque la peau est

---

1. Les religieux bouddhiques sont soumis à douze observances (dhoûta ; en chinois 杜 多 tou-to); le Dictionnaire numérique en donne la liste suivante (qui est identique à celle qu'a reproduite Abel Rémusat dans le *Foe-koue-ki*, p. 60, et qu'a analysée Burnouf, *Introduction...*, pp. 272 et suiv.) : 1° habiter dans un lieu tranquille et retiré (âraṇyaka) ; — 2° aller toujours en mendiant sa nourriture (paiṇḍapâtika) ; — 3° demander l'aumône en suivant l'ordre (où on rencontre les habitations) (sâmpradânacârika) ; — 4° ne faire qu'un seul repas (êkâçanika ; Burnouf a déjà remarqué que les Thibétains supposent le sanscrit êkâsanika et y voient le sens de n'avoir qu'un seul siège ; c'est aussi la leçon du Mahâvyoutpatti) ; — 5° ne manger qu'une partie de sa nourriture (cet article n'existe pas dans les listes tirées d'ouvrages sanscrits ou pâlis) ; — 6° passé midi, ne pas boire de liquides sucrés (même remarque que pour l'article précédent) ; — 7° se revêtir d'habits faits de haillons (pâṃsoukoûlika) ; — 8° n'avoir que trois vêtements (traicîvarika) ; — 9° se tenir au milieu des tombeaux (çmâçânika) ; — 10° rester au pied d'un arbre (vṛikshamoûlika) ; — 11° se tenir assis sur la terre exposée à la rosée (âbhyavakâçika) ; — 12° se tenir assis, mais non couché (naishadika). — Si l'on compare cette liste à celle des treize dhoûta telle que l'expose Kern (*Buddhismus*, trad. all., t. II, p. 18), on voit que cette dernière ne comporte pas les articles 5 et 6, tandis qu'elle présente trois articles nouveaux qui sont : ne manger que d'une seule écuelle à aumônes (pattapiṇḍika, en pâli) ; — ne plus manger après midi (khaloupaççâdbhaktika) ; — étendre sa couche là où on est conduit par le hasard (yâthâsaṃstarika). — Dans le *Mahâvyoutpatti* (éd. Minaieff, n° 49), on trouve une liste de douze dhoûta qui sont : 1° le n° 7 de la liste précitée ; — 2° le n° 8 précité ; — 3° nâmacika (ou nâmatika ou nâmântika ; l'orthographe du mot n'est pas bien fixée et il est difficile de savoir ce qu'il signifie exactement) ; — 4° le n° 2 précité ; — 5° le n° 4 précité ; — 6° khaloupaççâdbhaktika (cf. la liste de Kern) ; — 7° le n° 1 précité ; — 8° le n° 10 précité ; — 9° le n° 11 précité ; — 10° le n° 9 précité ; — 11° le n° 12 précité ; — 12° yâthâsaṃstarika (cf. la liste de Kern). On voit que cette liste omet les n°[s] 3, 5 et 6 de la liste chinoise.

à nu[1] il n'y a pas de péché. — Ceux qui observent la loi, leurs pas ne foulent pas le sol ; on peut donc bien savoir que les pieds non chaussés sont la règle. — Hélas ! ce sage en secret s'accordait avec la raison ; — comme une eau qui se précipite contre un obstacle, il s'élevait en flots purs. — Il aurait rougi de s'enfoncer dans la boue et de suivre le monde. — Seul dans son bon sens et en pleine lumière, comment se serait-il uni aux gens ivres et serait-il resté dans l'obscurité ?

D'abord, dans la province de *Tan-yang*[2], son frère aîné et son frère cadet l'accompagnèrent, unis par le même désir d'aller dans le sud, et demeurèrent avec lui. Très regrettable fut la séparation de ces trois gainiers[3] ; cette amitié dont ils s'entr'aidaient fut brisée ; très déplorable fut la séparation des huit ailes.

Mais, comme il avait à cœur de propager la Loi, sa noble résolution n'en fut pas accablée. Il alla jusque dans l'arrondissement de *Koang*[4]. Là il fut atteint par une épidémie. Il se vit ainsi retenu et ne put exécuter ses lointains projets. Alors, à sa grande déception, il revint et rentra à pied dans les pays de *Ou* et de *Tch'ou*[5]. Il était âgé de vingt-cinq ou vingt-six ans.

1. C'est-à-dire lorsque les pieds ne sont pas chaussés.
2. La division administrative appelée *Tan-yang* 丹 陽 sous les *Han*, devint sous les *Soei* l'arrondissement de *Juen* 潤 州. C'est le pays même d'où était originaire *Hiuen-k'oei*.
3. Le gainier ou arbre de Judée (*Cercis sinensis*) symbolise l'union entre les frères (Couvreur, *Dict. chinois-français*, p. 378).
4. Aujourd'hui Canton.
5. Le royaume d'Ou 吳 se trouvait sur l'emplacement de la sous-préfecture actuelle d'*Ou-si*, dans la province de *Kiang-sou*. Le royaume de *Tch'ou* 楚 était beaucoup plus étendu et comprenait, outre le *Hou-koang* et une partie de *Ho-nan*, une partie aussi du

Ensuite, lorsque maître *Seng-tché*[1] arriva dans les pays d'Occident, il me dit : « Cet homme est mort ; il avait été atteint au cœur[2]. » Hélas, il n'a pas eu de chance. La voie qui mène à la victoire présente beaucoup de difficultés ; l'expérience prouve que ce n'est point là une parole vide. En vérité il comptait revenir en possession du trésor de la Loi ; mais c'est en vain qu'il avait été l'objet de l'espérance des plantes tinctoriales de *Yu*[3] ; — il se résolut derechef à revenir aux rives qu'il avait quittées ; c'est inutilement qu'il avait été chéri dans le cœur des arbres de *Long*.

J'ai donc dit, en soupirant : Un homme vertueux vient de disparaître ; qui doit arriver pour lui succéder ? Par malheur, sa destinée a été interrompue ; hélas ! c'est regrettable. Un monceau de soixante-douze pieds de haut était sur le point de devenir une colline ; — faute

---

Ngan-hoei, province contiguë au *Kiang-sou*. L'expression employée par *I-tsing* signifie donc simplement que *Hiuen-k'oei* revint dans son pays d'origine, la province de *Juen*, dans le *Kiang-sou* actuel.

1. Dans la biographie de *Seng-tché* (§ 49), on verra qu'*I-tsing* rencontra ce religieux dans l'état de Samataṭa.

2. C'est-à-dire que le chagrin de ne pouvoir accomplir son projet le fit mourir.

3. L'arrondissement de *Yu* 鬱州 correspond à la préfecture actuelle de *Sin-tcheou* 潯州, province de *Koang-si*. — Dans la phrase symétrique suivante, l'arrondissement de *Long* 隴州 correspond à la préfecture actuelle de *Fong-siang* 鳳翔, province de *Chàn-si*. — Le seul sens que je parvienne à découvrir dans ce passage est celui-ci : l'arrondissement de *Yu*, célèbre pour ses plantes tinctoriales, symbolise ici la Chine du nord ; l'arrondissement de *Long*, célèbre pour ses arbres, représente la Chine du nord ; c'est en vain que la Chine tout entière avait placé en lui son espoir et son affection puisqu'il dut revenir sans avoir pu réaliser ses vastes desseins.

d'un panier de terre, tout a été détruit[1]. — La moisson fut en fleur, mais ne parvint pas à maturité ; hélas ! c'est regrettable. Ceux qui se séparent de nous sont faciles à obtenir ; — ceux qui partent avec nous sont difficiles à trouver[2]. Certes, dès votre jeunesse vous avez pratiqué la vertu et vous vous êtes conduit parfaitement bien. Répandre la lumière était votre pensée et votre désir ; — assailli par une maladie opiniâtre, vous avez vu votre ardeur arrêtée. — C'est déplorable, car votre résolution était grande ; — il est triste que votre départ ait été empêché. — Je chercherai à transmettre la renommée de votre noble vertu ; — on conservera pendant mille automnes le souvenir de votre gloire éclatante.

Cependant, maître (*Hiuen*)-*k'oei* a dit sa douleur de quitter le chef-lieu de l'arrondissement de *Koang*, de revenir à *Koei-lin* et d'interrompre son voyage, et lui-même il a écrit sa pensée en ces termes pour nous la léguer : « Mon cœur se proposait le sol de l'Inde ; — mon désir de voyage me transportait en terre sainte. — Attaqué par une maladie opiniâtre, j'ai dû me détourner de mes amis ; — dans mon ardeur à m'enfoncer sous l'eau, j'ai été arrêté comme si on m'avait retenu par la main. — Dès que les feuilles sont tombées, il est difficile de les rassembler ; — lorsque les désirs se sont séparés, il n'est plus possible de les réunir[3]. — Quand donc monterai-je sur une coupe qui me transpor-

---

1 Cette phrase est imitée du *Chou-king* (trad. Legge, *Chinese Classics*, t. III, p. 350 ; cf. t. II, p. 86).

2. On verra quelques lignes plus bas que *Hiuen-k'oei* devait être un des compagnons de route d'*I-tsing*. Celui-ci déplore que la maladie ait empêché ce religieux de venir avec lui, car il semblait être décidé à le suivre, tandis que d'autres l'abandonnèrent lorsque le moment de s'embarquer fut venu.

3. En d'autres termes, puisque la maladie l'a séparé de ceux qui

tera¹, — et verrai-je distinctement le courant qui propage la loi? »

Pour moi, *I-tsing*, la première année *hien-heng*², j'étais dans la capitale de l'Ouest³ où j'étudiais et où je m'instruisais. En ce temps, moi et le maître de la loi *Tch'ou-i*, originaire de l'arrondissement de *Ping*⁴, le maître des çâstras, *Hong-wei*, originaire de l'arrondissement de *Lai*⁵, et deux ou trois autres religieux de grande vertu, nous nous étions proposé ensemble de nous rendre au Pic du vautour (Gṛidhrakoûṭa), nous espérions voir l'Arbre de la sagesse (Bôdhidrouma). Cependant le vénérable (*Tch'ou*)-*i*, tenant compte de l'âge avancé de sa mère, resta attaché par ses affections dans l'arrondissement de *Ping*; maître (*Hong*)-*wei* rencontra *Hiuen-tchan* à *Kiang-ning* et son vrai désir fut alors de mener avec lui une existence tranquille; lorsque *Hiuen-h'oei* fut arrivé au chef-lieu de l'arrondissement de *Koang*, il vit sa première résolution entravée⁶. Je partis, accom-

comme lui avaient le désir d'aller en Inde, il pense qu'il ne retrouvera plus une semblable occasion.

1. Allusion à un oupâdhyâya surnommé *Peï-tou* qui traversa, dit-on, le fleuve Jaune en n'ayant pour toute embarcation qu'une coupe de bois (*Yuen-kien-lei-han*, ch. ccclxxxiv, p. 18).
2. L'an 670 après J.-C.
3. *Tch'ang-ngan*, auj. *Si-ngan-fou*.
4. Le texte chinois donne 并部 *Ping-pou*, et quelques lignes plus 并川 *Ping-tch'oan*. Les mots *pou* et *tch'oan* ne font pas partie du nom propre et désignent seulement une circonscription plus ou moins étendue. *Ping* doit donc être l'arrondissement appelé 并州 *Ping-tcheou* sous les *Han* orientaux, les *Tsin* et les *Wei*. C'est aujourd'hui la préfecture de 太原 *T'ai-yuen*, dans la province de *Chàn-si*.
5. Le nom de l'arrondissement de *Lai* 萊州 s'est conservé dans celui de la préfecture de *Lai-tcheou*, province de *Chan-tong*.
6. Comme on l'a vu un peu plus haut, *Hiuen-k'oei* tomba malade à

pagné seulement de *Chan-king*[1], jeune religieux originaire de l'arrondissement de *Tsin*.

Mes anciens amis de Chine m'avaient quitté et s'étaient envolés dans des directions différentes ; — les relations nouvelles que je devais faire en Inde m'étaient inconnues, et je ne les avais point encore rencontrées. En ce moment, comme les obstacles et les difficultés que je trouvais devant moi remplissaient ma pensée, j'imitai, par passe-temps, le poème des quatre tristesses[2] et je fis sans art deux strophes que voici :

Phrases de cinq mots :

Dans mon voyage de plusieurs myriades de *li*,

La série de mes tristesses fait que mes pensées se pressent par centaines.

Comment ordonnerai-je à l'ombre de mon corps,

De marcher solitaire parmi les dangers des cinq Indes ?

Phrases de cinq mots :

Un grand général peut traiter avec mépris ses soldats ;

La résolution d'un seul homme de valeur est difficile à ébranler.

Si quelqu'un songe au regret de voir terminer sa destinée,

Comment pourra-t-il obtenir la plénitude d'une longue félicité ?

Canton ; on voit par ce passage que ce religieux était au nombre de ceux qui devaient partir avec *I-tsing* et c'est pourquoi la longue digression qu'*I-tsing* va faire sur son propre voyage est rattachée à cette biographie.

1. Cf. § 47.

2. D'après le *Pei-wen-yun-fou* (au mot 愁), le poème des quatre tristesses fut composé par *Tchang-heng* qui vécut de 78 à 139 de notre ère (cf. Mayers, *Manual*, n° 13).

C'était alors la troisième année *hien-heng*[1]; je fis la retraite d'été dans le chef-lieu de l'arrondissement de *Yang*[2]. Pendant la première lune de l'automne[3], je fis inopinément la connaissance d'un envoyé impérial[4], originaire de l'arrondissement de *Kong*[5], *Fong Hiao-ts'iuen*, et nous rendîmes au chef-lieu de *Koang* afin de fixer, avec le patron d'un bateau persan[6], la date d'un rendez-vous pour partir dans la direction du sud; en outre, je reçus de l'envoyé impérial une invitation à me rendre dans l'arrondissement de *Kang*[7] et là, il joua de nouveau vis-à-vis de moi le rôle de bienfaiteur (dânapati)[8]; lui et

---

1. L'an 672 après J.-C. Mais le texte est fautif et il faut lire la seconde (non la troisième) année *hien-heng*, c'est-à-dire l'an 671 ap. J.-C. Cf. *Nan-hai*..., ch. IV, p. 25 v°.

2. 楊府. Le mot *yang* doit en réalité s'écrire 楊; cet arrondissement correspondait à la préfecture actuelle de *Yang-tcheou*, province de *Kiang-sou*.

3. La septième lune de l'année.

4. Le *K'ang-hi-tse-tien* (au mot 君) dit : Ceux qui ont un mandat et sont chargés d'une fonction hors de leur province sont appelés *che-kiun* 使君.

5. L'arrondissement de *Kong* 龔州 dépendait de la division territoriale appelée le *Ling-nan-tao* 嶺南道. Il correspond à ce qui est aujourd'hui la sous-préfecture de *P'ing-nan* 平南, dans la province de *Koang-si*.

6. 波斯舶, un bateau du *Po-se*, c'est-à-dire de la Perse.

7. *Kang-tcheou* 岡州 était, sous les *T'ang*, le nom de la sous-préfecture de *Sin-hoei* 新會, préfecture de *Koang-tcheou* (Canton), province de *Koang-tong*.

8. L'expression employée par *I-tsing* est 檀主 *t'an-tchou*, mot hybride formé de *t'an* qui est une abréviation du mot sanscrit *dâna-pati* et de *tchou* qui signifie maître en chinois.

ses frères cadets, l'envoyé impérial (*Fong*) *Hiao-yen* et l'envoyé impérial (*Fong*) *Hiao-tchen*, ainsi que la respectable dame¹ *Ming* et la respectable dame *P'ong*, avec toute leur famille et leur parenté, vinrent me voir pour m'apporter des présents ; je reçus d'eux des cadeaux magnifiques ; chacun me donnait des aliments excellents afin que je ne manquasse de rien pendant la traversée et de peur que je n'eusse à souffrir dans les lieux dangereux. Ils furent généreux comme le serait un père affectueux ; — ils comblèrent tous les désirs de l'orphelin ².
— Ensemble ils furent mon refuge et mon secours ; — ils furent la cause commune qui me permit d'aller dans le pays supérieur à tout autre. — Si j'ai pu faire mon pèlerinage et m'acquitter de mes adorations, c'est à la famille *Fong* que je le dois.

Cependant les religieux et les laïques du *Ling-nan*³ supportaient avec difficulté l'idée de me voir partir et de rester ; — les gens de bien et les sages du pays du nord songeaient à la tristesse de se séparer de moi lorsque nous étions encore en vie.

Quand la onzième lune fut arrivée, je me tournai du côté des constellations *I* et *Tchen*⁴ et je m'éloignai de

---

1. L'expression 郡君 désigne proprement la fille d'un prince impérial du troisième rang ; mais souvent, comme ici, elle est une épithète respectueuse appliquée à une femme. Les deux dames dont il est question étaient sans doute mariées à des membres de la famille *Fong*.

2. C'est-à-dire d'*I-tsing*.

3. La division administrative appelée le *Ling-nan-tao* 嶺南道 comprenait les provinces actuelles de *Koang-tong* et de *Koang-si*. Le nom de *Ling-nan-tao* signifie : circonscription au sud des *Ling*. Les *Ling* ou *Mei-ling* 梅嶺 sont une chaîne de montagnes qui sépare le *Koang-tong* du *Kiang-si*.

4. *I* 翼 est une constellation zodiacale qui comprend la Coupe. —

P'an-jong ¹. Je me proposais le Parc des antilopes (Mṛigadâva) et ma pensée allait au loin; — je désirais la Montagne du coq (Koukkouṭapadagiri) et j'y trouvais un entier repos. — En ce temps, le vent commençait à souffler dans le vaste espace ² ; — nous nous tournâmes du côté du sud ³ et les cordages de mille pieds de long furent suspendus deux par deux ⁴ ; — c'était le début de l'époque marquée par les constellations *Li* et *Ki* ⁵ ; —

Tchen 軫 est une constellation qui comprend les étoiles β, δ, η et υ du Corbeau; elle amène le vent.

1. *P'an-jong* (le second caractère se prononce *jong* et non *yu*, d'après une note placée à la fin du présent ouvrage) est un nom littéraire de Canton. — Au nord de cette ville se trouve la colline *P'an* 番 山, au sud se trouve la colline *Jong* 禺 山. Telle est l'origine de cette appellation (cf. le *Nan-hai-po-jong* 南海百詠 composé sous la dynastie des *Song* par le religieux *Sin-jou* 信儒, p. 1).

2. C'était le commencement de la mousson du nord-est.

3. 朱方, propt.: *le côté rouge*. Le rouge est la couleur qui correspond au sud; de même à la ligne suivante, le nord est appelé *l'extrémité de couleur sombre* 玄朔. Dans la théorie cosmologique des cinq éléments qui fut très en faveur auprès des anciens Chinois, une des correspondances reconnues est celle des cinq couleurs avec les cinq positions de l'espace : le jaune symbolise le centre; le vert, l'est; le blanc, l'ouest; le noir, le nord ; le rouge, le sud.

4. Le texte chinois me paraît présenter une faute ; en effet, le mot 桂 signifie cannelier et ne donne ici aucun sens admissible; bien plus, il doit correspondre au mot 飛 de la phrase suivante qui est un verbe et signifie *voler* ; le mot 桂 doit donc avoir été mis par erreur pour le mot 挂 qui est un verbe et signifie *suspendre*.

5. *Li* 離 est probablement une abréviation pour *Tch'ang-li* 長離, nom d'une étoile. — *Ki* 箕 est une constellation amie du vent qui comprend les étoiles γ, δ, ε et λ du Sagittaire.

nous nous éloignâmes du nord et la girouette de plumes flotta isolée. — Longtemps nous fûmes retenus sur l'immense abîme ; de grosses vagues, hautes comme des montagnes, barraient la mer ; — elles traversaient tout le vaste gouffre ; les flots, comme des nuages, montaient jusqu'au ciel.

Avant que vingt jours se fussent écoulés, nous arrivâmes au pays de *Fo-che* (Bhôja)[1] ; je m'y arrêtai pendant six mois ; j'y étudiai par degrés la science des sons (çabda-vidyâ). Le roi me donna des secours grâce auxquels je parvins au pays de *Mo-louo-yu*[2] ; j'y séjournai derechef pendant deux mois. Je changeai de direction pour aller dans le pays de *Kié-tch'a*[3]. Lorsque arriva la douzième lune[4], on hissa la voile ; je remontai sur un bateau du roi et je me dirigeai petit à petit vers l'Inde

---

1. Cf. note 3 de la p. 36.

2. 末羅瑜. Une note chinoise, de l'époque des Tcheou postérieurs (951-960), dit que, au temps de l'annotateur, le pays de *Mo-louo-yu* était devenu celui de Çrî-Bhôja (室利佛逝 *Che-li-fo-che*). La même assertion est répétée dans une note du *Nan-haï*..... (ch. I, p. 3 v°), mais le nom de *Mo-louo-yu* est écrit *Mo-louo-yeou*, le dernier caractère étant 遊 ; de même le nom de Çrî-Bhôja est écrit *Che-li-fo-yeou*, le dernier caractère étant 遊. — Cf. note 3 de la p. 36.

3. Cf. note 2 de la p. 105.

4. *I-tsing* étant parti de Canton pendant la onzième lune de l'année 671 et s'étant arrêté six mois dans le pays de Çrî-Bhôja et deux mois dans celui de *Mo-louo-yu*, la douzième lune dont il est ici question doit être celle de l'année 672. Il nous dit, dans le *Nan-haï*.., ch. IV, p. 25 v°, qu'il arriva dans le pays de Tâmralipti le 8 de la deuxième lune de la quatrième année *hien-heng* (673 ap. J.-C) ; dans ce royaume, il habita le temple *Pa-louo-ho* (跋羅訶 Varâha ?) où il fit la connaissance de *Ta-tch'eng-teng* (*Nan-haï*..., ch. II, pp. 5 r° et 7 r°). Il se remit en marche pour se rendre au temple Nâlanda la cinquième lune de cette même année 673.

orientale. En allant vers le nord, à partir de *Kié-tch'a*, on arrive au bout de plus de dix jours au pays des hommes nus. Si on se tourne vers l'est pour regarder le rivage escarpé, on ne voit, sur une étendue d'un ou deux *li*, que des cocotiers et des forêts d'aréquiers ; cette végétation luxuriante est bien faite pour plaire. Dès que les indigènes voient venir un bateau, ils montent à l'envi sur de petites embarcations qui arrivent au nombre de plus de cent ; ils apportent tous des noix de coco, des bananes et des objets en rotang ou en bambou ; ils viennent demander à faire des échanges ; ce qu'ils désirent, c'est uniquement du fer. Pour un morceau de fer grand comme deux doigts, on reçoit de cinq à dix noix de coco. Les hommes sont tous entièrement nus ; les femmes cachent leur sexe avec des feuilles. Si les marchands leur offrent, par plaisanterie, leurs vêtements, ils font aussitôt signe de la main qu'ils ne s'en servent pas[1]. On dit que ce pays constitue la limite sud-ouest

---

1. Il résulte de cette description que ces îles sont évidemment identiques aux îles Lanka bâlûs des voyageurs arabes du ixe siècle, c'est-à-dire à l'archipel des Nicobar ; voici en effet comment en parlent les Arabes : « Ces îles nourrissent un peuple nombreux. Les hommes et les femmes vont nus ; seulement, les femmes couvrent leurs parties naturelles avec des feuilles d'arbres. Quand un navire passe dans le voisinage, les hommes s'approchent dans des barques, petites ou grandes, et se font donner du fer en échange d'ambre et de cocos. Ils n'ont pas besoin d'étoffes, vu que, dans ce climat, on n'éprouve ni froid ni chaud » (*Relation des voyages faits par les Arabes et les Persans dans l'Inde et à la Chine, dans le* ixe *siècle de l'ère chrétienne*, trad. Reinaud, t. I, p. 8). Plus loin (id., *ibid.*, p. 16), on lit encore : « Quand on a dépassé cette mer (la mer de Herkend), on arrive au lieu nommé Lendjebâlous. Les habitants de ce lieu ne comprennent pas la langue arabe, ni aucune des langues parlées par les marchands. Les hommes ne portent pas de vêtement ; ils sont blancs et ont le poil rare. Les voyageurs disent n'avoir jamais vu leurs femmes. En

de la province de *Chou*¹. Il ne produit pas de fer; l'or et l'argent aussi y sont rares. Les indigènes se nourrissent uniquement de cocos et de racines d'ignames. On n'y trouve pas beaucoup de riz ni de céréales. Ainsi le *lou-a* (lôha)² est, à leurs yeux, ce qu'il y a de plus précieux et de plus cher. Ces hommes ne sont pas de couleur noire; leur taille est moyenne; ils excellent à fabriquer des caisses en rotang tressé; aucun autre pays ne peut les égaler. Si on refuse de faire des échanges avec eux, ils lancent aussitôt des flèches empoisonnées; celui qui en est atteint ne peut plus s'en remettre.

A partir de ce lieu je repris ma route pendant encore plus d'une demi-lunaison dans la direction du nord-ouest et j'arrivai alors au pays de *Tan-mouo-li-ti* (Tâmralipti), qui constitue la frontière sud de l'Inde orientale. Il est distant de plus de soixante relais (yôjanas) des temples *Mo-ho-p'ou-t'i* (Mahâbôdhi) et *Na-lan-t'ouo* (Nâlanda). Ce fut en ce lieu que, pour la première fois, je fis la connaissance de maître *Ta-tch'eng-teng*³. J'y

effet, les hommes se rendent auprès des navires, dans des canots faits avec un seul tronc d'arbre, et ils apportent des cocos, des cannes à sucre, des bananes et du vin de cocotier...... Les habitants échangent cela contre du fer. Quelquefois il leur vient un peu d'ambre, qu'ils cèdent aussi pour quelques objets en fer. Du reste, les échanges se font uniquement par signes, de la main à la main, vu qu'on ne s'entend pas. Ces hommes sont très habiles à la nage; quelquefois ils dérobent le fer des marchands sans leur rien donner en échange. »

1. La province de Chou, appelée ici *Chou-tch'oan* 蜀川, correspondait à la partie occidentale du *Se-tch'oan* actuel. I-tsing rapporte un on-dit dont il est facile de voir l'inexactitude.

2. 盧阿 *lou-a*; c'est ainsi, dit une note chinoise, que les gens de ce pays appellent le fer. — En réalité on retrouve dans cette transcription le nom sanscrit du fer, *lôha*.

3. Cf. § 32.

demeurai une année [1] ; j'y étudiai la langue sanscrite et m'y exerçai au *Cheng-luen* (Çabda-vidyâ-çâstra) [2].

Puis je me mis en marche avec maître *(Tatch'eng)-teng* ; nous prîmes le chemin qui allait droit à l'ouest, et avec plusieurs centaines de marchands, nous nous rendîmes dans l'Inde du centre. A une distance de dix jours du temple *Mo-ho-p'ou-t'i* (Mahâbôdhi), on s'engage dans un pays de hautes montagnes et d'étangs ; les dangers de la route sont difficiles à franchir ; il faut être plusieurs pour se porter secours mutuellement et on doit se garder de s'avancer seul. En ce temps, je fus atteint d'une maladie passagère ; mon corps était brisé et à bout de forces ; je cherchai à profiter de l'occasion que me donnait la caravane de marchands, mais au bout de peu de temps, ma fatigue me rendit incapable de les suivre ; quoique je fisse tous mes efforts et que je voulusse avancer, je devais m'arrêter cent fois sur un parcours de cinq *li*. Il y avait alors plus de vingt religieux du temple *Na-lan-t'ouo* (Nâlanda), et avec eux le vénérable *(Ta-tch'eng)-teng* qui étaient tous ensemble partis en avant. Je restai seul en arrière ; je marchais solitaire dans les défilés périlleux. Vers le soir, entre trois et cinq heures, des brigands de la montagne accoururent ; ils tendaient les cordes de leurs arcs, prêts à lancer des flèches, et poussaient de grands cris ; ils vinrent me regarder et se moquèrent de moi entre eux ; ils commencèrent par me dépouiller de mon habit de

---

1. *I-tsing* ne resta en réalité que trois mois dans le pays de Tâmralipti (cf. note 8 de la p. 119). Je ne sais comment expliquer l'expression — 載 qui est employée ici et qui signifie une année.

2. Le Çabda-vidyâ-çâstra est l'œuvre d'Amçouvarma (Eitel, *Handbook*, p. 132).

dessus, puis ils m'enlevèrent mon vêtement de dessous ; tout ce que j'avais sur moi de courroies et de ceintures ils me les arrachèrent aussi. A ce moment, je pensais, en vérité, que j'allais dire adieu pour longtemps aux générations humaines et que je ne satisferais pas mon désir d'accomplir un pèlerinage d'adoration, — que mes membres seraient dispersés sur les pointes des lances et que je ne réussirais pas dans mon espoir de faire des recherches originales. En outre, c'était un bruit répandu dans le pays que, si on prenait un homme de couleur blanche, on le tuait pour l'offrir en sacrifice au ciel; quand je pensai à ces récits, mes inquiétudes en furent redoublées ; j'entrai alors dans une fondrière et je m'enduisis de boue tout le corps ; je me couvris de feuilles et, m'appuyant sur un bâton, je m'avançai lentement ; au moment du coucher du soleil, le lieu de la halte était encore éloigné ; à la deuxième veille de la nuit[1], j'eus le bonheur d'atteindre mes compagnons; j'entendis le vénérable (*Ta-tch'eng*)-*teng* qui me jetait de longs appels en dehors du village ; dès que nous nous fûmes retrouvés, il s'occupa de me donner un habit et de laver mon corps dans un étang. Je pus alors entrer dans le village.

En marchant vers le nord pendant plusieurs jours à partir de ce lieu, j'arrivai d'abord au temple *Na-lant'ouo* (Nâlanda) ; je vénérai la pagode de la première origine (Moûlagandha-koṭi)[2] ; puis je montai sur le *Ki-chekiue* (Gṛidhrakoûṭa) et je vis le lieu où les vêtements avaient été pliés[3]. Ensuite je me rendis au temple de

---

1. De 9 heures du soir à 11 heures.
2. Cf. note 6 de la p. 94.
3. D'après *Hiuen-tchoang* (t. III, p. 21), au nord-est d'un vihâra qui se trouve sur le Gṛidhrakoûṭa, « au milieu d'un torrent, il y a une

la Grande Intelligence (Mahâbôdhi) et j'y adorai l'image du vrai visage. Je pris les étoffes de soie épaisses et fines dont m'avaient fait présent les religieux et les laïques de l'est des montagnes [1] et j'en fis un *kia-cha* (kâshâya) [2] à la mesure de *Jou-lai* (Tathâgata) ; je m'acquittai moi-même du soin de lui mettre ce vêtement ; les plusieurs myriades de parasols en gaze que m'avait confiées le maître de la discipline *Hiuen*, originaire de l'arrondissement de *Pou* [3], je les offris en son nom ; le maître du dhyâna, *Ngan-tao*, originaire de l'arrondissement de *Ts'ao* [4], m'avait chargé de faire des prosternations et des adorations devant l'image de la *P'ou-t'i* (Bôdhi) ; j'accomplis aussi pour lui jusqu'au bout ces adorations.

Alors je me prosternai de tout mon corps (pañcâṅga) sur le sol ; — je n'eus plus qu'une seule pensée, celle d'une respectueuse sincérité ; — Je demandai d'abord pour la Chine les quatre bienfaits ; — puis pour tout le monde bouddhique (dharmadhâtou) la connaissance des *han* (âgamas). Je désirai la réunion générale sous l'ar-

---

vaste pierre sur laquelle le Tathâgata fit sécher son vêtement de religieux (Tchîvara). Les raies de l'étoffe se détachent encore aussi nettement que si elles avaient été ciselées. »

1. C'est-à-dire de Chine.

2. Le mot *kâshâya* signifie proprement la couleur jaune brun qui est celle du vêtement des religieux, et par suite il désigne ce vêtement lui-même.

3. L'arrondissement de *Pou* 僕 avait son centre un peu à l'est du moderne *Pou-tcheou*, préfecture de *Ts'ao-tcheou* 曹州, province de *Chan-tong*.

4. L'arrondissement de *Ts'ao* 曹 avait son centre au nord-ouest de la sous-préfecture actuelle de *Ts'ao*, préfecture de *Ts'ao-tcheou*, province de *Chan-tong*.

bre aux fleurs de dragon, la rencontre avec la personne vénérable du Compâtissant (Maitreya Bouddha), la conformité totale avec le vrai premier ancêtre et l'obtention de la connaissance qui n'est pas sujette à la naissance. Ensuite j'accomplis la série de toutes les adorations devant les saints vestiges.

Je dépassai le temple et j'arrivai à *Kiu-che*[1] (Kouçinagara); partout où je fus, je trouvai la déférence et la loyauté. J'entrai dans le Parc des antilopes (Mṛigadâva) et je montai sur la Montagne du coq (Koukkouṭapadagiri). Je demeurai dix années dans le temple *Na-lant'ouo* (Nâlanda); j'y recherchai des livres saints. Puis je commençai à revenir sur mes pas en parlant de retour ; je me rendis de nouveau dans le pays de *Tan-mouo-li-ti* (Tâmralipti); avant d'y être arrivé, je rencontrai une forte troupe de brigands ; c'est à grand'peine que j'évitai l'infortune d'être tué par le glaive et que je pus conserver ma vie du matin jusqu'au soir. Après cela, je m'embarquai ; je passai par le royaume de *Kié-tch'a*; les textes sanscrits du Tripiṭaka que je rapportais formaient plus de cinq cent mille stances qui, dans la traduction chinoise, rempliraient bien mille rouleaux; je les pris avec moi et m'arrêtai dans le pays de *Fo-che*[2] (Bhôja).

1. Le nom de Kouçinagara est ici régulièrement orthographié 拘尸 *Kiu-che*. Nous avons remarqué, pp. 29 et 73, l'orthographe 俱尸 *Kiu-che*.

2. 佛逝. Dans le *Nan-hai*..., ch. iv, p. 13 r°, *I-tsing* dit qu'à son retour, il se rendit du pays de Tâmralipti dans celui de *Che-li-fo-che* 室利佛誓 où il s'arrêta. La comparaison de ces deux textes prouve qu'I-tsing appelle indifféremment un seul et même pays *Fo-che* ou *Che-li-fo-che* (cf. note 3 de la p. 36).

§ 47. — Maître *Chan-hing*[1] est originaire de l'arrondissement de *Tsin*[2]. Dès sa jeunesse, il quitta la maison paternelle pour aller s'enquérir de la doctrine dans les montagnes de l'est. Devenu grand, il s'initia aux règles de la discipline; il mit la confiance de son cœur dans les prières magiques. Il était doux et poli, modéré et simple. Sauver les vivants était son désir. Cet homme était un de mes disciples. A ma suite il vint dans le pays de *Che-li-fo-che* (Çrî-Bhôja). Il avait à cœur d'aller dans la terre du centre (l'Inde); mais il tomba fort gravement malade; il retourna ses rames et revint en Chine. Il est âgé de plus de trente ans.

§ 48. — Maître *Ling-yun*[3] est originaire de *Siang-yang*[4]; son nom sanscrit est *Pan-jo-t'i-p'ouo* (Prajñâdêva)[5]. Il était d'un caractère ferme et sincère; il avait à cœur de sortir du monde pour aller chercher les saints vestiges. Il voyagea en compagnie de *Seng-tché*[6]; il traversa les mers du sud et arriva dans les pays de l'ouest. Il apprit très bien la langue sanscrite. Sauver les vivants était sa préoccupation constante. Dans tous les lieux où il arrivait, les princes le traitaient avec politesse et avec respect.

Puis, dans le temple *Na-lan-t'ouo* (Nâlanda), il pei-

---

1. 善行. Cf. p. 115.

2. L'arrondissement de *Tsin* 晉 correspond à la sous-préfecture actuelle de *Lin-fen*, préfecture de *P'ing-yang*, province de *Chàn-si*.

3. 靈運.

4. 襄陽. Ce nom s'est conservé dans celui de la préfecture moderne de *Siang-yang*, province de *Hou-pé*.

5. 般若提婆.

6. Cf. § 49.

gnit de grandeur naturelle une image du vrai visage du Compâtissant (Maitreya Bouddha) et de l'arbre de la *P'ou-t'i* (Bôdhidrouma); c'était un artiste d'élite; il la remporta dans ses bagages quand il revint dans son pays. Il développa grandement la religion bouddhique; il traduisit la doctrine sainte. En vérité, c'est un homme capable.

§ 49. — Le maître du dhyâna, *Seng-tché*[1], est originaire de l'arrondissement de *Li*[2]. Dès son jeune âge, il pratiqua sincèrement une haute vertu; — de bonne heure il se confia dans la doctrine sombre (dhyâna). — Par sa puissance de subtilité et d'intelligence, il obtenait réellement l'honneur qu'on lui versât la bouteille[3]; — par son ingéniosité dans les dissertations et les discussions, il se rendait digne de la distinction des nattes entassées. — Il s'était enfoncé profondément dans le jardin de la discipline; — il tirait à lui tout le domaine du dhyâna. — Les deux doctrines, celle du Madhyamaka-çâstra et celle du Çataçâstra[4], il en avait depuis longtemps extrait l'essentiel et les détails; — les deux recueils, celui de *Tchoang* (*Tcheou*) et celui

---

1 僧哲.

2. Aujourd'hui *Li-tcheou* 澧, province de *Hou-nan*.

3. C'était un usage parmi les religieux que chacun d'eux versât le contenu de sa bouteille à celui qui était reconnu le plus sage. — On explique d'une manière analogue la phrase suivante : c'était une ancienne coutume des lettrés que ceux qui n'avaient pas eu l'avantage dans une discussion ou une explication se levaient de la natte sur laquelle ils étaient assis et la cédaient à leur vainqueur qui finissait ainsi par avoir sous lui un grand nombre de nattes.

4. Le texte chinois est ainsi conçu : 中 百 兩 門. Cf. note 4 de la p. 17.

de *Lieou (Hiang)*[1], il en avait pénétré à fond l'axe et la porte.

Il eut l'idée d'aller adorer les saints vestiges et s'embarqua pour les contrées occidentales. Lorsqu'il fut arrivé dans la terre de l'ouest, partout où il passait il demandait l'aumône; il parcourut le pays en s'acquittant des adorations et fit toute la tournée.

Il revint dans l'Inde de l'est et arriva au pays de *San-mouo-tan-tch'a* (Samataṭa)[2]. Le roi de cet état s'appelait *Ho-louo-ché-po-tch'a* (Harshabhaṭa)[3]; ce souverain se

---

1. Sur *Tchoang-tse*, cf. note 4 de la p. 52. — *Lieou Hiang* vécut de l'an 86 à l'an 15 avant notre ère (Mayers, dans son *Chinese reader's Manual*, donne les dates 80-9 av. J.-C.; mais le *Hoang-ts'ing-king-kie*, chap. MCCLI, p. 2 r°, établit que la date de la naissance du Lieou Hiang est l'année 86 av. J.-C.). Il est l'auteur du traité sur les cinq éléments 五行志.

2. 三摩呾吒. L'état de Samataṭa se trouvait dans le Bengale oriental, « vers l'embouchure du Brahmapoutra et de la branche orientale du Gange... Ce royaume comprenait peut-être la province actuelle de Dakka, entre le Gange oriental et le Brahmapoutra, et certainement une grande partie, sinon la totalité du delta du Gange, ce qu'on nomme les Sanderbands » (V. de Saint-Martin, *Hiuen-tchoang*, t. III, p. 390). D'après M. J. Fergusson (*Journ. Roy. As. Soc.*, n. s., vol. VI, p. 242), l'état de Samataṭa aurait compris aussi une partie de la région montagneuse de Tipperah.

3. 曷羅社跋吒. M. Beal (*Analyse*, p. 562) tire je ne sais comment de ces caractères le nom de Harsha Vardhana. Il ne serait peut-être pas impossible d'établir un rapprochement entre ce personnage et le Harsha, roi de Gauḍa (Bengale), Oḍra (Orissa), etc., nommé dans une inscription de Jayadêva. roi du Népâl, en l'an 748 après J.-C., comme le beau-père de ce prince (voir la traduction de cette inscription par Bühler : *Inscriptions from Nepâl*, n° 15). Il faut remarquer cependant qu'une telle hypothèse supposerait que soit Harsha, soit Jayadêva, eut un règne fort long. En outre, il est à noter que Houo-louo-ché peut être aussi bien la transcription de Râja que de Harsha.

trouvait être un fervent adorateur des trois Joyaux (tri-ratna)[1] et il jouait le rôle de grand *ou-po-souo-kia* (oupâsaka)[2]. Il était d'une sincérité profonde, d'une foi éclairée; par sa gloire il l'emportait sur ses prédécesseurs et sur ses successeurs; chaque jour il fabriquait cent mille statues en terre moulée, lisait cent mille stances du *Ta-pan-jo* (Mahâprajñâpâramitâ-soûtra) et faisait usage de cent mille fleurs fraîches; il présentait en personne ces dons; les offrandes qu'il disposait formaient un monceau de la taille d'un homme; lorsque le cortège royal allait se mettre en route, *Koan-in* (Avalôkitêçvara)[3] était placé en avant; les bannières et les étendards cachaient le soleil; les tambours et les instruments de musique remplissaient l'espace; les statues de *Fo* (Bouddha), les religieux et les novices se trouvaient tous présents et allaient devant : le roi suivait par derrière.

Dans la ville du roi, il y avait plus de quatre mille religieux et nonnes; tous ces gens étaient entretenus par le roi. Chaque matin des émissaires royaux étaient envoyés dans les temples; ils joignaient les paumes de mains devant chaque habitation et, tout en allant vite, demandaient rapidement : « Sa Majesté m'a chargé de

---

1. Suivant l'explication la plus vulgaire, les trois joyaux sont le Bouddha, la Loi et l'Église (Bouddha, Dharma, Samgha).

2. On appelait oupâsaka les laïques qui avaient prononcé la formule des trois refuges (triçarana), mais qui n'étaient pas cependant complètement entrés en religion. Burnouf (*Introduction...*, p. 249) donne à ce mot le sens de *dévot* ou *fidèle*.

3. 觀音 *Koan-in*; ces deux mots sont expliqués comme la traduction de Avalôkita-svara et signifient : celui qui écoute le son (des prières). Cf. l'excellent article de M Eitel (*Handbook...* au mot *Avalôkitêçvara*). Il est d'ailleurs évident que cette étymologie est tout à fait fantaisiste. La seule possible est Avalôkita-içvara.

m'informer si vous, les maîtres de la Loi, avez passé une bonne nuit. » Les religieux répondaient : « Nous souhaitons que Sa Majesté soit exemple de maladie, qu'elle ait une longue vie, que son royaume soit calme et paisible. » Lorsque les envoyés étaient revenus et avaient rendu compte de leur mission, alors seulement on discutait les affaires d'état. Tout ce qu'il y avait dans les cinq Indes de religieux connus par leur vertu et leur intelligence, d'hommes instruits et capables, de gens ayant une connaissance étendue des livres sacrés des dix-huit écoles [1] et expliquant les grands çâstras des

---

1. D'après le commentateur du *Nan-haï...* (ch. I, p. 3 r°) les dix-huit écoles sont les sept divisions de l'école Mahâsâmghika, les trois divisions de l'école Sthâvira, les quatre divisions de l'école Moûlasarvâstivâda et les quatre divisions de l'école Sammatiya. Voici le texte de cet auteur qui écrivait au temps de la petite dynastie Tcheou (951 960) : « En premier lieu, il y a la *Ngo-li-ye mo-ho-seng-ti ni-kia-ye* 阿離耶莫訶僧祇尼迦耶 (Arya mahâsâmghika nikâya), ce qui signifie en chinois la sainte école de la grande assemblée ; elle s'est divisée en sept écoles. Chacune des sections de son Tripiṭaka comprend cent mille stances, ce qui donne un total de trois cent mille stances ; la traduction chinoise formerait bien mille rouleaux. En second lieu, il y a la *Ngo-li-ye si-t'o-pi-louo ni-kia-ye* 阿離耶悉他階擺尼迦耶 (Arya sthâvira nikâya) ; ce qui signifie en chinois la sainte école du Doyen ; elle s'est divisée en trois écoles ; son Tripiṭaka est de même étendue que celui de l'école précédente. En troisième lieu il y a la *Ngo-li-ye mou-louo-sa-p'ouo-si-ti-p'ouo-t'ouo ni-kia-ye* 阿離耶慕擺薩婆悉底婆拖尼迦耶 (Arya Moûlasarvâstivâda nikâya), ce qui signifie en chinois la sainte école qui dit qu'un principe originel existe pour tout ; elle s'est divisée en quatre écoles ; son Tripiṭaka est de même étendue que celui de l'école précédente. En quatrième lieu, il y a la *Ngo-li-ye san-mi-li-ti ni-kia-ye* 阿離耶三蜜栗底尼迦耶 (Arya Sammitiya nikâya) ; ce qui signifie en chinois la sainte école des calculateurs exacts ; elle s'est divisée en quatre écoles ; son Tri-

piṭaka comprend deux cent mille stances, la discipline ayant trente mille stances. Cependant dans les enseignements que se transmettent ces écoles il y a beaucoup de points communs et de différences. En outre, d'après le texte dont nous venons de nous occuper, dire que les dix-huit divisions forment cinq écoles, ce n'est point une tradition courante dans les pays d'Occident. »

La fin de ce passage fait allusion à une théorie d'après laquelle les dix-huit écoles auraient été les subdivisions de cinq écoles principales et non de quatre. Quelles sont donc ces cinq écoles ?

Le dictionnaire *Fan-i-ming-i-tsi* (Abrégé, ch. XXIX) et le Dictionnaire numérique (à l'expression 五部律) nous donnent la réponse suivante : L'école *Mouo-ho-seng-ti* 摩訶僧祇 (Mahâsâmghika) s'est divisée en cinq écoles : 1º l'école *T'an-ou-té* 曇無德 ou *T'an-mo-kiu-to* 曇摩翘多 (Dharmagoupta); la discipline de cette école est dite « des quatre sections » 四分律 (catourvarga vinaya);— 2º l'école *S'a-p'ouo-to* 薩婆多 (Sarvâstivâda); la discipline de cette école est dite « des dix récitations » 十誦律 (daçâdhyâya vinaya);— 3º l'école *Mi-cha-sé* 彌少塞 (Mahîçâsaka); la discipline de cette école est dite « des cinq sections » 五分律 (pañcavarga vinaya);— 4º l'école *Kia-ye-i* 迦葉遺 (Kâçyapîya); la discipline de cette école est la même que celle des cinq sections;— 5º l'école *P'ouo-ts'ouo-fou-louo* 婁蹉富羅 (Vâtsîpouttrîya); la discipline de cette école n'est pas parvenue en Chine.

Klaproth a donné cette liste dans une note du *Foe-koue-ki* (p. 325); Burnouf, qui l'a analysée (*Introduction*..., p. 397, note 4), a exactement identifié les noms de quatre écoles, mais il s'est trompé pour le seconde qui est l'école Sarvâstivâda et non l'école Sammata.

La relation entre les cinq écoles et les dix-huit écoles secondaires est établie par un texte du *Kao-seng-tchoan* (ch. XI *ad finem*). L'auteur du *Kao-seng-tchoan* donne, à une page de distance, deux listes différentes des cinq écoles; suivant la première, on distinguerait l'école des Dharmagouptas, l'école des Sarvâstivâdas, l'école des Kâçyapîyas, l'école des Vâtsîpouttrîyas et l'école Mahâsâmghika. Suivant la seconde, quatre de ces écoles sont les mêmes, mais l'école des Vâtsîpouttrîyas est remplacée par celle des Mahîçâsakas; c'est cette seconde série de cinq écoles qui est subdivisée en dix-huit sec=

cinq Vidyâs[1], se rassemblait dans ce royaume. En vérité, ce qui les faisait accourir, c'est que la renommée de la bonté du roi s'était répandue partout et qu'il recueillait au loin même les os des chevaux excellents[2].

tions par l'auteur du *Kao-seng-tchoan* : l'école Sarvâstivâda comporterait quatre divisions ; l'école Mahîçâsaka, une : l'école Kâçyapîya, deux : l'école Mahâsâmghika, six ; l'école Dharmagoupta, cinq. On voit que $4 + 1 + 2 + 6 + 5 = 18$.

Le vice des deux listes du *Kao-seng-tchoan* est évidemment de compter au nombre des cinq écoles l'école Mahâsâmghika qui n'est que le nom générique des quatre autres, et d'omettre par suite tantôt l'école Vâtsipouttrîya, tantôt l'école Mahîçâsaka. Il est donc fort probable que le commentateur du *Nan-hai...* a raison quand il dit que la relation établie entre les dix-huit et les cinq écoles est artificielle et n'est point connue des Bouddhistes hindous.

Le *Kao-seng-tchoan* mentionne enfin une dernière théorie d'après laquelle il y aurait deux écoles principales : l'école Mahâsâmghika qui comporterait sept divisions et l'école Sthâvira qui en comporterait onze. Cette théorie paraît se rapprocher de celle du commentateur du *Nan-hai...*, qui attribue aussi sept divisions à l'école Mâhâsâmghika ; il est possible que certains auteurs aient pu considérer les onze divisions des trois autres écoles réunies comme dérivant toutes de l'école Sthâvira.

Pour d'autres théories sur les dix-huit écoles, cf. Kern, *Buddhismus*, trad. allemande, t. II, pp. 551 et suiv. ; Stanislas Julien, *Mélanges de géographie asiatique et de philologie sinico-indienne*, pp. 305-339 ; et Wassiljew, *Der Buddhismus*, trad. allemande, t. I, pp. 243 et suiv.

1. 五明大論. Sur les cinq vidyâs, cf. note 1 de la p. 30.

2. Allusion à un passage du *Tchan-kouo-t'sé* 戰國策, ch. IX. Un certain *Kouo-k'oei* raconta à *Tchao*, roi de *Yen*, l'anecdote suivante : Un roi voulait se procurer des chevaux d'une espèce fort rare ; son envoyé en chercha longtemps inutilement : au bout de trois mois il en trouva un qui était mort ; il en acheta la tête au prix de cinq cents livres d'or. Le prince s'irrita, mais l'envoyé lui répondit : Si on apprend que vous avez payé cinq cents livres un cheval mort, on pensera que vous payerez beaucoup plus cher un cheval vivant et on vous en amènera. — En effet, dans l'espace d'un an le prince put avoir trois chevaux de l'espèce qu'il désirait. — Cette anecdote avait pour but

Pour en revenir à *Seng-tché*, il demeura dans ce temple du roi où, d'ailleurs, il fut l'objet d'honneurs extraordinaires ; il concentra toute son activité sur les textes sanscrits ; les connaissances étendues qu'il avait acquises se renouvelaient chaque jour.

Lorsque j'arrivai là, je ne me rencontrai pas avec lui ; j'ai reçu la nouvelle qu'il était encore en vie ; il doit être âgé de plus de quarante ans.

§ 50. — *Hiuen-yeou*[1], disciple de *Seng-tché*, était originaire du royaume de *Kao-li*[2]. A la suite de son maître, il vint dans le royaume du Fils du lion (Ceylan) et c'est là qu'il renonça au monde ; il s'est donc établi dans ce pays.

§ 51. — Le maître de la discipline, *Tche-hong*[3], est originaire de *Lo-yang* ; il était le neveu de l'ambassadeur *Wang Hiuen-t'sé*[4] qui alla porter des présents dans les pays d'Occident. Dès l'année où il atteignit la virilité, il se familiarisa avec le vide profond ; — de propos délibéré, il méprisait l'abondance superficielle. Il entretenait le désir de se cacher dans une retraite et se rendit donc à la montagne *Chao-lin*[5] ; il mangeait des

---

de prouver qu'un souverain, s'il veut attirer à lui les sages, doit commencer par faire des avances même à des personnes qui ne le satisfont pas encore entièrement.

1. 玄遊.
2. Cf. note 2 de la p. 32.
3. 智弘.
4. Cf. note 2 de la p. 19.
5. 少林山. D'après le chapitre de l'Histoire des *Wei* consacré aux Bouddhistes et aux Taoïstes, l'empereur *Kao-tsou* (*Hiao-wen-ti*, 471-500) fit venir un religieux des pays d'Occident nommé Bhadra au sud de la montagne *Chao-che* (laquelle se trouve dans le massif du

amandes de pin et se nourrissait de galettes de riz. Il prenait son plaisir à psalmodier les livres canoniques et les règles ; — il s'était fort appliqué à la composition littéraire et à l'écriture. — Puis il comprit que la cour et la ville n'étaient que clameurs et tumulte ; — il tint en honneur la pureté et le calme de la doctrine de la loi. Alors il s'éloigna des huit rivières[1] et se rendit dans le pays des trois *Ou*[2] ; — il renonça aux riches habillements de couleur claire et revêtit le vêtement sombre. Il servit le maître du dhyâna, *Ts'ouo*[3], et le considéra comme son maître ; il reçut de lui la réflexion et l'intelligence et, avant que beaucoup d'années se fussent écoulées, il était devenu lui-même comparable à une sombre passe. Il se rendit ensuite dans l'arrondissement de *K'i*[4], dans la résidence du maître du dhyâna, *Jen*[5]. De nouveau, il s'y appliqua à calmer les eaux débordées. En ce temps, quoique la tige odoriférante eût bien pris racine, les rameaux supérieurs ne se dressaient pas encore. Puis il franchit la rivière *Siang*[6], et traversa la montagne *Heng*[7] ; il entra à *Koei-lin*[8] et se livra tout

---

Song-chan 嵩山 province de *Ho-nan*) et l'installa dans le temple *Chao-lin* 沙林寺 qu'il avait fait construire en ce lieu.

1. Cf. note 2 de la p. 27.
2. Cf. note 6 de la p. 52.
3. 瑳 .
4. L'arrondissement de *K'i* 蘄州 correspondait au *K'i-tcheou* actuel, préfecture de *Hoang-tcheou*, province de *Hou-pé*.
5. 忍 .
6. La rivière *Siang* 湘 est un cours d'eau de la province de *Hou-nan* qui se jette dans le lac *Tong-t'ing*.
7. La montagne *Heng* 衡 est dans la préfecture de *Tch'ang-cha*, province de *Hou-nan*.
8. La capitale de la province de *Koang-si*.

entier à la méditation ; — il se retira à *Yeou-ts'iuen* [1] et y reposa son cœur. Il passa là plusieurs années. Il s'appuya sur le maître du dhyâna, *Tsi* [2], et le prit pour soutien et pour asile. Il vit les beautés pittoresques des montagnes et des torrents ; — il se promena dans la calme solitude des forêts et des clairières. Il prit son pinceau et écrivit ses sentiments dans la composition littéraire qu'il fit sur la montagne *Yeou-ts'iuen*; il y exposa sa pensée sincère de partir pour un lointain voyage. Puis il alla voir les docteurs de la loi dans les trois *Ou* et épuisa tous leurs enseignements [3] ; — il visita ses confrères les plus remarquables à *Kieou-kiang* [4] et s'initia avec subtilité à la bonne doctrine. Cependant, la tige excellente avait été plantée depuis longtemps et ce n'est pas par des hommes qu'elle fut affermie.

Il sortit du chef-lieu de l'arrondissement de *Tchong* [5] avec l'intention d'aller faire un pèlerinage dans l'Inde occidentale. Il eut le bonheur de rencontrer le maître du

---

1. 幽泉.
2. 寂.
3. Propt. : les nattes parfumées ; on s'asseyait sur des nattes pour expliquer les textes sacrés.
4. Ville du *Kiang-si* située au bord du *Yang-tse-kiang*.
5. 中府. Par analogie avec de nombreux autres passages d'*I-tsing*, il faut traduire : le chef-lieu de l'arrondissement de *Tchong*. Mais je n'ai pas pu trouver dans le *Ti-li-che* de l'histoire des *T'ang* le nom de l'arrondissement de *Tchong* 中州. Peut-être le texte d'*I-tsing* renferme-t-il une faute d'impression. Ce qui confirmerait cette opinion, c'est qu'on trouve pour cette phrase une variante : tandis que mon édition écrit : *tch'ou tse tchong fou*. — l'édition japonaise du Tripiṭaka que possède la Société asiatique, écrit : *tch'ou je tchong fou*; — cette dernière leçon ne me paraît d'ailleurs présenter aucun sens.

dhyâna, *Ou-hing*[1], et forma, avec lui, des projets communs. Ils re rendirent dans le *Ho-p'ou*[2] où ils s'embarquèrent ; longtemps ils furent ballottés sur les sombres mers. Ils n'eurent pas bon vent et leur navigation s'arrêta à *Chang-king*[3] ; ils se dirigèrent ensuite vers l'arrondissement de *Kiao*[4] ; ils y séjournèrent pendant un an ; puis, lorsque fut arrivé le dernier mois d'hiver, ils revinrent au bord de la mer, à *Chen-wan*[5], et profitèrent d'un bateau pour aller dans le sud ; ils parvinrent au pays de *Che-li-fo-che* (Çrî-Bhôja). A partir de là, tous les autres pays qu'ils traversèrent sont énumérés dans la biographie d'*Ou-hing*.

Lorsque *Tche-hong* fut arrivé au temple de la Grande Intelligence (Mahâbôdhi saṃghârama), il y passa deux années ; il contempla avec respect l'auguste visage ; il donna toute la sincérité possible à ses sentiments exaltés. Il récitait et psalmodiait les livres sanscrits ; dès qu'un mois était fini, le lendemain même, il apprenait de nouveau. Il s'initia au Çabda-(vidyâ)-çâstra ; — il put lire les textes sanscrits. — Il étudia les règles de la discipline ; — il se familiarisa avec le *Toei-fa* (Abhidharma)[6]. — Dès qu'il eut expliqué les *kiu-ché* (kôça)[7], — il prit aussitôt une connaissance approfondie de la logique (Hêtou-vidyâ). — Dans le temple *Na-lan-t'ouo* (Nâlanda) il feuil-

1. Cf. § 52.
2. Le *Ho-p'ouo* est la presqu'île du *Koang-tong* qui se trouve au nord de l'île de *Hai-nan*. C'est aujourd'hui la préfecture de *Lei-tcheou*.
3. Cf. note 1 de la p. 108.
4. Le delta du fleuve Rouge au Tonkin.
5. 神 灣 *Chen-wan*, la baie des Bienheureux.
6. Cf. note 3 de la p. 16.
7. L'Abhidharma-kôça-çâstra de Vasoubandhou. — Cf. note 2 de la p. 16.

leta et parcourut les textes du Grand Véhicule (Mahâyâna); — sur l'aire de la sagesse (bôdhimaṇḍa), dans le temple *Sin-tché*[1], il consacra tous ses efforts au Petit Enseignement (Hînayâna). Puis il servit des religieux renommés pour leur vertu afin de purifier de nouveau les règles de la discipline. Sa résolution sincère s'appliqua avec le plus grand zèle; il ne perdait jamais un pouce d'ombre[2]. Il s'initia au canon de la discipline qu'avait rédigé le maître de la discipline *Té-koang*[3] (Gouṇaprabha). Il écoutait et au fur et à mesure il traduisait. En vérité, c'était un homme de mérite; il protégeait très bien son intégrité morale[4]; il ne manquait pas à la moindre règle. Se tenant toujours assis, il ne se couchait jamais; il savait se modérer; il était pur et désintéressé; il honorait les grands; il était poli envers les humbles; son respect ne faisait que s'accroître avec le temps.

Il se rendit à la Ville du roi (Kouçâgârapoura), au Pic du vautour (Gṛidhrakoûṭa), au jardin des ṛishis (ṛishipattana?)[5]; au bois des antilopes (mṛigadâva), aux arbres de Jêta (Jêtavana), aux escaliers du ciel[6], au jardin

---

1. Cf. note 1 de la p. 19.

2. C'est-à-dire pas un instant; cette métaphore s'explique par le fait que l'ombre du cadran solaire servait à marquer le temps.

3. 德光.

4. 善護浮囊 propt. : il protégeait très bien la poche flottante. D'après le *Fan-i-ming-i* (cité par le *Pei-wen-yun-fou*, à l'expression *feou-nang*), les navigateurs se servaient dans les pays d'Occident d'outres qu'ils gonflaient d'air si leur bateau était menacé de faire naufrage et sur lesquelles ils pouvaient se sauver. Par métaphore, on appelle poche flottante la vertu qui est le moyen de salut dans le monde moral.

5. 儒苑.

6. *Fa-hien* a décrit (trad. Legge, p. 48) Samkâsya (auj. Samkissa,

planté d'âmras¹, à la caverne de la montagne²; dans tous ces lieux, l'espérance de sa pensée fut réjouie; tous ses sentiments intimes furent satisfaits. Il avait toujours soin de recueillir ce qu'il avait de vêtements et de nourriture en trop et il se préoccupait sans cesse de faire des dons. Dans le temple *Na-lan-t'ouo* (Nâlanda), il prépara tout un repas magnifique; dans la ville de la Résidence royale (Kouçâgârapoura) il plaça des ustensiles en offrande perpétuelle.

Il passa près de huit ans dans l'Inde du centre. Puis il se rendit au *Kie-che-mi-louo* (Cachemire), dans l'Inde du nord, avec l'intention de retourner dans son pays. J'ai entendu dire qu'il était devenu le compagnon du vénérable *(Hoei)-lin*³; je ne sais pas où il se trouve maintenant; quoi qu'il en soit, le mérite d'avoir fait des traductions, cet homme l'a atteint.

§ 52. — Le maître du dhyâna, *Ou-hing*⁴, est originaire de *Kiang-ling* dans l'arrondissement de *King*⁵. Son nom sanscrit est *Pan-jo-t'i-p'ouo* (Prajñâdêva)⁶. Ses sentiments conformes au bien étaient purs et harmo-

---

à 50 milles environ au nord-ouest de Kanoj) où la légende plaçait la base du triple escalier par lequel le Bouddha monta au ciel des trente-trois dieux pour y réciter la Loi pendant trois mois au profit de sa mère.
1. Près de la ville de Vaiçâli.
2. 山穴.
3. Cf. § 42.
4. 無行.
5. Cf. note 2 de la p. 99.
6 般若提婆 le dêva de la sagesse. En chinois *Hoei-t'ien* 慧天.

nieux ; — le naturel qu'il avait reçu d'en haut était doux et élégant. — Sa pensée se concentrait sur la bonté et la vertu ; — sa volonté tenait pour importants la fumée et les nuages. — A l'âge où on chevauche sur des bambous[1], il réfugia ses pas dans la maison du Canal de pierre[2] ; — puis quand il fut parvenu à l'âge où on coiffe le bonnet viril, il fit de la porte du Cheval d'or[3] l'objet de ses préoccupations. — Sa vaste érudition avait pris dans ses filets et dans ses rêts les cent auteurs[4] ; — il avait parcouru du regard les trois livres classiques[5]. — Sa province le regardait avec espoir et le plaçait parmi les meilleurs ; — son pays natal l'élevait au rang des plus remarquables. — Alors la nuée aux belles couleurs variées s'ouvrit ; elle se mira dans les trois fleuves[6] et manifesta sa beauté ; — sa belle pensée jaillit comme

---

1. On lit dans l'ouvrage *Sse-wen-louï-fou*, liv. XX, fol. 6 : « Quand un enfant a cinq ans, on dit qu'il est dans l'année du char à colombe : s'il a sept ans, on dit qu'il se promène sur un cheval de bambou. » — Cette note est prise de Stan. Julien (*Hiuen-tchoang*, t. II, p. 1).

2. 石渠. D'après le *Pei-wen-yun-fou* (au mot *k'iu*) qui cite un commentaire du livre des *Han*, le pavillon du Canal de pierre se trouvait au nord de la grande salle *Wei-yng* dans le palais impérial des *Han* ; on y conservait les archives.

3. 金馬之門. La porte du Cheval d'or était une des portes du palais des *Han* à l'entrée de laquelle se trouvait un cheval de cuivre. Cette phrase et la précédente signifient donc que *Ou-hing* chercha d'abord à entrer dans l'administration du palais.

4. Les cent auteurs 百氏 sont les écrivains célèbres de l'antiquité dont les ouvrages ne sont pas compris dans le nombre des livres classiques.

5. Les trois livres classiques sont, d'après un commentaire du *Ou-hing-tche* du livre des *Han*, le *I-king* ou livre des Changements, le *Che-king* ou livre des Vers et le *Tch'oen-ts'ieou* attribué à Confucius.

6. Les trois fleuves sont les trois branches par lesquelles le *Yang-tse-kiang* se jette dans la mer.

une source ; elle arrosa les sept lacs [1] et se répandit sur l'étendue liquide. — Cependant, par un effet des causes antérieures, il fut touché et se réunit [2] ; — le fruit actuel [3] se présenta devant lui. — Il désirait et aimait la doctrine de la Loi ; — il tenait ses regards fixés sur les mystérieuses transformations.

Il eut le bonheur de passer par les cinq états qui délivrent [4]. Puis il s'établit sur l'aire de l'intelligence (bôdhimaṇḍa) où on attend les défenses. C'est alors que pour la première fois il fut initié à la méthode de traduction.

Au début il se mêla aux compagnies de la Loi [5] ; il servit dans le temple *Ta-fou-tien* le maître de la loi *Hoei-yng* [6] qu'il considéra comme son directeur (*ou-po-t'ouo-ye* = oupâdhyâya) [7].

1. Les sept lacs se trouvaient dans l'arrondissement de *King*, c'est-à-dire dans le *Hou-koang* actuel. Cette phrase et la précédente signifient que la célébrité d'*Ou-hing* rejaillit sur son pays natal.
2. Par un effet de ses vies antérieures, il fut touché par la foi et se réunit au lieu de toutes les intelligences et de toutes les vertus.
3. C'est-à-dire la dignité d'Arhat.
4. C'est-à-dire qu'il traversa les cinq états successifs de sainteté appelés Srôtaâpanna, Sakṛidâgâmin, Anâgâmin, Arhat et Pratyêka Bouddha. Cette explication de l'expression 五人 cinq hommes, se trouve dans le *Dictionnaire numérique*, ch. v, p. 11 v°.
5. Il fréquenta d'abord les maîtres de la Loi ; plus tard, comme on le verra quelques lignes plus bas, il se rattacha à l'école du dhyâna.
6. 慧英.
7. Le mot oupâdhyâya (鄔波馱耶 *ou-po-t'ouo-ye*) est sanscrit ; mais à Kachgar on disait *hou-ché* (鶻社) et à Khoten *ho-chang* (和尚) (*Song-kao-seng-tchoang*, ch. iii, p. 15 v°). Ce dernier mot a tout à fait pris droit de cité en chinois et on le trouve employé beaucoup plus souvent que la transcription savante donnée ici par I-tsing.

Le terme oupâdhyâya a pour sens propre « maître chargé de l'instruction personnelle d'un disciple » ; c'est ainsi qu'il faut rendre

Ce religieux[1] fut le principal disciple du maître de la loi *Ki-tsang*[2]; c'est ce qu'on peut bien appeler une vertu éminente qui se continue comme une file de cigales. Assurément c'est une sagesse qui ne dégénère point à travers les générations.

Puis il (*Ou-hing*) attacha son cœur à la *Pan-jo* (Prajñâ); — il établit sa volonté dans le séjour du dhyâna. — Il se déroba du milieu des hommes; — il fréquenta les montagnes et les torrents. — Comme il discourait sans cesse sur des matières profondes et expliquait de vastes sujets, — il découvrit et mit en lumière les enseignements subtils. — Quoique par son âge il fût au nombre des plus jeunes; — on espérait de lui plus que de ceux qui étaient entrés (sur l'autel des défenses) avant lui.

Quand vint le moment pour lui de recevoir toutes les défenses, il y avait en même temps que lui sur l'autel

l'explication chinoise : 親教師. et on ne peut, comme on l'a fait souvent, lui donner le sens de « maître autodidacte » (self taught teacher : Eitel, *Manual*, p. 186; Edkins, *Chinese Buddhism*, p. 143). En effet, tout novice avait deux maîtres; l'un, l'âcârya qui lui faisait observer les règles (軌範師) et surveillait sa conduite; l'autre, l'oupâdhyâya, qui présidait à son instruction (親教師). Ainsi nous lisons (*Kao-seng-tchoan*, ch. III) que Dharmaçoûra demanda au religieux indou Bouddhatrâta d'être son oupâdhyâya (和尚) et au religieux chinois *Tche-ting* d'être son âcârya (阿闍梨). De même encore nous voyons dans le *Nan-hai*... (ch. IV, p. 20 r°) qu'*I-tsing* eut pour instructeur spécial, c'est-à-dire pour oupâdhyâya, le maître de la loi *Chan-yu*, et pour maître des règles, c'est-à-dire pour âcârya, le maître du dhyâna *Hoei-si*. — Plusieurs passages des auteurs bouddhiques chinois ne sont intelligibles que si on se rappelle cette signification toute particulière du mot oupâdhyâya.

1. Il s'agit de *Hoei-yng*.
2. 吉藏.

plus de vingt personnes qui récitaient les défenses et engageaient leur cœur; en deux périodes de deux heures tout fut terminé; on reconnut à l'unanimité qu'il était le premier et aucun des autres ne put l'emporter sur lui.

Ensuite il se retira au plus profond de montagnes escarpées; il y psalmodia la loi merveilleuse du *fa-hoa* (Saddharma poundarîka). Un mois ne s'était pas encore entièrement écoulé qu'il avait terminé le texte des sept rouleaux de l'ouvrage. Il dit alors en soupirant : « Si quelqu'un recherche une nasse, c'est qu'il a l'intention de prendre du poisson; si quelqu'un s'enquiert des paroles, c'est qu'il désire porter son attention sur la doctrine. Il serait bon que je pusse interroger un artisan habile[1], voir en lui comme dans un miroir mon cœur et mon âme, m'ouvrir la porte du calme, couper court aux troubles et aux doutes. »

Alors il prit le bâton orné d'étain et alla à *Kieou-kiang*[2]; — il passa à pied dans les trois *Yue*[3]. — Il franchit la montagne *Heng*; — il fixa sa résidence à *Kin-ling*[4]. — Il laissait s'échapper ses pensées vers les montagnes *Song* et *Hoa*[5]; — il faisait de longues poésies sur

---

1. Cette expression d'ouvrier ou d'artisan, appliquée aux religieux qui travaillent à répandre la Loi, est fréquente chez les écrivains bouddhiques chinois.

2. Cf. note 4 de la p. 135.

3. Les trois provinces du pays de *Yue* sont : « 吳越 *Ou-yue*, le *Kiang-sou* actuel et une partie du *Tche-kiang*; 南越 *Nan-yue*, le *Koang-tong* et une partie du *Tong-king*; 閩越 *Min-yue*, le *Fou-kien* et une partie du *Tche-kiang* » (Couvreur, Dict. chinois-français, p. 260).

4. *Kin-ling* 金陵 est l'ancien nom de *Kiang-ning* 江寧 ou *Nan-king*, capitale du *Kiang-sou*.

5. Les montagnes *Song* 嵩 et *Hoa* 華 sont deux des cinq sommets

le mont *Chao-che*¹. — Laver ses pieds dans les huit rivières ², — mouvoir ses manches ³ dans la région des trois cours d'eau ⁴, — pour rechercher un homme qui possédât bien la connaissance, — telle était son intention. — Ou bien il aurait choisi la porte de la fixité ⁵ et serait monté au nord pour recueillir les enseignements profonds et subtils du maître du dhyâna *Tche-tché*⁶; — ou bien il aurait planté son drapeau sur le pic des défenses et se serait réfugié dans l'est pour y observer avec attention la sincérité et la pureté du maître de la discipline, *Tao-siuen* ⁷. — Il écouta l'enseignement de soûtras et de çâstras anciens et nouveaux; — il rechercha des interprétations vieilles et modernes. — Il était comme l'océan immense dont les vagues énormes s'étendent sur un espace de dix mille lieues carrées⁸; — il

sacrés de la Chine; le premier était le sommet du centre et se trouve dans le sud du *Ho-nan*; le second était le sommet de l'ouest et se trouve dans le *Chàn-si* 陝西.

1. Le *Chao-che* 少室 et le *Ta-che* sont deux sommets du massif *Song-kao* ou *Song* qui se trouva dans le *Ho-nan* (cf. la note précédente).
2. Cf note 2 de la p. 27.
3. C'est-à-dire marcher; on balance en effet les bras en marchant.
4. Les trois cours d'eau sont le *Hoang-ho* 黃河, la rivière *Lo* 洛 et la rivière *I* 伊; la région qu'ils arrosent, dans la province actuelle de *Ho-nan*, était appelée sous *T'sin Che-hoang-ti*, le gouvernement des trois cours d'eau 三川郡.
5. Il hésitait à choisir entre les maîtres du dhyâna et les maîtres de la discipline.
6. 智者.
7. 道宣, Le fondateur de l'école du Vinaya en Chine. Il mourut en l'an 667 (Bunyiu Nanjio, *Catalogue*..., App. III, n° 21).
8. Je traduis par lieue carrée le mot *k'ing* 頃 qui est proprement une mesure de 100 arpents.

était comme une haute montagne dont les bords escarpés se dressent à une élévation de huit mille pieds.

Il prit *Tche-hong*[1] pour compagnon, et au temps du vent de l'est, ils s'embarquèrent; en un mois ils arrivèrent au pays de *Che-li-fo-che* (Çrî-Bhôja). Le roi de ce pays les honora fort et les distingua du vulgaire. Il leur distribua des fleurs d'or; — il répandit pour eux du millet d'or[2]. — Il leur fournit les quatre choses nécessaires à l'entretien[3]; — il se prosterna de tout son corps (pañcânga) pour leur dévoiler son cœur. Lorsqu'il apprit qu'ils venaient du pays du Fils du ciel de la grande dynastie *T'ang*, il redoubla pour eux d'honneurs.

Puis *Ou-hing* s'embarqua sur un bateau du roi; au bout de quinze jours il aborda dans l'île de *Mo-louo-yu*[4]; au bout de quinze autres jours il arriva au pays de *Kié-tch'a*[5]. Lorsque le dernier mois d'hiver fut venu, il changea de route dans sa navigation et se dirigea vers l'ouest. Au bout de trente jours, il parvint au pays de *Na-kia-po-tan-na*[6] (Nâgapatana); à partir de ce lieu, il arriva, après deux jours de navigation sur mer, dans

---

1. Cf. § 51.

2. Les fleurs d'or et le millet d'or avaient une signification symbolique dans la religion bouddhique. Ainsi l'expression 金粟影, propt. : l'ombre du millet d'or, signifie l'ombre du Bouddha (St. Julien, *Hiuen-tchoang*, t. II. p. xv.). D'après un renseignement oral qui m'a été donné par un lettré chinois, on appellerait millet d'or les graines de cannelier.

3. Ces quatre choses sont : le manger et le boire, les vêtements, la literie, les médecines.

4. Sur l'identification de *Mo-louo-yu* avec Palembang, cf. note 3 de la p. 36.

5. Cf. note 2 de la p. 105.

6. Nâgapatana doit évidemment être identifié avec le moderne Negapatam.

l'île du Fils du lion (Siṃhala, Ceylan). Il y vit et adora la dent de Bouddha. A partir de l'île du Fils du lion, il reprit la mer en se dirigeant vers le nord-est, et, au bout d'un mois, il arriva au pays de *Ho-li-ki-louo* (Harikêla)[1]. Ce pays forme la frontière orientale de l'Inde de l'est; il fait partie du *Tchan-pou-tcheou* (Jamboudvîpa).

Il demeura là un an, puis il se rendit petit à petit dans l'Inde de l'est, toujours en compagnie de *Tche-hong*. Il y a cent relais (yôjanas) entre ce pays et le temple *Nalan-t'ouo* (Nâlanda). Lorsqu'ils eurent résidé là, ils allèrent ensuite au temple de la Grande Intelligence (Mahâbôdhi); ils reçurent du souverain la faveur d'être entretenus et admis dans le temple; tous deux y eurent le titre de supérieur (vihârasvâmin)[2]; dans les pays d'Occident, les supérieurs sont peu nombreux et il est difficile d'obtenir ce titre; ceux qui sont parvenus au rang de supérieurs, tous les biens de la congrégation leur appartiennent en commun; ceux qui sont des hôtes n'ont droit qu'à la nourriture.

Ensuite le maître du dhyâna se rendit au temple *Nalan-t'ouo* (Nâlanda) pour y écouter l'enseignement du *Yu-kia* (Yôga) et s'y exerça à la contemplation centrale (vipaçyana)[3]. Il savoura avec attention les *kiu-che* (kôças); il s'enquit profondément des règles de la discipline.

---

1. Cf. note 6 de la p. 106.
2. Cf. note 1 de la p. 39.
3. L'expression 中觀 ou simplement 觀 est souvent unie au mot 止. *Tche-koan*, mot à mot : *cessation* et *contemplation*, sont deux termes techniques qui correspondent aux mots sanscrits *çamatha* et *vipaçyanâ* (cf. Bunyiu Nanjio, *Catalogue*..., n° 1538).

Puis il se rendit au temple *Ti-louo-tch'a* (Tilâḍhaka) [1] qui est à deux relais (yôjanas) de distance. Là se trouvait un artisan de la Loi qui expliquait merveilleusement la logique (Hêtouvidyâ); longuement, sur les nattes parfumées, il se familiarisa avec la doctrine de *Tch'en-na* (Jina) [2]. On lui donnait le nom de *tso-tché* (l'agent actif?) [3].

1. Ce nom est écrit ici 羝羅荼 *ti-louo-t'ou*; le dernier mot doit être une faute d'impression pour 茶 *tch'a*.

On trouve dans la biographie de *Hiuen-tchoang* par *Hoeï-li* (*Hiuen-tchoang*, t. I, p. 211) le nom de ce temple écrit *Ti-louo-tse-kia* 低羅擇迦 c'est-à-dire Tilâḍhaka. Dans le même ouvrage (t. I, p. 139) et dans la relation de *Hiuen-tchoang* lui-même (t. II, p. 439) ce nom est écrit *Ti-louo-che-kia* 低羅釋迦 c'est-à-dire Tilaçâkya. Stan. Julien pense que cette dernière transcription est fautive. Le texte d'*I-tsing* corrobore cette opinion, car *Ti-louo-tch'a* est la transcription de Tilâḍhaka et non de Tilaçâkya. — On relève en outre des contradictions dans les témoignages qui nous sont donnés au sujet de la situation de ce temple : 1° par rapport au temple Nâlanda, *Hoeï-li* (t. I, p. 211) nous apprend que le temple Tilâḍhaka était à trois yôjanas plus à l'ouest, tandis que d'après *I-tsing*, il n'était qu'à deux yôjanas de distance; 2° par rapport à Pâṭaliputra, *Hoeï-li* (t. I, p. 139) dit que le temple Tilaçâkya est à sept yôjanas au sud-ouest de cette ville, tandis que, d'après *Hiuen-tchoang* (t. II, p. 439), il n'était qu'à cent *li* au sud-ouest (Vivien de Saint-Martin dit trois cents *li* par erreur, car il écrit deux cents *li* là où le texte porte deux cents *pas*, t. III, p. 373, note 2). — En présence de ces divergences de texte, le général Cunningham (*Anc. Geogr. of. India*, t. I, p. 456) prend un moyen terme entre les deux distances et place le temple Tilâḍhaka à deux cents *li* (soit environ yôjanas 4, 7) au sud-ouest de Pâṭaliputra; il a l'avantage de se trouver ainsi sur la rive orientale de la rivière Phalgou, tout près de la ville de Tillâra dont le nom rappelle celui du temple. — M. James Fergusson (*Journ. Roy. As. Soc.*, n. s., t. VI, p. 224) adopte entièrement la leçon : sept yôjanas et place le temple Tilâḍhaka sur les collines Barabar.

2. Sur les ouvrages de logique attribués à Jina, cf. note 3 de la p. 103.

3. 作者.

Petit à petit il n'y eut aucune porte sombre où il ne pénétrât ; — il ouvrit partout les serrures cachées.

Sans cesse, cependant, il prenait le bâton orné d'étain et mendiait sa nourriture, pour subvenir à son entretien. Il désirait peu ses propres aises ; son naturel était supérieur à celui des autres êtres.

En outre, profitant de ses loisirs, il traduisit les livres sacrés *Ngo-ki-mouo* (Agama) qui racontent le *nie-p'an* (Nirvâṇa) de *Jou-laï* (Tathâgata) ; il en fit en tout trois chapitres qu'il a déjà envoyés en Chine en les confiant à quelqu'un. Ce texte est tiré de la discipline de l'école *I-ts'ié-yeou-pou* (Sarvâstivâda) ; si l'on en discute l'exactitude, on dira qu'il concorde avec ce qu'a traduit *Hoei-ning*[1].

Le maître du dhyâna, *Ou-hing*, disait : « J'ai déclaré autrefois mon désir de demeurer dans les pays d'Occident ; maintenant, j'annonce que je pense à la Chine ; je tâcherai de prendre le chemin de l'Inde du nord pour revenir dans mon pays[2]. »

Lorsque moi, *I-tsing*, je vins en Inde, nous nous accompagnâmes à partir du temple *Na-lan-t'ouo* (Nâlanda) et nous allâmes dans la direction de l'est à une distance de six relais (yôjanas)[3]. Chacun de nous pensait au chagrin de nous séparer vivants l'un de l'autre ; tous deux, nous entretenions l'espoir d'une nouvelle réunion ; en songeant à l'immensité de la tâche qui nous restait à faire, nous essuyions l'un l'autre nos pleurs avec nos manches. Il avait alors cinquante-six ans.

1. Cf. § 25 et plus particulièrement la note 1 de la p. 61.
2. Le *Song-kao-seng-tchoan* (ch. II, pp. 4 v° et 5 r°) nous apprend qu'*Ou-hing* ne put réaliser son projet et mourut dans l'Inde du nord.
3. Nous avons vu (note 1 de la p. 10) que c'est en l'an 685 qu'*I-tsing* se sépara de *Ou-hing*.

Le maître du dhyâna avait reçu du ciel un naturel qui se plaisait à observer les rites ; chaque fois que l'arbre de la sagesse (bôdhidrouma) portait ses premières pousses, il les allait voir laver dans l'état du dragon ; lorsque le parc des bambous (Vênouvana) commençait à jaunir, il allait y porter les fleurs coupées sur le pic du Vautour (Gṛidhrakoûṭa) [1].

Vers ce même temps, j'allai me promener un jour avec le maître du dhyâna, *Ou-hing*, sur le pic du Vautour ; lorsque nous eûmes fini nos adorations et nos offrandes, nous regardâmes au loin la campagne et les défilés des montagnes et nous ne pûmes maîtriser une grande tristesse. J'exprimai alors grossièrement ce que je ressentais et fis la poésie suivante en rythmes inégaux [2] :

J'ai été contempler les transformations au sommet du mont de *Tche* (Jêta) ; — j'ai promené mes regards sur l'ancienne ville royale (Kouçâgârapoura). — L'étang qui compte dix mille années est encore en bon état ; — le parc vieux de mille ans est encore frais. — Indistinct et incertain, le chemin de Bimbisâra est détruit et ruiné au flanc de la montagne *Koang-hié* [3]. — La terrasse sainte des sept joyaux [4] a perdu ses anciens vestiges ;

---

1. Ces deux cérémonies, qui étaient toujours l'occasion d'un grand concours de peuple, avaient lieu au second mois du printemps ; les fleurs qu'on cueillait alors sur le pic du Vautour étaient plus grandes que la main et avaient une couleur jaune d'or ; on en faisait des offrandes.

2. La composition rythmée qui va suivre présente de très grandes difficultés ; j'avoue n'avoir pu les surmonter toutes.

3. La montagne *Koang-hié*, c'est-à-dire de la large côte, se trouvait près de Kouçâgârapoura. Cf. note 4 de la p. 32.

4. L'expression *les sept joyaux* peut avoir deux sens dans la doctrine bouddhique ; ou bien elle désigne les sept substances précieuses qui sont, suivant la liste donnée le plus fréquemment : l'or, l'argent, la perle, le saphir ou le rubis, l'œil-de-chat, le diamant et le corail ;

— les fleurs célestes de quatre couleurs ont cessé de pleuvoir avec des accords harmonieux; — accords et fleurs sont passés depuis longtemps [1].

Pour moi, je regrette d'être né si tard! — En effet, je m'afflige de ce que, dans la demeure de feu [2], je ne discerne pas la vraie porte; — en outre, je regrette que, pour arriver au Nirvâṇa, je ne voie pas le long chemin. — Je suis monté à pied sur le lieu qui s'étend en dehors de la ville et j'ai regardé au loin; — mon cœur s'est promené au-dessus des sept mers [3]. — Très troublés, les trois mondes [4] se sont embourbés dans une eau vaseuse; — très stupides, les dix mille classes d'êtres ne possèdent pas un seul artisan sincère.

Seul, Celui qui sait compatir [5] a eu l'intelligence

— ou bien elle désigne les sept trésors du roi Cakravartin qui sont : la roue, l'éléphant, le cheval, le joyau, la femme, le maître de maison, le conducteur (cf. sur le sens symbolique de ces trésors, Senart, *La légende du Bouddha*, pp. 13 et suiv.).

1. Les quatre fleurs qui tombent en pluie céleste 天雨四華 (Dictionnaire num., à cette expression) sont le mandâra qu'on appelle aussi le petit blanc; le mahâmandâra ou grand blanc; le mañjoûshaka ou petit rouge; le mahâmañjoûshaka ou grand rouge. — On sait qu'en plusieurs occasions de la vie du Bouddha, une pluie de fleurs tomba sur lui, en même temps qu'une merveilleuse harmonie se faisait entendre. — L'intention de ce premier paragraphe me paraît être d'opposer le déclin de la religion bouddhique et le délabrement de ses lieux saints à la nature toujours jeune et immortelle.

2. C'est-à-dire le monde actuel.

3. D'après le Dictionnaire numérique, les sept mers sont la mer salée ou saumâtre, la mer de lait, la mer de lait fermenté, la mer de beurre, la mer de miel, la mer d'herbe de bon augure, la mer de vin.

4. Les trois mondes (trailôkya) du désir (kâmadhâtou), de la forme (roûpadhâtou) et de ce qui n'a pas de formes (aroûpadhâtou).

5. « Celui qui sait compatir » 能仁 est une expression qui est donnée comme la traduction du mot çâkya dans Çâkyamouni. — Dans l'éloge qu'*I-tsing* fait de Gautama Bouddha, il commence par montrer

complète ; — il a dissipé la poussière, il a calmé les flots, il a ouvert la voie profonde. — D'abord, lorsqu'il rencontra un être affamé, il lui livra le rempart de son corps[1] ; — puis, en faveur d'un homme en détresse, il fit tomber l'arbre de sa pensée[2]. — Conservant son intégrité, il se conforma entièrement à la pureté de la perle des défenses[3] ; — comme couverte d'une cuirasse, sa faculté de désirer revêtit le solide habit de la patience[4]. — Pendant les trois kalpas illimités[5], sans se fatiguer,

---

qu'il sut pratiquer les six vertus qui délivrent (pâramitâ) et nous allons les trouver successivement énumérées.

1. Plusieurs anecdotes des Jâtakas peuvent expliquer cette phrase. Entre autres légendes, *Fa-hien* (ch. xi) rapporte que quand le Bouddha n'était encore qu'un Bôdhisattva, il livra son corps pour nourrir une tigresse affamée.

2. L'expression « arbre de sa pensée » signifie simplement « sa pensée » comme, dans la phrase précédente, « rempart de son corps » signifie « son corps ». Cf. note 1 de la p. 63. Je pense qu'il est fait allusion ici au fait que, dans une de ses naissances antérieures, le Bouddha donna sa tête à un homme (*Fa-hien*, ch. xi). — Ces deux phrases impliquent l'idée que le Bouddha pratiqua la première des six pâramitâs, la charité (dâna).

3. Seconde pâramitâ : l'observation des défenses (çîla).

4. Troisième pâramitâ : la patience (kshânti).

5. Le texte chinois donne la leçon 三 祇. D'après un court vocabulaire placé à la fin du *Tch'an-men-fo-che* (禪 門 佛 事, ouvrage composé sous le règne de *T'ai-tsong*, 627-650 ap. J.-C., de la dynastie *T'ang*), 三 祇 est l'équivalent de 三 無 數 劫, c'est-à-dire les trois kalpas illimités. Il semble assez difficile de comprendre comment ces deux expressions peuvent être identiques ; cependant le même ouvrage nous avertit que l'expression 僧 祇 est l'équivalent de 無 數. On voit par là que 僧 祇, ou plus exactement 阿 僧 祇 *a-seng-tche*, est une transcription du sanscrit asâmkhyêya = illimité. Ainsi 三 祇 est une expression très elliptique qui sous sa

il a dépassé les chars supplémentaires[1]; — grâce à l'unique vertu suffisante, il a oublié ses peines et s'est élevé plus haut que les neuf opérations numériques[2]. — Dans le fleuve dont l'onde est calmée, il a purifié et lavé ses anciennes attaches[3]; — avec l'épée de la con-

forme complète serait 三阿僧祇劫 *san-ngo-seng-tche-kie* = les trois kalpas asâmkhyêyas, c'est-à-dire illimités.

D'après le Dictionnaire numérique (ch. III) le premier kalpa illimité va de Çâkya Bouddha à Çikhi Bouddha et compte cinq mille Bouddhas ; le second va de Çikhi Bouddha à Dîpamkara Bouddha et compte six mille Bouddhas; le troisième va de Dîpamkara Bouddha à Vipaçyi Bouddha et compte sept mille Bouddhas.

1. L'expression 二車 qu'on écrit plus souvent 貳車, est employée dans les vieux rituels tels que le *Li-ki* et le *Tcheou-li* et signifie char supplémentaire ou secondaire (*Tcheou-li*, trad. Biot, t. II, pp. 251, 252, 398). Comme l'empereur et les plus hauts dignitaires seuls avaient le droit de se servir de ces chars, cette phrase signifie, je suppose, que le Bouddha s'est élevé plus haut que tous les grands de ce monde.

2. L'expression 九數 est également empruntée au *Tcheou-li* ; nous lisons en effet dans cet ouvrage (trad. Biot, t. I, p. 398) que le protecteur des enfants de l'État avait, entre autres charges, celle de leur enseigner les neuf opérations numériques. Le commentaire nous apprend que ces neuf opérations numériques étaient : la mesure des terres ; le cubage des grains ; la décomposition et le partage (règles de partage) ; la réduction des largeurs (extraction des racines carrées et cubiques) ; la mesure des denrées et ouvrages ; les règles pour égaliser la taxe ; les règles pour cuber et peser ; le calcul de l'excédent et du déficit ; les problèmes complémentaires. — Il est probable que l'expression « les neuf opérations numériques » est une figure de rhétorique et doit être entendue comme signifiant les personnes qui les apprenaient, de même que l'expression symétrique « les chars supplémentaires » désigne en réalité les hauts fonctionnaires qui s'en servaient ; le Bouddha se serait donc montré supérieur au fils de l'empereur et des plus grands dignitaires.

Cette phrase et celle qui la précède sont une allusion à la quatrième pâramitâ : l'énergie (vîrya).

3. Cinquième pâramitâ : la contemplation (dhyâna).

naissance, gelée comme du givre, il a fendu les brouillards nouveaux [1]. — Les grands kalpas illimités, il n'en est aucun où il n'ait pratiqué la vertu ; — pendant les six divisions du jour [2], il prend pitié des vivants et pratique les six pâramitâs ; — comme il a franchi le courant de l'existence (bhava), la gloire du Nirvâṇa lui est acquise. — Le fleuve d'or l'a montré revenant par sa fin à son éternelle demeure ; — le bois des grues est l'autorité qui prouve qu'il s'est enfoncé en chantant dans la perfection achevée.

Les disciples saints, jadis, nous ont transmis les autres enseignements. Les règles secrètes du palais du dragon, on a été les retirer du fond de la mer [3] ; — les véri-

---

1. Sixième pâramitâ : la sagesse (Prajñâ).

2. Propt. : les six temps 六時. D'après le Dictionnaire numérique, cette expression a deux sens : d'une part elle désigne les six divisions de quatre heures dont se compose la durée d'un jour et une nuit (ahôrâtra) ; d'autre part, elle désigne les six unités divisionnelles du temps, à savoir : 1° l'instant le plus court ou kshaṇa ; 2° le vakshaṇa qui se compose de cent vingt kshaṇas ; 3° le lava qui se compose de soixante vakshaṇas ; 4° le mouhoûrta qui se compose de trente lavas ; 5° la durée (de quatre heures) qui se compose de cinquante mouhoûrtas ; 6° la durée d'un jour et une nuit (ahôrâtra) qui se compose de six durées (de quatre heures).

3. D'après une note de Rémusat dans le *Foe-koue-ki* (p. 162), Nâgârjouna vit dans le palais du roi des dragons *So-kie-lo*, c'est-à-dire mer salée (Sâgara), le livre appelé *Hia-pen-king*, ou le dernier volume ; il retint dans sa mémoire la troisième et dernière partie de cet ouvrage, laquelle comprenait cent mille gâthâs, et la publia dans le monde.

J'ai trouvé dans le *Song-kao-seng-tchoan* (ch. IV, biogr. de *Yuen-hiao* 元曉) une légende imitée évidemment de celle-là : La femme du roi de *Sin-louo* (en Corée) avait sur la tête une tumeur qu'aucun médecin ne parvenait à guérir. Un devin dit qu'il fallait aller chercher un remède en pays étranger. Le roi chargea donc un envoyé de se rendre par mer en Chine. Au milieu de la traversée, un vieillard sortit soudain des flots, monta sur le bateau et invita l'envoyé à le suivre. Celui-ci obéit et entra dans la mer ; il arriva à un palais où se trouvait le

diques paroles de la chambre de pierre, on a été les chercher au sein des montagnes [1].

Propager la religion, c'est en ce moment même qu'on le fait ; — pour transmettre la belle doctrine, à chaque génération, il se trouve des hommes. — Dans le fleuve de sable [2] et les montagnes neigeuses, on ne distingue pas où il faut passer le matin ; — sur la vaste mer et près des rivages abrupts on se perd dans les eaux traversées de nuit. On s'expose à dix mille morts pour sauver une seule vie. — Enfoncer l'aiguille dans les cavités d'une statue n'est pas une comparaison qui convienne [3] ; —

roi des dragons ; le roi des dragons, qui s'appelait *Kien-haï* 鈐海, lui dit qu'il possédait dans sa demeure le livre sacré de l'Extase de diamant (金剛三昧 Vajra samâdhi) ; il brouilla entre elles les trente pages et plus dont se composait cet ouvrage ; puis, pour les mettre en sûreté, il ouvrit le ventre de l'envoyé, les mit dedans et recolla la blessure sans que l'homme eût aucun mal ; il l'engagea, lorsqu'il serait de retour dans le *Sin-louo*, à faire remettre les pages en ordre par le saint *Ta-ngan* 大安, puis à demander au religieux *Yuen-hiao* 元曉 d'écrire un commentaire ; nul remède n'aurait plus d'efficacité pour guérir la reine. L'envoyé, rentré dans son pays, suivit de point en point ces instructions et tout se passa comme le roi des dragons l'avait annoncé.

1. L'encyclopédie *Yuen-kien-lei-han* (ch. cccxvi, p. 41 r°) dit : *Ming* (58-75 ap. J.-C.), empereur de la dynastie *Han*, envoya douze personnes, parmi lesquelles se trouvaient l'officier des gardes du corps *Ts'in-king* et le disciple des lettrés au vaste savoir (nom d'une fonction) *Wang Tsuen*, dans le royaume des *Ta Yue-tché* pour y copier le soûtra en quarante-deux articles qui fut placé dans la chambre de pierre de la terrasse *Lan* 蘭臺石室.

2. Le désert des sables mouvants. Cf. note 1 de la p. 12.

3. On sait que les Chinois ont pratiqué dès les temps anciens l'acupuncture. L'acupuncture s'appelle *hiue-tao*, c'est-à-dire la science des cavités ; en effet, on ne peut enfoncer l'aiguille médicale que dans certaines parties du corps où les Chinois pensent qu'il y a des trous naturels. Il est évident d'ailleurs qu'il serait vain de pratiquer l'acupuncture

presser les chevaux et suspendre le char [1], ce n'est pas un voyage du même genre. — Nous ne recherchons pas, en effet, le plaisir pour notre personne actuelle; — nous ne demandons pas au ciel la gloire auprès de la postérité. — Nous avons fait serment de sacrifier ce corps exposé aux dangers afin de rechercher la doctrine victorieuse; — nous espérons tous satisfaire notre passion de répandre la lumière.

Ce chant de tristesse je ne le prononcerai pas de nouveau. — Je regarde au loin les lieux que j'ai parcourus le matin : — à l'est, j'ai contemplé les deux empreintes qui sont restées sur la colline de la femme [2]; — à l'ouest j'ai galopé jusqu'au jardin des antilopes (Mṛigadâva) d'où sont parties les trois révolutions de la Loi [3]; — au nord,

---

sur une statue, puisqu'on ne saurait prétendre guérir par ce moyen aucune maladie; *I-tsing* veut dire que l'œuvre du pèlerin n'est pas à ce point dénuée d'utilité.

1. L'explication de cette phrase nous est fournie par un passage du Traité de *Se-ma Ts'ien* sur les cérémonie *fong* et *chan* (p. 14 de ma traduction) : *Hoan*, duc de *Ts'i* (VII siècle av. J.-C.), se vantant à *Koan-tse* de ses exploits militaires, lui dit : « J'ai fortement sanglé mes chevaux, j'ai suspendu mes chars et je suis monté sur le mont *Pei-eul* (dans le *Tche-li*). » — Dans ce passage, le mot que je traduis par « fortement sanglé » est 束 qui signifie proprement « serrer avec un lien »; je suppose que le duc faisait dételer son char puis le suspendait sur le dos de deux chevaux placés l'un devant, l'autre derrière, de la manière dont sont disposées aujourd'hui encore dans le nord de la Chine les chaises à mules; le texte d'*I-tsing* donne au lieu du mot 束 le mot 速 qui signifie *rapide, presser*. — Quelle que soit la leçon qu'il faille adopter, le sens de la phrase d'*I-tsing* est évident : les dangers qu'il a courus ne doivent pas être comparés avec ceux qu'a affrontés *Hoan*, parce que leur but n'était pas le même.

2. 女 巒 *Niu-loan*.

3. Ce passage fait allusion aux trois enseignements de plus en plus profonds que le Bouddha donna à ses disciples; le premier fut prêché dans le parc des antilopes, le dernier dans le bois des grues

j'ai vu les étangs encore intacts de la ville de la Résidence (Kouçâgârapoura); — au sud, j'ai vu la caverne de la montagne vénérée qui est toujours là. — Les cinq pics[1] sont beaux; — les cent étangs sont bien distincts. — Très pures, les fleurs fraîches éclairent les quatre côtés; — très brillant, l'arbre de la sagesse (Bôdhidrouma) illumine les trois mois du printemps. — Montant avec le bâton du pèlerin, je me suis rendu sur le bord escarpé de la montagne ; — appuyant mes pas, j'ai gravi le mont de *Tche-t'ouo* (Jêta). — Puis j'ai vu la pierre où *Jou-laï* (le Tathâgata) a plié ses vêtements ; — ensuite j'ai contemplé le quartier de roche qu'a précipité *T'ien-cheou* (Dêvadatta)[2].

(cf. *Dictionnaire numérique*, ch. III, p. 7 v°). A ce propos, nous remarquerons que, si on rapproche ce texte du Dictionnaire numérique (*Kiao-tch'eng-fa-chou*) d'un texte analogue du Dictionnaire *San-tsang-fa-chou*, on voit que le *bois des grues* (cf. p. 152) ou les *arbres des grues* (cf. p. 101) ne sont pas autre chose que les deux arbres sâlas sous lesquels le Bouddha entra dans le Nirvâna. En effet, d'après le *Kiao-tch'eng-fa-chou*, les trois enseignements du Bouddha commencent au parc des antilopes et finissent au bois des grues, tandis que d'après le *San-tsang-fa-chou* (cité par St. Julien, *Hiuen-tchoang*, t. II, p. 3, note 1), ils commencent au parc des antilopes et finissent aux deux arbres sâlas. Ainsi se trouve démontrée l'identité du bois des grues et des deux arbres sâlas.

1. D'après le Mahâbhârata, les cinq montagnes qui formaient comme un cirque autour de Kouçâgârapoura étaient les suivantes : Vaihâra, Varâha, Vrishabha, Rishigiri et Caïtyaka. D'après les sources bouddhiques, ces cinq montagnes ont les noms suivants : Jighili, Vibhâro, Vêpoutto, Pandavo et Ghedjhakato (cf. Vivien de Saint-Martin, dans *Hiuen-tchoang*, t. III, p. 379, note).

2. *Fa-hien* (trad. Legge, p. 83) a fait allusion à cette légende : Un jour que le Bouddha se promenait en méditant devant une caverne du pic du Vautour, son cousin germain Dêvadatta (en chinois *T'ien-cheou*, donné par les dêvas), qui était un de ses pires ennemis, jeta du haut de la montagne un quartier de roc pour le tuer; le Bouddha fut légèrement blessé à l'orteil.

Attendant une direction surnaturelle, ma méditation a parcouru le fleuve des naissances. — Les fleurs d'or ne se soumettent pas aux règles directrices. — Devant je trouve le pavillon qui est couvert d'un beau toit et dont la hauteur menace le vide [1] : — en arrière, j'ai passé sur les briques du promenoir qui contourne et fait le tour [2]. Par la vue et la réflexion intérieure, je suis comme si je me réunissais à la divinité. — Si je reviens aux choses présentes, peu de bonheur coule sur l'onde de la vie. — Dans la réunion générale, sous l'arbre aux fleurs de dragon [3], on aura rejeté tout ce qui souille et tout ce qui obscurcit.

Phrases de un, trois, cinq, sept et neuf mots [4] :

Je me promène ; — je suis triste.

Le domaine de l'empereur est loin d'ici ; — ma pensée sincère, la voici :

Sur le pic du Vautour (Gridhrakoûta), un vent froid souffle avec violence ; — l'eau du fleuve du Dragon (Ajiravatî) coule en bouillonnant.

Tandis que je me plaisais à écouter dans ma jeunesse, les jours s'ajoutaient aux jours ; — mais, sans m'en aper-

---

1. Si on compare cette phrase à la description qu'*I tsing* a donnée de la porte du temple Nâlanda (p. 86 de cette traduction), on voit qu'il y fait ici allusion. Il emploie presque les mêmes termes pour la décrire : 凌 虛 dans le premier passage, 陵 虛 dans celui-ci.

2. Dans le *Nan-haï* (ch. III, p. 10 v°), *I-tsing* nous apprend que les promenoirs bouddhiques étaient disposés de façon à contourner un petit caitya et à faire le tour de la salle de Bouddha. Les mêmes termes sont employés dans les deux textes.

3. L'arbre sous lequel Maitrêya Bouddha fera tourner la roue de la Loi.

4. La strophe qui va suivre se compose de groupes de deux phrases qui, dans le texte chinois, ont d'abord un mot chacune, puis trois, cinq, sept et neuf mots.

cevoir, je suis arrivé à mon déclin, les automnes s'étant ajoutés aux automnes.

J'ai déjà réalisé mon projet primitif de me rendre à cette montagne et, en vérité, j'ai traversé des circonstances difficiles ; — puissé-je, en définitive, prendre avec moi les livres sacrés et me mettre en marche pour aller en Chine !

§§ 53, 54, 55. — Le maître du dhyâna, *Fa-tchen*[1], était originaire de l'arrondissement de *King*. Sa belle conduite était haute et noble ; — le vrai bonheur était son occupation. — Il se lavait les pieds dans l'onde du dhyâna ; — il reposait son cœur sur la mer des défenses. — Les autres religieux l'honoraient et le respectaient ; — ils le prenaient pour guide et pour refuge. — Il récitait et psalmodiait la discipline et les livres saints ; — il demeurait dans les montagnes ; il demeurait auprès des cours d'eau.

Puis la pensée lui vint d'adorer les vestiges saints ; — il songea à faire un prompt voyage en Occident. Alors il se mit en la compagnie d'un religieux du même arrondissement que lui, le maître du dhyâna, *Tch'eng-ou*[2], et du maître de la discipline *Tch'eng-jou*[3], originaire de l'arrondissement de *Leang*. Leur savoir épuisait la religion et les connaissances laïques ; — leur sagesse et leur réflexion s'emparaient des choses profondes. — Leurs vertus ne restèrent pas solitaires ; — elles s'associèrent pour entreprendre ce voyage. — Ainsi, tenant par la main ses deux compagnons, — il sortit du pays

1. 法振.
2. 乘悟.
3. 乘如.

des Trois fleuves [1]. — Il hissa la voile au large de *Chang-king*; — il fut ballotté sur les flots au nord de *Ho-ling*. — Il parcourut successivement toutes les îles et arriva petit à petit à celle de *Kié-tch'a*. Au bout de peu de temps, *Fa-tchen* tomba malade et mourut. Il avait alors trente-cinq ou trente-six ans.

Lorsque cet homme fut tombé, les deux autres hésitèrent; ils s'embarquèrent donc et revinrent dans l'est avec l'espoir d'aborder à *Kiao-tche*. Lorsqu'ils furent arrivés de nouveau au *Tchan-po* (Campâ)[2], *Tch'eng-ou* mourut à son tour. Ce sont des gens du *Tchan-po* (Campâ) qui, étant venus ici, l'ont raconté, mais on ne sait encore rien avec certitude. *Tch'eng-jou* seul, dit-on, put revenir dans son pays.

Quoique le fruit ne soit point parvenu à maturité, il faut néanmoins en louer la beauté. Comment, cependant, se fait-il que sur ces trois hommes pas un seul n'ait réussi?

§ 56. — Le maître de la loi *Ta-ts'in*[3] est originaire de

---

1. Pour ce nom de lieu et tous ceux qui suivent, voyez l'index qui renvoie aux notes où ils sont identifiés.

2. Le texte chinois présente une petite note ainsi conçue : 弗林邑國也. Si on la traduit littéralement, elle signifie : ce n'est pas le pays de *Lin-i*. Or nous avons vu (note 2 de la p. 107) que les Chinois appelaient *Lin-i* le pays que les Bouddhistes appelaient Campâ. Cette petite note est donc assez embarrassante puisqu'elle donnerait à entendre qu'il ne s'agit pas du Campâ de l'Indo-Chine, tandis que, d'après le contexte, il est bien évident que les voyageurs sont réellement en Indo-Chine. Je pense donc qu'il faut corriger le premier mot de la note et lire 佛 au lieu de 弗. Le sens est alors : (le pays de Campâ) est le royaume de *Lin-i* pour les Bouddhistes, — c'est-à-dire que les Bouddhistes appellent Campâ ce royaume.

3. 大津.

l'arrondissement de *Li*. Dès sa jeunesse, il se pénétra de la doctrine de la Loi ; — quand il fut devenu grand, il observa strictement le désintéressement et la modération. Il pensait toujours à restreindre ses désirs. Mendier sa nourriture était son occupation.

Il voulut adorer les vestiges sacrés ; — il entretint l'espérance de voir la ville royale (Kouçâgârapoura). — Il disait sans cesse en soupirant : « Puisque je n'ai point rencontré le Père compatissant de la race des Çâkyas (Gautama Bouddha), — c'est le Bienfaisant du palais céleste (Maitrêya Bouddha) qui doit satisfaire le mieux mon cœur ; si donc on ne voit pas la vraie figure de l'arbre de l'intelligence (Bôdhidrouma) et si on ne va pas visiter les vestiges vainqueurs sur les bords du fleuve saint, comment sera-t-on capable de conserver purs les six domaines [1] et parviendra-t-on à la conscience des trois kalpas illimités [2] ? »

La deuxième année *yong-choen* [3], il entreprit de partir pour les mers du sud. Or, au début, il y eut un grand nombre d'hommes qui s'offrirent à l'accompagner ; lorsque vint le moment de se mettre en route, il se trouva seul présent ; alors, avec son bagage de livres saints et d'images, il suivit un ambassadeur impérial ; après une navigation de plus d'un mois, il aborda dans l'île de *Che-li-fo-che* (Çrî-Bhôja). Il demeura là plusieurs années ; il s'initia à la langue *koen-luen* (malaise) ; il étudia un grand nombre de livres sanscrits. Sa conduite était irréprochable ; son cœur était parfait ; il reçut, pour la seconde fois, toutes les défenses.

1. Les six domaines (vishaya) sont les objets des cinq sens (saveurs, odeurs, etc.), plus le domaine du cœur (manas).
2. Cf. note 5 de la p. 150.
3. L'an 683 après J.-C.

Pour moi, *I-ts'ing*, je l'ai vu dans ce pays ; je l'ai invité à rentrer en Chine dans l'espoir qu'il demanderait que, par un effet de la bonté impériale, un temple fût construit dans les pays d'Occident[1]. Ne considérant que la grandeur du service qu'il allait rendre, il fit peu de cas de la vie et revint sur la sombre mer. Le quinzième jour de la cinquième lune de la troisième année *t'ien-cheou*[2], il s'embarqua et se dirigea vers *Tch'ang-ngan*. Je lui ai confié des traductions nouvelles, en dix chapitres, de soûtras et de çâstras divers, le traité en quatre chapitres sur la loi intérieure envoyé des mers du sud[3], le traité en deux chapitres sur les religieux éminents qui ont été chercher la loi dans les pays d'Occident[4].

Éloge : On vous loue de ce que, dès votre jeunesse, — vous avez aimé la Loi et vous avez chéri la vertu. — En Chine, déjà, vous étiez respectueux et sincère ; — puis vous allâtes demander à vous rendre utile en Inde. — Vous vous êtes dirigé derechef vers la Chine ; — en faveur des êtres, vous vous êtes plongé dans les flots[5]. — Vous avez prêché la grande loi des dix conditions[6] ; — mille années s'écouleront sans que vous ayez vieilli[7] !

---

1. Cf. note 1 de la p. 6.
2. L'an 692 après J.-C.
3. Sur cet ouvrage, cf. note 1 de la p. 88.
4. C'est le traité même que nous traduisons.
5. C'est-à-dire : Il s'est remis en mer pour être utile à ses compatriotes en retournant en Chine.
6. Les dix conditions (propt. : les *dix lois* 十法) sont celles d'animal, fantôme affamé, être infernal, asoura, dêva, homme, çrâvaka, Pratyêka Bôdhisattva, Bôdhisattva et Bouddha (*Dict. num.*).
7. Ici se terminait la rédaction primitive de l'ouvrage ; ce qui suit est un supplément qui n'est point annoncé dans la table des matières et qui fut ajouté sans doute à une date ultérieure par *I-tsing* lui-même.

SUPPLÉMENT[1]

Dans la relation de mon second voyage aux mers du sud, il y a l'histoire de quatre maîtres qui me prêtèrent leur appui.

§ 57. — Le *pi-tch'ou* (bhikshou), maître de la discipline, *Tcheng-kou*[2], a pour nom sanscrit *Souo-louo-ki-to* (Sâla-goupta)[3]. Il est originaire de *Yong-tch'oan* dans le pays de *Tcheng*[4]. Son nom de famille dans le monde était *Meng*[5].

Or, déjà à l'âge où on met en fuite les corbeaux[6], il se

---

1. Je traduis par le mot « supplément » le caractère qui commence la phrase et signifie proprement *encore*, en *outre*. — Dans le texte de la Bibliothèque nationale, on trouve avant cette phrase la mention suivante : « Dans ce qui précède on a parlé en tout de cinquante-six personnes. »

2. 貞固.

3. 娑羅笈多.

4. Le pays de *Tcheng* 鄭 était un royaume au temps de la dynastie des *Tcheou*; il occupait le territoire de la préfecture de *K'ai-fong*, dans le *Ho-nan*.

5. 孟.

6. Le Dictionnaire numérique (à l'expression 三種沙彌) dit qu'on employait les jeunes çramaṇèras de sept à douze ans à chasser les corbeaux.

réfugia sous la porte de la compassion ; — à l'âge où on rassemble en cornes les cheveux des enfants, il reposa son cœur dans le parc de l'intelligence. — A peine âgé de quatorze ans, il eut la douleur de perdre ses parents. — Il réfléchit sur la difficulté de conserver sa pureté dans le monde ; — il reconnut que la doctrine de la loi était digne d'estime. — C'est pourquoi il conçut une sage pensée ; — il désira vivement marcher sur l'aire victorieuse.

Alors, au bord de la rivière *Fan*[1], dans le temple *Teng-ts'e*, résidence du maître de la loi *Yuen*, il eut le bonheur de recevoir à ses côtés son enseignement. Sa pensée se concentrait sur les points essentiels de la religion ; — il psalmodiait les principaux livres sacrés. — Au bout de deux ou trois ans, son maître mourut.

Puis il visita dans l'arrondissement de *Siang*[2] tous les temples de *Lin-lu*, cherchant des maîtres et s'enquérant de la doctrine. Il désirait arriver à la porte de la réflexion intérieure et de la méditation. Il songeait en lui-même qu'il n'avait pas encore examiné à fond les préceptes de la religion, qu'il lui était difficile de distinguer le vrai du faux. C'est quand il alla dans le pays des *Wei* orientaux[3] qu'il écouta et examina le *Wei-che* (Vidyâmâtrasiddhi).

---

1. La rivière *Fan* 氾 est un cours d'eau de la province de Ho-nan.

2. *Siang* 相 correspond à la cité actuelle de *Ngan-yang*, dans la préfecture de *Tch'ang-té*, province de *Ho-nan*. — *Lin-lu* 林慮 s'appelle aujourd'hui *Lin* et se trouve dans cette même préfecture.

3. L'empereur *Hiao-tsing*, qui régna de 534 à 543, est le seul représentant de la dynastie des *Wei* orientaux. Il avait sa résidence à *Tchang-té-fou*, dans le *Ho-nan*. Ainsi, dans le texte d'*I-tsing*, le pays des *Wei* orientaux et l'arrondissement de *Siang* ne sont qu'un seul et même lieu.

Ensuite il se rendit dans l'arrondissement de *Ngan* [1], à la résidence du maître du dhyâna *Ta-yeou* [2] et il y étudia les vaipoulya-soûtras [3]. Après un intervalle de quelques dizaines de jours à peine, une merveilleuse apparition se présenta devant lui.

Puis il se rendit dans l'arrondissement de *King*. Il passa un grand nombre de montagnes et de fleuves, recherchant les maîtres les plus savants et s'enquérant sur les matières qu'il n'avait point encore apprises.

Ensuite il alla dans l'arrondissement de *Siang*; il y rencontra le maître du dhyâna *Chan-tao* [4] et reçut de lui l'enseignement de la conduite triomphante de *Mi-t'ouo* (Amitâbha) [5]. Vers ce temps il espéra se dégager de la poussière immonde du *Souo-ho* (Sahalôkadhâtou) [6] et il désira se rendre promptement dans la belle forêt du calme séjour. Cependant il réfléchit que la perfection solitaire était en opposition avec la conduite du Grand Sage (mahâpourousha); celui que la *Wei-che* (Vidyâ) [7] a

---

1. *Ngan, King* et *Siang* où *Tcheng-kou* se rendit successivement sont aujourd'hui *Ngan-lou-fou, King-men-tcheou* et *Siang-yang-fou*, qui se trouvent dans la province de *Hou-pé*.

2. 大猷.

3. Les deux mots chinois *fang-teng* 方等 sont l'équivalent du sanscrit *vaipoulya*. Sur les soûtras vaipoulya ou de grand développement, voy. Burnouf, *Introduction*..., p. 55.

4. 善導.

5. 彌陀勝行.

6. 索訶 *Souo-ho* = Saha, abréviation pour Sahalôkadhâtou, le monde des êtres qui souffrent. Sur ce terme, voyez Burnouf, *Introduction*..., p. 531 et suiv.

7. Ce passage me paraît signifier que *Tcheng-kou* songea à mener une existence solitaire; mais il vit qu'il était plus conforme à l'esprit de la religion de vivre en communauté et que d'ailleurs il pouvait, grâce à la connaissance par excellence, rester sans tache.

transformé, quel endroit ne serait pas pur pour lui ? Il se rendit donc dans la montagne *Hien*[1], au monastère *K'oei-kiue*, résidence du maître du dhyâna *Tch'eng*[2]. Il commença par recevoir l'enseignement d'un demi-mot et comprit petit à petit le texte de la doctrine entière.

Le maître du dhyâna[3] avait profondément étudié les règles de la discipline et était redevable à l'Honoré du monde (Lôkajyêshṭha) de l'importante perfection des cinq vertus[4] ; — il avait parcouru en tous sens les soûtras et les çâstras et il jouait le rôle de celui qui maintient ferme les quatre appuis[5] dans les dernières générations. Les flots calmés, comme une eau profonde, se répandirent en huit libérations[6] et se séparèrent en divers

---

1. 峴山. Montagne située près de *Siang-yang-fou*, dans le *Hou-pé*.

2. 澄.

3. Il s'agit de maître *Tch'eng*.

4. Les cinq vertus bouddhiques sont l'affabilité, la douceur, le respect, le désintéressement et l'humilité.

5. D'après l'abrégé du *Fang-i-ming-i-tsi*, ch. ix, on donnait le titre de 膩地 *ni-ti* (nîti?) qui signifie *appui* 傢 aux maîtres éminents de la Loi. Ceux-ci étaient en effet regardés comme les appuis des croyants dans les dernières générations, c'est-à-dire dans celles où il n'y a pas de Bouddha. On entendait aussi les quatre appuis (catouḥ pratisaraṇa) dans le sens suivant : 1° s'appuyer sur la loi, ne pas s'appuyer sur l'individu (dharmapratisaraṇêna bhavitavyaṃ na poudgalapratisaraṇêna); 2° s'appuyer sur le sens, ne pas s'appuyer sur la lettre (arthapratisaraṇêna bhavitavyaṃ na vyañjanapratisaraṇêna); 3° s'appuyer sur la connaissance, ne pas s'appuyer sur la perception (jñânapratisaraṇêna bhavitavyaṃ na vijñânapratisaraṇêna); 4° s'appuyer sur le sens évident, ne pas s'appuyer sur le sens non évident (nîtârthasoûtrapratisaraṇêna bhavitavyaṃ na nèyârthasoûtrapratisaraṇêna). — Voyez Mahâvyoutpatti, n° 74 ; *Dict. num.*, à l'expression *se-i-fa* ; Abrégé du *Fang-i-ming-i-tsi*, ch. ix.

6. Les *huit libérations* (vimôksha) sont les huit opérations intellectuelles par lesquelles la libération mentale est graduellement obtenue. Celui qui traverse les huit libérations passe par les états suivants :

courants; — la sublimité de la sagesse, comme une haute montagne, se dressa au-dessus des six passages[1] et éleva ses cimes. — Les cinq sortes d'objets des sens

1° *il se rend compte que* sa propre personne a une forme (et une conscience) et qu'(à l'extérieur) il y a des formes qu'il voit (roûpî roûpâṇi paçyati); — 2° que sa propre personne n'a ni forme ni conscience et qu'à l'extérieur il y a des formes qu'il voit (adhyâtmam aroûpasaṃjñî bahirdhâ roûpâṇi paçyati); — 3° *l'obtention de* la délivrance pure est témoignée par *l'état de joie où se trouve* son corps (çoubhaṃ vimôkshaṃ kâyêna sâkshâtkṛitvâ oupasaṃpadya viharati); — 4° [comme il a franchi entièrement les formes et les consciences, comme les consciences des obstacles ont disparu, comme il ne porte plus dans son esprit les consciences de multiplicité, il se dit : Infini est le vide; étant arrivé au] lieu [de l'infini] du vide, [il passe sa vie] (sa sarvaço roûpasaṃjñânâṃ samatikramât pratighasaṃjñânâm astaṃgamân nânâtvasaṃjñânâm amanasikârâd anantam âkâçam ity âkâçânantyâyatanam oupasaṃpadya viharati); — 5° [comme il a franchi entièrement le lieu de l'infini du vide, il se dit : Infinie est la connaissance ; étant arrivé au] lieu de l'infini de la connaissance, [il passe sa vie] (sa sarvaça âkâçânantyâyatanaṃ samatikramya anantaṃ vijñânam iti vijñânânantyâyatanam oupasaṃpadya viharati); — 6° [comme il a franchi entièrement le lieu de l'infini de la connaissance, il se dit : Il n'existe rien ; étant arrivé au] lieu du rien, [il passe sa vie] (sa sarvaço vijñânântyâyatanaṃ samatikramya nâsti kiṃcid ity âkiṃcanyâyatanam oupasaṃpadya viharati); — 7° [comme il a franchi entièrement le lieu du rien, étant arrivé au lieu où il n'y a] ni conscience ni inconscience, [il passe sa vie] (sa sarvaça âkiṃcanyâyatanaṃ samatikramya naivasaṃjñânâsaṃjñâyatanam oupasaṃpadya viharati); — 8° [comme il a franchi entièrement le lieu où il n'y a ni conscience ni inconscience, étant arrivé à] supprimer ce qui est perçu par la conscience, [et le témoignant par son corps, il passe sa vie] (sa sarvaço naivasaṃjñânâsaṃjñâyatanam samatikramya saṃjñâvêditanirodhaṃ kâyêna sâkshâtkṛitvâ oupasaṃpadya viharati). — Cette note est rédigée d'après le *Mahâvyoutpatti*, n° 70, et le *Dictionnaire numérique*, à l'expression *Pa-pei che* ; les passages entre parenthèses sont ceux qui se trouvent dans le *Dictionnaire numérique*, mais non dans le *Mahâvyoutpatti* ; les passages qui se trouvent entre crochets sont ceux qui se trouvent dans le *Mahâvyoutpatti*, mais non dans le *Dictionnaire numérique*,

1. Les *six passages* sont les six pâramitâs.

ne le troublèrent pas ; — les neuf haines[1] ne l'effrayèrent pas. — Au dehors il franchit les quatre courants[2] ; — au dedans il dépassa les trois fixations[3]. — Religieux et laïques le regardaient avec respect et espérance ; — ils le mettaient en avant à la première place pour qu'il leur fût un guide. — Par une faveur spéciale, il reçut un décret impérial qui le mandait à la capitale pour être mis au nombre des religieux érudits dans le temple oriental du pays de *Wei*[4].

Quand maître (*Tcheng*)-*kou* eut dépassé l'âge de vingt ans, ce fut aux pieds du maître du dhyâna (*Tch'eng*) qu'il fut admis à recevoir toutes les défenses. Après une année à peine, il avait parcouru tout ce qu'il y a d'essentiel dans la discipline.

Puis il se rendit dans la province de *Ngan*, à la résidence du maître de la discipline *Sieou*. Pendant trois années il mit tout son cœur à lire les textes rédigés par le maître de la discipline *Siuen*[5]. On peut dire de lui : par

1. Les *neuf haines* sont ainsi expliquées par le Dictionnaire numérique : Il y a trois haines fondamentales : haïr son corps, se haïr soi-même, louer la haine de soi-même ; chacun de ces sentiments pouvant être localisé dans le passé, le présent ou l'avenir, cela porte à neuf le nombre des combinaisons. — D'après une autre théorie, les trois haines sont : haïr son corps ; ne point aimer ceux qui nous estiment; aimer ceux qui nous haïssent.

2. 四流 les quatre courants (àsrava ou ôgha) sont les suivants : courant du désir (kâma-ôgha) ; courant de l'existence (bhava-ôgha) ; courant des fausses doctrines (propt. : de l'apparence) (drishṭi-ôgha) ; courant de l'ignorance (avidyâ-ôgha). En chinois : *yu*; *yeou*; *kien*; *ou-ming* (*Dict. num.*, à l'expression *Se-leou*).

3. Sur les trois fixations ou samâdhi, voyez les nos 3, 4 et 5 dans la liste donnée à la note 3 de la p. 18.

4. Le nom de ce temple fut changé dans la suite et on l'appela : le temple oriental de la grande dynastie *Tcheou* 大周東寺 (*Song-kao-seng-tchoan*, ch. II, p. 19 r°).

5. Cf. note 7 de la p. 143.

ses questions il alla plus loin qu'*Ou-po-li* (Oupâli)[1], et il pénétra l'intérieur et l'extérieur des cinq traités[2]; — il

---

1. Oupâli 烏波離 était un disciple du Bouddha renommé pour sa connaissance des règles de la discipline. Il fut, lors du premier concile, chargé de diriger la compilation du recueil du Vinaya.

2. Les cinq traités 五篇 sont les cinq sections dont l'ensemble constitue le Prâtimôksha. A parler exactement, le Prâtimôksha comprend huit sections; nous les énumérons ci-dessous en écrivant en italiques les définitions qu'en donne le *Dictionnaire numérique* (chap. XII, p. 24 r°) et en complétant ces indications très concises par les explications que nous fournissent les historiens européens du Bouddhisme:

1° La *Po-louo-i* 波羅夷 (pârâjika ou parâjita) traite des péchés très graves qui sont punis par l'*expulsion* hors de l'Église; cette section renferme quatre articles pour les religieux et huit pour les religieuses;

2° Le *Seng-kia-p'ouo-che-cha* 僧伽婆尸沙 (samghâvaçêsha) traite des fautes qui sont la *ruine de l'Église*; cette section renferme treize articles pour les religieux et dix-sept pour les religieuses;

3° Les règles indéterminées (aniyata-dharma); il y a deux articles pour les religieux et deux pour les religieuses;

4° Le *Ni-sa-k'i-po-i-t'i* 尼薩耆波逸提 (naissargika prâyaççittika) traite des choses qu'il faut *abandonner*, c'est-à-dire les richesses; cette section renferme trente articles pour les religieux; pour les religieuses, cette section, réunie à la suivante, renferme deux cent huit articles;

5° La *Po-i-t'i* 波逸提 (prâyaççittika-dharma) traite des fautes qui font *tomber* sous le coup d'une pénitence; cette section renferme quatre-vingt-dix articles pour les religieux;

6° La *Po-louo-t'i-t'i-ché-ni* 波羅提提舍尼 (pratidêçanîya) traite des fautes dont il faut faire la confession et *se repentir*; cette section renferme quatre articles pour les religieux et huit pour les religieuses;

7° Les règles que tous étudient (cette section est appelée *Che-tch'a-kia-louo-ni* 式叉迦羅尼, çâikshya-karâṇi, par l'abrégé du *Fan-i-ming-i-tsi*, chap. XXXVI); ces règles concernent ce qu'il faut étudier; elles renferment cent articles pour les religieux et cent pour les religieuses. — Cette section porte aussi le nom de *T'ou-ki-louo*

parvint à s'accorder avec la femme *Pi-ché* (Viçakhâ)[1] et il traversa les gorges profondes des sept collections[2].

La discipline dit : Si pendant cinq ans on peut voyager, avant que ce laps de temps soit écoulé, on atteindra promptement l'accord ; — si pendant dix ans on s'éloigne de son domicile, avant que le terme soit venu, on obtiendra d'avance la concorde.

Le maître de la discipline *Sieou* avait été le meilleur élève du maître de la discipline *Hing*, dans le gouvernement de *Chou*[3] ; lorsqu'il eut reçu toutes les défenses, il continua à habiter la province de *Chou* et, dans la ré-

突吉羅, abréviation pour *T'ou-si-ki-li-to* 突悉吉栗多, doushkṛita ; ce nom est expliqué comme signifiant actes mauvais et paroles mauvaises ;

8° Les règles destinées à supprimer les contestations (adhikaraṇa-çamatha) ; elles renferment sept articles pour les religieux et sept pour les religieuses.

Si on fait le compte total, on trouve deux cent cinquante articles pour le Vinaya des religieux et trois cent cinquante pour le Vinaya des religieuses.

Revenons maintenant à l'expression les cinq traités ; lorsqu'on admet cette division du recueil de la discipline, on ne tient plus compte des sections 3 et 8 de la liste ci-dessus et on réunit en une seule les sections 4 et 5, ce qui réduit le nombre des sections de huit à cinq.

1. Viçâkhâ, femme d'Anâtha-piṇḍika, fut une supérieure célèbre par ses vertus. Son nom est écrit ici 毗舍女, la femme P'i-ché ; on écrit plus correctement 毗舍佉母, la mère P'i-ché-kié : Viçâkhâ.

2. Les sept collections 七聚 sont une autre division du Vinaya. Elle ne diffère de la division en cinq traités que par l'intercalation entre le Saṃghâ vaçèsha et le Naissargika-prâyaçcittika, d'une section appelée *T'eou-lan-tché* 偷蘭遮 (?) qui traite des fautes grossières, et par la subdivision du doùshkṛita (n° 7 de la liste ci-dessus) en deux sections dont l'une traite des actes mauvais et l'autre des paroles mauvaises.

3. Cf. note 1 de la p. 121.

sidence de son *ho-chang* (oupâdhyâya)[1], il étudia la discipline pendant quatre années. Ensuite il se rendit à *Tch'ang-ngan*, à la résidence du maître de la discipline *Siuen*[2] et le prit pour son appui et sa retraite. Pour me servir d'une comparaison, il se réfugia auprès de la mamelle pleine du lait du cœur et fut comparable à l'oie qui boit[3] par son habileté à distinguer le fin du grossier; — il épuisa la bouteille remplie de l'eau de la sagesse et égala *Hoan-hi* (Ananda) par son talent à établir ce qui devait passer avant et ce qui devait venir ensuite. Il resta là seize ans sans s'éloigner jamais de celui qui l'instruisait. Il étudia à fond toutes les écoles; — il lava et purifia un grand nombre d'auteurs. Il voulait garder les leçons du maître de la discipline pour en faire son livre capital. Plus tard il quitta les huit rivières du palais *San-yang*[4] et retourna dans l'arrondissement de *Hoang*[5]

1. Cf. note 7 de la p. 140.

2. Il s'agit de *Tao-siuen*. Cf. note 7 de la p. 143.

3. 飲 鵝, l'oie qui boit. Ce passage est une réminiscence de deux vers du Sârdhaçataka bouddhapraçaṃsagâthâ de Matṛiceta qu'I-tsing lui-même a traduit en chinois; dans la 24ᵉ strophe, on lit, en effet, ceci : « Comme le pur roi des oies boit le lait et en rejette l'eau. » Ainsi, on racontait que l'espèce d'oie appelée râjahaṃsa, si on lui présentait du lait mélangé d'eau, ne buvait que le lait et laissait l'eau. — Dans la phrase symétrique suivante, je suppose que les deux mots *hoan-hi* signifient Ananda, mais il faut bien reconnaître que le parallélisme entre un nom propre comme « Ananda » et une expression comme « l'oie qui boit » n'est guère conforme aux règles du style rythmique, et c'est pourquoi la seconde phrase a peut-être un sens autre que celui que nous indiquons.

4. Le pavillon *San-yang* 三楊 ou plus exactement 三陽 fut construit à la capitale par l'impératrice *T'ien-heou*. Les huit rivières sont les huit cours d'eau qui passaient près de *Tch'ang-ngan* (cf. note 2 de la p 27). Ainsi la phrase d'*I-tsing* signifie que *Tcheng-kou* s'éloigna de *Tch'ang-ngan*.

5. *Hoang* est encore aujourd'hui le nom d'une préfecture de la province de *Hou-pé*.

pour remercier la terre qui l'avait vu naître. Ensuite il se rendit dans l'arrondissement de *Ngan*; il y donna un grand développement à l'enseignement de la discipline; les rois et les plus hauts fonctionnaires l'honorèrent tous à l'envi; c'est pourquoi la discipline dit : « Dans le lieu où se trouve un maître de la discipline, il n'y a plus avec moi de différences de personnes. » Il demeura dans le temple des dix forces (daçabala)[1]. Il était âgé de plus de soixante-dix ans quand il mourut. Son observance des rites avait été pure et sincère; — ses oreilles et ses yeux connaissaient les choses en détail. — Hélas! chaque génération a un tel homme qui est la maîtresse poutre et le soleil de Bouddha; — comme une file de cigales qui se succèdent sans interruption, ils marchent avec émulation sur les traces les uns des autres. C'est avec vérité qu'on dit : « Les joyaux de la rivière *Han*[2] et les jades de la montagne *King*[3], quoique ces lieux soient différents, sont également admirables; les rameaux du cannelier et les feuilles de l'iris, quoique les époques où ils apparaissent soient différentes, sont semblablement beaux.

Lorsque maître *Tcheng-kou* eut obtenu cette intelligence des règles de la discipline, il se livra avec plus d'ardeur encore à l'étude des soûtras et des çâstras. Puis il recommença à psalmodier jusqu'à mille fois le

---

1. Sur les dix forces, cf. Burnouf, *Lotus de la bonne Loi*, pp. 781 et suiv.

2. La rivière *Han* 漢 est un affluent du *Yang-tse-kiang*, dans le *Hou-pé*.

3. La montagne *King* 荊 se trouvait dans la sous-préfecture actuelle de *Tang-yang*, sous-préfecture indépendante de *King-men*, province de *Hou-pe*.

Fa-hoa (Saddharma-pouṇḍarîka-soûtra) et le *Wei-mouo* (Vimalakîrti nirdêça)[1]. Sa foi toujours continuait sa foi ; — sa réflexion sans cesse soutenait sa réflexion. — Les trois occupations[2] se stimulèrent les unes les autres ; — les quatre maintiens[3] ne souffrirent aucun relâchement.

Il retourna ensuite dans l'arrondissement de *Siang*, à la résidence de son oupâdhyâya[4]. Il y écouta de nouveau les *sou-tan-louo* (soûtras) ; — il ouvrit et parcourut le recueil du *Toei-fa* (Abhidharma)[5] ; — il comprit entièrement les passages qui traitaient des skandhas[6] ; — il s'astreignit en tout à la perle des vêtements[7]. — Transformer son rempart était son repos ; — tenir pour pré-

---

1. *Wei-mouo* 維摩 est le titre abrégé du Vimalakîrti-nirdêça. Cet ouvrage a été traduit, à plusieurs reprises différentes, en chinois (v. Bunyiu Nanjio, n°s 144, 145, 146, 147, 149, 181).

2. Les trois occupations 三業 sont celles du corps (kâya-karman), de la bouche (vâg-karman) et de la pensée (citta-karman).

3. Il y a quatre maintiens dignes 四儀 (îrya-patha. Cf. Burnouf, *Introduction*..., p. 149, note 5), à savoir en marchant, en étant debout, en étant assis et en étant couché.

4. Nous avons vu plus haut que son oupâdhyâya avait été le maître du dhyâna, *Chan-tao*.

5. Les Soûtras (蘇呾羅 Sou-tan-louo) sont la première section des *king* du Hînayâna ; l'Abhidharma est la première section des *luen* du Hînayâna. Cf. note 3 de la p. 16.

6. Le mot chinois 蘊, agrégat, est la traduction du sanscrit skandha. Il y a cinq skandhas qui sont : roûpa, la forme corporelle ; vêdanâ, la sensation ; samjñâ, la conscience ; samskâra, les formations ; vijñâna, la connaissance.

7. On a vu plus haut, p. 150, l'expression « perle des défenses » employée pour désigner la pureté et l'éclat des défenses ; de même ici, l'expression « perle des vêtements » signifie sans doute que le religieux observa avec pureté les règles relatives aux vêtements.

cieuse l'île[1] était son suprême espoir. — Alors donc il lava ses pieds dans la rivière *Siang*[2] ; — il dirigea ses pas sur la montagne *Lou*[3]. — Il admira comment les religieux de grande vertu (bhadanta) s'étaient purifiés de toute souillure ; — il s'arrêta dans le bois de l'est et y reposa son esprit.

Il avait formé dans son cœur le désir d'aller dans l'île du Fils du lion (Siṁhala = Ceylan) pour y adorer, en se prosternant le front contre terre, la dent de Bouddha et pour contempler tous les vestiges saints.

Pendant la période *tch'oei-kong*[4], il vint à pied à *Koei-lin*[5] ; en y allant, il mendia dans les lieux qu'il traversait ; petit à petit il arriva à la gorge de la montagne *Hia*[6] à *Ts'ing-yuen*. Après que ses compagnons se furent rendus à l'appel de la grâce (?), il arriva à *P'an-jong*. Les religieux et les novices du chef-lieu de l'arrondissement de *Koang* lui demandèrent de leur expliquer les règles de la discipline. En ce temps, la sainte souveraine[7] de la grande dynastie *T'ang* avait établi sur tout l'empire trois sortes de maîtres[8] dans l'espoir de faire ainsi que

---

1. Cf. note 1 de la p. 63.
2. La rivière *Siang* est celle qui passait dans l'arrondissement de *Siang*, aujourd'hui préfecture de *Siang-yang*, dans le *Hou-pé*.
3. Cf. note 2 de la p. 53.
4. De l'an 685 à l'an 688 de notre ère.
5. La capitale de la province actuelle de *Koang-si*.
6. D'après le *Nan-haï-po-jong* (cf. note 1 de la p. 118) la gorge de la montagne *Hia* 峽 est à 20 li à l'est de la sous-préfecture de *Ts'ing-yuen* 清遠縣, préfecture de *Koang-tcheou* (Canton), province de *Koang-tong*. On y voyait la roche sur laquelle *Ta-mo* se livra à la méditation.
7. L'impératrice *Ou*, qui, de l'an 684 à 705, exerça le pouvoir après avoir supplanté son fils, l'empereur *Tchong-tsong*.
8. Le texte chinois donne seulement les mots 三師, propt. : les

le soleil de Bouddha brillât de nouveau et que la barque de la Loi naviguât toujours, Or ce sont les maintiens dignes qui constituent la discipline[1]; c'est pourquoi donc *Tcheng-kou* fut vénéré de la foule qui lui demanda d'expliquer la doctrine du Vinaya sur l'aire consacrée à l'interprétation du Tripiṭaka. Il passa là neuf étés, s'occupant à examiner à fond les sept traités[2]. Il excellait à instruire les adeptes de la loi; — il faisait beaucoup de conversions parmi les hommes qui vivaient selon le monde.

Dans ce même temps, le vénérable directeur[3] du temple *Tche-tche*[4], sur les nattes où on expliquait excitait toujours en personne l'émulation par ses éloges. On peut dire de lui qu'en toute sincérité il excellait à convertir. Il répandait au loin ses secours et oubliait ses fatigues. Le directeur avait, tout enfant, renoncé sincèrement au monde; il pratiquait noblement la droiture et la modération. Quoiqu'il fut âgé de plus de soixante-dix ans, il observait strictement les cinq traités[5]. L'homme qui possède le bonheur, c'est celui qui peut rencontrer un sage de premier ordre. En vérité la vaste étendue du lac du dhyâna mène à la mer de la loi et con-

---

trois maîtres. Je suppose qu'il faut entendre par là les trois sortes de maîtres : maîtres de la loi, de la discipline et du dhyâna.

1. Cf. note 3 de la p. 171.

2. 七篇. Cette expression est l'équivalent de 七聚 (cf. note 2 de la p. 168).

3. *Ché-li*, abréviation pour *A-ché-li* 阿闍梨, représentation phonétique du terme *âcārya*. Ici, ce mot désigne évidemment le chef d'une communauté.

4. *Tche-tché-se* 制旨寺, c'est-à-dire le temple du décret impérial.

5. Cf. note 2 de la p. 167.

fond avec elle ses flots ; — la hauteur immense du pic de la réflexion communique avec la montagne de l'intelligence et s'élève escarpée. — Il avait discerné profondément la racine de l'erreur ; — il s'était merveilleusement rendu compte de la source du cœur. — Comme il avait compris que toutes les lois[1] (dharmas) étaient foncièrement vides, — il avait entièrement réuni en lui l'utilité de rendre service aux vivants. — Il mena à bonne fin l'occupation de procurer un bonheur[2] qui avait sa raison d'être ; — il fit sur les eaux un pont qui n'avait pas de supérieur. — D'ailleurs souvent il avait copié les livres saints des recueils ; — toujours il avait fourni de la nourriture à la foule. — De son côté en vérité la foule appré-

---

1. Stanislas Julien dit, dans une note de sa traduction de *Hiuen-tchoang* (t. II, p. 159) : L'expression « toutes les lois » (*tchou-fa*) présente ici une grave difficulté, dont nous trouvons heureusement la solution dans l'ouvrage intitulé : *Ou-sse-pi-po-cha-lun* (liv. I, fol. 2), « On entend par *toutes les lois*, tous les états, toutes les conditions du ciel, de la terre et de l'homme, tous les modes de la matière, toutes les qualités. bonnes ou mauvaises, de l'esprit et du cœur, etc. Ainsi, par exemple, le solide, l'humide, le chaud (qualités de la terre, de l'eau et du feu), sont des lois (*fa*) suivant les Bouddhistes. Le solide se divise à l'infini ; ainsi les lois intérieures (*neï-fa*), comprenant les ongles, les cheveux, les pieds, les mains, etc. ; diffèrent des lois extérieures (*waï-fa*), où l'on compte le cuivre, l'étain, etc. »

Il faut avoir reconnu l'inanité de toutes les lois, c'est-à-dire de toutes les conditions qui constituent la réalité sensible, pour arriver à l'intelligence complète. C'est ainsi que nous lisons dans *Hiuen-tchoang* (t. II, p. 241) : « *Chen-hien* (Soubhoûti) a reconnu le vide de toutes les lois, et, par là, il a vu le corps de la loi (Dharmakâya). »

Cf. Burnouf. *Introduction à l'histoire du Bouddhisme indien*, 2ᵉ édition, p. 37, note, — et Oldenberg, *Bouddha*, p. 255 de la traduction française de M. Foucher (Alcan, 1894).

2. L'occupation du bonheur 福業 pounya-karman, est, d'après le *Dictionnaire numérique* (ch. III, p. 15 r°), de trois sortes : elle consiste à donner à celui qui demande, à avoir une compassion égale pour tous les êtres, à ne penser qu'à la vraie Loi.

ciait son savoir. — Il profitait aux êtres ; — il convertissait les vivants. — Il s'efforçait d'apprendre à tous les hommes à se pénétrer de la doctrine de la discipline.

Maître (*Tcheng*)-*kou,* quand les religieux ses compagnons lui eurent dit adieu, revint à la montagne *Hia.* Il comptait s'établir au pied de la forêt des pins, — pour accomplir dans ce lieu son projet de faire une retraite absolue. Il trouva le supérieur du temple *K'ien* et ses compagnons qui vinrent exprès à sa rencontre pour le recevoir comme un hôte.

Ce supérieur du temple dépassait par sa vertu la compréhension des hommes ; — au fond de son cœur il conservait la mansuétude de la bonté. — Ses bienfaits se répandaient en tous lieux ; — il ne se lassait à aucune heure du jour. — Il s'humiliait lui-même ; — il exaltait les autres. — Il se préoccupait toujours de tenir un langage modeste.

Maître (*Tcheng*)-*kou* se résolut à se reposer et à méditer dans ce temple. Il avait l'intention d'en reconstruire les galeries en ruine, de frayer et de niveler les chemins, de dégager les marches des escaliers, de redresser les fondations disjointes ; il se proposait de rétablir le contour de l'étang de la montagne dans l'espoir de faire couler l'onde pure et fertilisante des huit libérations (vimôksha)[1] ; — il voulait à côté ouvrir l'aire de l'autel avec le désir de manifester la belle règle des sept collections de la discipline[2]. En outre, il voulait construire sur la face postérieure de l'autel des défenses une châsse du dhyâna et établir une aire pour l'explication des soûtras de grand développement (vaipoulya) afin de remettre

---

1. Cf. note 6 de la p. 164.
2. Cf. note 2 de la p. 168.

en honneur le samâdhi du saddharma[1]. Quoique ces travaux n'aient pas été accomplis, sa résolution était bien prise de les faire et les règles de la confession[2] en avaient déjà enregistré l'essentiel.

D'ailleurs, il disait sans cesse en soupirant : « Le temps est passé où j'aurais pu rencontrer le Père des Bouddhistes (Gautama Bouddha); le temps n'est pas encore venu où j'aurais pu trouver le Vénérable Compatissant (Maitrêya Bouddha)[3]. Je vis à l'époque des générations les moins importantes; comment puis-je faire des actions remarquables ? » Il gémissait donc profondément d'être à la limite entre l'irréel et le réel et derechef d'être arrêté par la multiplicité des écoles.

Pour moi, *I-tsing*, je m'embarquai[4] à l'embouchure du fleuve *Fo-che* (Bhôja) et je me munis de lettres de créance destinées à être montrées aux gens du département de *Koang* pour demander de l'encre et du papier, afin de transcrire les textes sanscrits et aussi pour louer les services des scribes. En ce temps, les marchands eurent un vent favorable; ils levèrent les voiles et les déployèrent dans toute leur hauteur; ainsi portés par elles nous arrivâmes; quand même on aurait demandé

---

1. Un soûtra du Tripiṭaka chinois porte le titre de Saddharma-samâdhi-soûtra 法華三昧經. Cf. Bunyiu Nanjio, *Catalogue...*, n° 135.

2. Le texte chinois donne les deux caractères 布薩 *pou-sa*, transcription du mot sanscrit pôshadha qui signifie confession. — Le sens de ce passage est sans doute que *Tcheng-kou* avait déclaré dans une confession publique qu'il avait l'intention de faire toutes ces réparations dans le temple *K'ien*.

3. Cf. note 3 de la p. 15.

4. Comme on le verra plus loin, *I-tsing* ne revint du pays de Çrî-Bhôja à Canton que pour passer trois mois en Chine; son retour définitif dans sa patrie n'eut lieu qu'en 695.

à s'arrêter, il n'y aurait pas eu moyen de le faire. Par là on reconnaît que cette entreprise avait une valeur noble et belle et qu'elle n'était point le projet d'un homme.

Ainsi, le vingtième jour de la septième lune de la première année *yong-tch'ang*[1], j'arrivai au chef-lieu de l'arrondissement de *Koang*; je pus m'y rencontrer de nouveau avec tous les religieux et les laïques.

Alors, au milieu de la communauté qui demeurait dans le temple *Tche-tche*, je dis en soupirant : « Lorsque je suis d'abord allé dans les pays de l'ouest, j'avais l'espoir que le courant pénétrerait tout; lorsque à mon retour je me suis arrêté au sud des mers, les textes des livres sacrés n'étaient pas encore au complet. Ce que j'ai réuni des trois Recueils, à savoir plus de cinq cent mille phrases, se trouve en entier dans le pays de *Fo-che* (Bhôja). La chose exige donc que j'y retourne. Mais j'ai passé la cinquantaine; si je traverse de nouveau les flots mouvants, le rayon de soleil qui vient à bondir par une fente n'est pas durable[2], le rempart de mon corps sera difficile à protéger; la rosée matinale survient subitement[3]. Qui me recommandera-t-on? Les livres sacrés (soûtras) et les règles (vinaya) sont une doctrine importante; qui donc sera capable d'aller avec moi pour les

---

1. L'an 689 après J.-C.

2. L'expression *k'i-se* 隙 駟, propt. : le quadrige de la fente, désigne le rayon de soleil qui vient se jouer un instant à travers une fente et symbolise l'instabilité des choses humaines. C'est une image souvent employée en poésie. Cf. le *P'ei-wen-yun-fou*, au mot 駟.

3. Cette phrase est sans doute une image par laquelle *I-tsing* veut dire qu'à son âge la mort peut le suprendre en un instant. Elle se retrouve dans une composition littéraire intitulée 江 淹 恨 賦 (cf. *K'ang-hi-tse-tien*, au mot 溘).

recevoir? Pour recueillir la traduction au fur et à mesure, il faut un homme qualifié. »

L'assemblée me répondit unanimement : « Non loin d'ici se trouve le religieux *Tcheng-kou*; depuis longtemps il étudie les enseignements de la discipline; dès son jeune âge il a conservé en lui la perfection et la sincérité. Si vous pouvez vous adjoindre cet homme, ce sera un excellent compagnon. »

Pour ma part, dès que j'eus entendu ces paroles, elles me parurent répondre merveilleusement au désir de mon cœur. Alors je détachai une feuille de papier et j'en fis une lettre que j'envoyai au temple de la montagne pour exposer en gros le voyage dont il s'agissait. Dès que (*Tcheng*)-*kou* eut ouvert ma lettre et l'eut regardée un peu de temps, il pensa aussitôt à partir avec moi. Pour prendre une comparaison, la ville de *Leao*, par une seule sortie, abattit le grand courage de trois capitaines ; — ainsi, une petite stance (gâthâ) venue des montagnes neigeuses entraîna la volonté profonde du grand ermite. — Il quitta donc avec joie ses torrents retirés ; — il s'éloigna sans regrets de la forêt de pins. — Il retroussa ses manches devant la montagne de la Porte de pierre[1]; — il releva ses vêtements devant le temple *Tche-tche*. — D'abord nous inclinâmes nos ombrelles de façon à n'en faire plus qu'une ; — nous réunîmes nos vêtements pour nous en enlever l'un à l'autre la poussière. — Puis nous nous prosternâmes de tout notre long. Il satisfit le désir que j'avais autrefois nourri en vain. Quoique je ne l'eusse point encore rencontré dans la vie ordinaire, en vérité il s'accordait mystérieusement avec mon cœur

---

1. 石門, la Porte de pierre. C'est le nom d'une montagne qui se trouve au nord-ouest de Canton (*Koang-yú-ki*, ch. xix, p. 3 v°).

de mes vies antérieures. Dans une douce nuit nous causâmes longuement ensemble de la question du voyage.

(*Tcheng*)-*kou* me répondit alors : « Lorsque la vertu désire rencontrer la vertu, elles se rejoignent d'elles-mêmes et sans intermédiaire ; — lorsque la moisson est près de germer, si quelqu'un se proposait de l'arrêter, il n'y parviendrait pas. — Nous ferons tous nos efforts et ensemble nous magnifierons les trois recueils ; je serai celui qui vous aidera à allumer les mille lampes. » Alors nous nous rendîmes de nouveau à la montagne *Hia* ; nous annonçâmes notre départ au supérieur du temple *K'ien* et à ses confrères. Le supérieur du temple patronna notre projet pour que nous le missions à exécution ; dès lors il ne nous retint plus en sa compagnie. On nous fit dire ce que nous aimions et tous nous aidèrent suivant notre gré ; ce qui nous manquait encore, nous n'eûmes pas à nous en préoccuper. Se rendre utile aux autres était leur désir. D'une manière générale ils nous donnèrent tout notre équipement et firent que rien ne nous manquât. En outre, les religieux et les laïques du chef-lieu de l'arrondissement de *Koang* nous comblèrent de dons et de vivres.

Puis, le premier jour de la onzième lune de cette année, nous nous embarquâmes sur un bateau marchand et nous nous éloignâmes de *P'an-jong*. Nous nous dirigeâmes vers le *Tchan-po* (Campâ) en hissant nos voiles ; — nous nous proposions d'arriver dans le pays de *Fo-che* (Bhôja) par une longue course, — afin d'être l'échelle et l'escalier pour les êtres qui souffrent, — afin de servir de barque et de bateau sur la mer du désir. — Nous nous réjouissions d'avoir pensé à prendre cette résolution difficile ; — nous espérions ne pas tomber au milieu de notre longue route. — Maître (*Tcheng*)-*kou* avait alors quarante ans.

Éloge :

(*Première stance*).

Ce sage a bien planté sa vie ; — il a reçu sa nature de ses existences antérieures. — Dès son enfance ses pensées furent pures ; — le vrai bonheur seul lui tint à cœur. — Ses désirs réclamaient ce qui triomphe de l'individualité ; — ses réflexions s'appuyaient sur la bonté intelligente. — Il ne trouvait aucun parfum dans les affaires intéressées ; — avec fermeté et sincérité il portait son affection sur le joyau de la sagesse.

(*Deuxième stance*).

Il reçut et garda l'excellent écrit ; — il comprit vraiment la forte pensée. — Pour les nobles et bonnes actions il avait un cœur généreux ; — pour les petites fautes il concevait beaucoup de crainte. — Les affections qu'il avait étaient comme le soulier qu'on ôte [1] ; — il ne recherchait point la gloire et la fortune. — Il était semblable aux poils et à la queue du chat [2] au repos où rien n'est en désordre ; — il était comme les couleurs et les parfums que récolte l'abeille voyageuse et qu'elle ne laisse point perdre.

(*Troisième stance*).

Solitaire, il s'éloigna des lacs de *Yong* [3] ; — sans com-

---

1. C'est-à-dire qu'il abandonnait ses affections aussi facilement qu'on ôte un soulier. Cf. note 1 de la p. 60.

2. Le *I-ts'ié-king-in-i* de *Hoei-lin* (ch. LXXXI) dit que le mot *mao* = chat, est une faute d'impression et qu'il faut lire *li* = yack thibétain. La queue du yack est renommée, en effet, pour sa beauté.

3. Nous avons vu, au commencement de la biographie de *Tcheng-kou*, que ce religieux était originaire de *Yong*, dans le *Ho-nan*. Il se rendit

pagnon il se rendit au sud de la rivière *Han*. — Les hommes sages étaient le premier de ses soucis; — la doctrine de la discipline était l'objet de sa recherche. — Lorsqu'il eut compris les dogmes essentiels, — il pénétra derechef plus profondément. — Comme son désir d'aller au loin le portait vers l'arbre de la sagesse (Bôdhidrouma), — il prit donc son bâton et se rendit à *Koei-lin*.

(*Quatrième stance*).

Il pénétra l'accord des choses mystérieuses dans les gorges de la montagne *Hia*; — il fit œuvre de bon artisan dans l'arrondissement de *Koang*. — Quand il fut entré en possession des anciens enseignements dans le pays d'Orient[1], — il voulut derechef rechercher des doctrines nouvelles dans les régions du sud. — Il espérait répandre l'enthousiasme là où on ne l'avait point répandu; — il se proposait de faire passer le courant là où on ne l'avait point encore fait passer. — Je loue la noble volonté de cet homme; — il a su sacrifier sa vie pour les autres.

(*Cinquième stance*).

Il fut mon excellent compagnon; — nous arrivâmes ensemble à l'île d'or[2]. — Si nous pûmes accomplir notre voyage vers les pays hindous, — ce fut grâce à notre parfaite amitié. — Les bateaux et les chars tour à tour se trouvèrent prêts; — des mains et des pieds nous nous aidions l'un l'autre. — Si nous parvenons à réaliser no-

---

ensuite à *Koei-lin*, capitale de la province actuelle de *Koang-si*, laquelle est au sud du *Yang-tse* et *a fortiori* de la rivière *Han*, affluent de gauche du *Yang-tse*.

1. La Chine.

2 金洲. Cette appellation confirme l'hypothèse que le pays appelé Bhôja ou Çri-Bhôja par *I-tsing* est identique au Zabedj des écrivains arabes. Cf. note 3 de la p. 36.

tre unique espoir de répandre la lumière, — nous n'aurons dès lors plus honte d'être vivants, fût-ce pendant cent années.

(*Sixième stance*).

Lorsqu'il fut arrivé dans le pays de *Fo-che* (Bhôja), — son désir primitif fut exaucé. — Il put entendre l'enseignement de la loi dont il n'avait encore rien appris; — en outre il contempla les règles qu'il n'avait point encore vues. — Il traduisait et au fur et à mesure il écrivait; il faisait un examen détaillé; il surmontait les obstacles; — les choses nouvelles qu'il voyait devenaient autant de connaissances nouvelles; il comprenait merveilleusement; il pénétrait les règles. — Avec son vaste savoir et sa grande intelligence, il nourrissait incessamment son désir d'entendre dès le matin; — avec son humilité respectueuse et ses sentiments dévoués, il ne se fût pas affligé s'il eût dû mourir le soir. — Craignant que la foule ne troublât son occupation, — il choisit un lieu retiré pour s'y recueillir. — Laissez agir une seule flamme allant au vent; — bientôt il y aura mille lumières et plus rien ne sera caché.

§ 58. — Il y eut en outre un disciple de *Tcheng-kou*. Son nom de famille dans le siècle était *Meng*; son nom personnel était *Hoai-yé*. En sanscrit, il s'appelait *Seng-kia-t'i-p'ouo* (Saṃghadêva). Son grand-père et son père étaient originairement des gens du nord; mais leurs fonctions publiques les avaient amenés à s'établir au delà

1. 孟
2. 懷業.
3. 僧伽提婆.

des montagnes¹. Sa famille s'était fixée momentanément dans le chef-lieu de l'arrondissement de *Koang* ; comme elle aimait la Loi, elle le fit entrer en religion. Quoiqu'il eût à peine vingt ans, il l'emportait par la sincérité de sa volonté sur des hommes parvenus à de hautes charges. Lorsqu'il eut vu son maître, il s'attacha à la pensée de magnifier la loi ; c'est pourquoi il se résolut à l'accompagner dans son voyage. Il rompit avec les affections et coupa court aux regrets. Il hasarda sa vie sur la vaste mer. Lorsqu'il fut arrivé au pays de *Fo-che* (Bhôja), il s'initia à la langue *kou-luen*². Il étudia un fort grand grand nombre de livres sanscrits ; il psalmodia les gâthâs de l'Abhidharma-kôca-çâstra³. Quoiqu'il ne s'occupe effectivement que d'une seule chasse, — j'espère qu'il donne des promesses dans mille directions. — S'il peut conserver son ardeur jusqu'à ce que sa pensée soit mûre, — je m'attends à ce qu'on compare ses traces à celles des anciens bhikshous. D'ailleurs c'est lui qui est notre aide et il contribue maintenant aux traductions. Il est âgé de soixante-dix ans⁴.

§ 59. — Le *pi-tch'ou* (bhikshou) *Tao-hong*⁵ a pour nom sanscrit *Fo-t'ouo-t'i-p'ouo* (Bouddhadêva)⁶. Il est origi-

---

1. C'est-à-dire dans le *Ling-nan*. Cf. note 3 de la p. 117.
2. La langue malaise. Cf. note 7 de la p. 63.
3. En chinois : *Kiu-ché-luen-kié* 俱舍論偈.
4. Je suppose qu'il doit se trouver ici une faute de texte ; puisque *Tcheng-kou* n'avait que quarante ans et que *Hoai-yé* était son disciple, il semble difficile que ce dernier fût âgé de soixante-dix ans. D'ailleurs, dans tout ce paragraphe, *Hoai-yé* est présenté comme un jeune homme.
5. 道.
6. 佛陀提婆.

naire de *Yong-k'ieou* dans l'arrondissement de *Pien*[1]. Son nom de famille dans le monde est *Kin*. Son père, quand il était jeune, fit partie d'une caravane de marchands et s'en alla voyager dans le sud. Il franchit au loin les trois Fleuves[2]; — dans les régions reculées il monta sur les cinq pics[3]. — Il traversa donc le district de *Chao*[4]; — ensuite il arriva à la montagne *Hia*[5]. — Il vit la pureté et la solitude de ces pics et de ces gorges; — il s'habitua à la limpidité et au calme de ces cours d'eau et de ces sources. — Il trouva la perfection; — il connut la sagesse. — Il revêtit la robe sombre; — il rejeta les vêtements blancs.

En ce temps, *Tao-hong* était encore un enfant; il s'abandonnait comme la feuille au vent et la plante aquatique au tourbillon. A la suite du maître, qui était son père, il voyagea de ci et de là. Il entra à *Koei-lin* et y éleva ses pensées; — il passa par *Yeou-ts'iuen* et plusieurs fois s'y reposa.

Son père s'appelait le maître du dhyâna *Ta-kan*[6]; dans la résidence du maître du dhyâna, *Sou*, il étudia les doc-

---

1. *Yong-k'ieou* était, sous les *T'ang*, une sous-préfecture qui dépendait de l'arrondissement de *Pien* dans la division administrative du *Ho-nan*. Cette localité se trouve aujourd'hui dans la sous-préfecture de *K'i*, préfecture de *K'ai-fong*, province de *Ho-nan*.

2. Cf. note 6 de la p. 139.

3. Les cinq pics 五嶺 formaient la chaîne de montagnes au sud de laquelle était la division administrative appelée le *Ling-nan-tao* (cf. note 3 de la p. 117). Ces cinq pics sont le *Ta-iu*, le *Che-ngan*, le *Lin-ho*, le *Koei-yang* et le *Kie-yang*. Cf. Couvreur, *Dict. chinois-français*, p. 500.

4. Le district de *Chao* 韶部 correspond à la préfecture actuelle de *Chao-tcheou-fou*, dans la province de *Koang-tong*.

5. Cf. note 6 de la p. 172.

6. 大感.

trines du mystère et du cœur [1]. Il passa là plusieurs années et apprit un peu les principes essentiels. Il revint dans la gorge de la montagne *Hia* [2].

Tao-hong, à la suite de son père, sortit à son tour du monde. Lorsqu'il eut atteint l'âge de vingt ans, il fut admis aussitôt à recevoir toutes les défenses. Il vivait dans le chef-lieu de l'arrondissement de *Koang*; il résidait dans un temple de la montagne. Quoique ni son âge, ni les espérances qu'il pouvait donner ne fussent encore grands, il pensait fort à se conduire selon les règles de la vertu.

Lorsqu'il apprit que moi, *I-tsing*, j'étais arrivé, il se rendit à pied (au temple) *Tchoang-yen* pour s'y informer où je demeurais; on lui dit je m'étais établi dans le temple *Tche-tche*. A peine se fut-il acquitté des salutations d'usage qu'il s'éprit de l'idée du départ. En pen-

---

1. L'expression 祕心關 propt. : les portes du mystère et du cœur, désigne les écoles du Yôga et du Dhyâna. Cela est prouvé par un curieux passage du *Song-kao-seng-tchoan* (ch. III, pp. 17 v° et 18 r°) où l'auteur expose ce qu'il entend par les trois doctrines : « L'une est la doctrine manifestée (顯教); ce sont les soûtras, le vinaya et les çâstras des divers véhicules ; — la seconde est la doctrine secrète (宓教); ce sont le lavage du crâne (abhishêkarddhi) par le Yôga, les cinq sortes de *hou-mouo* (hôma), les trois mystérieux *manna-lou* (maṇḍala); — la troisième est la doctrine du cœur (心教); elle indique directement le cœur de l'homme et voit son naturel parvenir à l'état de Bouddha; c'est la méthode du dhyâna. Pour la première de ces doctrines, la roue de la Loi consiste à manifester la doctrine; Kâçya Mâtaṅga en est le premier ancêtre. Pour la seconde doctrine, la roue du Commandement consiste dans la doctrine mystérieuse; Vajra Bôdhi en est le premier ancêtre. Pour la troisième doctrine, la roue du Cœur consiste dans la méthode du dhyâna; Bôdhidharma en est le premier ancêtre. »

2. Cf. note 6 de la p. 172.

sant et en repensant au salut des êtres, en vérité il ne s'inquiétait plus de la vie. Il entendit parler des vagues qui s'élèvent jusqu'au ciel et les méprisa comme s'il se fût agi d'un petit étang ; — il considéra le poisson gigantesque (makara) qui traverse la mer de part en part et n'en fit pas plus de cas que d'une anguille.

Après qu'il eut réfléchi, il revint à *Ts'ing-yuen*[1] et dit ses adieux à la résidence dans la montagne. Il revint au chef-lieu avec maître *Tcheng-kou*.

Alors il ne songea plus qu'aux mers du sud, — au voyage que nous ferions ensemble à l'*Ile d'or*[2]. Il projetait d'écrire les trois Recueils, — de rendre un service qui s'étendît sur une durée de mille années. — Son intelligence instruite était perspicace et éveillée ; — son naturel complaisant était affable et doux. — Il était fort habile aux écritures *ts'ao* et *li* ; — il se familiarisa ensuite avec *Tchoang-tcheou*. — Il se pénétra de la doctrine du vide et de l'immensité contenue dans le chapitre sur la Conciliation des controverses[3] ; — il comprit la théorie de l'infini, exposée dans la comparaison des doigts et des chevaux[4]. — Il ne s'élançait pas pour franchir à pied un fleuve lorsqu'il n'avait pas de bateau[5], — mais

---

1. Nous avons vu (note 6 de la p. 172) que la montagne *Hia* se trouvait à une dizaine de kilomètres à l'est de la sous-préfecture de *Ts'ing-yuen*; *Tao-hong* se rend à Ts'ing-yuen pour dire adieu aux religieux qui étaient établis dans la gorge de la montagne *Hia*.

2. *Souvarṇa-dvîpa*, autre nom de Çrî-Bhôja (cf. note 3 de la p. 36).

3. La conciliation des controverses est le titre de la seconde partie du premier chapitre de *Tchoang-tse*.

4. Allusion à une très obscure théorie de *Kong-suen Long* dont il est fait mention dans *Tchoang-tse* (trad. Legge, *Sacred Books of the East*, vol. XXXIX, p. 183).

5. Cette métaphore signifie que sa bravoure n'était pas de la témérité. C'est une réminiscence du *Luen-yu* (trad. Legge, *Chinese Classics*, vol. I, p. 62).

il savait, même quand le danger était tout proche, prendre très bien ses mesures. — Quoique ses belles actions ne puissent pas encore être comparées au miroir qui reflète tout quand on le déplace, — cependant on peut louer son noble projet. — Son noble projet, qu'est-ce à dire ? — C'est chercher la Loi au mépris de sa propre vie, — ne pas viser au bonheur et par là même parvenir au bonheur, — ne pas se proposer d'avoir des amis et se faire des amis, — vouloir mettre tous les êtres vivants sur le même rang que sa propre personne. Comment comparerait-on cette bonté active avec le chien de paille[1] ?

Lorsqu'il arriva au pays de *Fo-che* (Bhôja), il s'appliqua de tout son cœur au recueil de la discipline. Il traduisait et au fur et à mesure il écrivait. Répandre la lumière était son espérance. Il rendit plus éclatante la perle des défenses[2]. Ce dont il faisait le plus grand cas, c'était la recherche de l'accomplissement total du nirvâṇa ; il rejeta les nombreux obstacles qui s'opposent au salut des êtres. S'acquitter de la grande tâche humaine, c'est ce qui a été fait par ce jeune ouvrier. Je vous loue de ce que vous avez pu vous tirer hors du courant de l'existence (bhava) et de ce que vous vous êtes approché du trésor que rien ne peut mesurer. — Il est âgé de vingt-trois ans.

---

1. On employait, dans les sacrifices pour demander la pluie, des chiens faits en paille. Le texte d'*I-tsing* est expliqué par un passage où *Tchoang-tse* parle du chien de paille à qui on rend les plus grands honneurs avant le sacrifice et qui, après, est jeté à terre et traité avec mépris (trad. Legge, *Sacred Books of the East*, vol. XXXIX, p. 352). La conduite du vrai Bouddhiste a une valeur propre et n'a pas l'inutilité du chien de paille.

2. Cf. p. 150.

§ 60. — Le *pi-tch'ou* (bhikshou) *Fa-lang*[1] a pour nom sanscrit *Ta-mouo-t'i-p'ouo* (Dharmadêva)[2]. Il est originaire de *Siang-yang*[3] dans l'arrondissement de *Siang*. Il résida dans le temple *Lin-ki*. Son nom dans le monde est *Ngan*. En vérité, sa famille conserve la tradition des rites et de la justice; ses parents ont, de père en fils, coiffé le chapeau de fonctionnaire.

Tout jeune garçon, il quitta sa maison. Pratiquer avec respect la vertu fut son occupation. Il quitta donc la maison paternelle et se rendit à pied dans le *Ling-nan*[4].

Lorsque moi, *I-tsing*, j'arrivai à *P'an-jong* (Canton) et que j'annonçai mon intention de partir, comme, malgré le peu d'étendue de ses études et de ses connaissances, il avait cependant le désir sincère de les perfectionner et de les approfondir, il voulut me suivre et traverser avec moi les sombres mers. Au bout d'un mois environ, il arriva dans le pays de *Fo-che* (Bhôja) et, dès qu'il y fut, il s'appliqua à accomplir sa tâche.

Jour et nuit son cœur était bien réglé; il étudia les règles mystérieuses de la science des sons (çabda-vidyâ); — matin et soir il méditait sans relâche; il apprit les principes secrets des *kiu-ché* (kôças). — Dès qu'il avait versé un panier de terre, — il espérait faire un amas qui monterait jusqu'à soixante-douze pieds sans s'écrouler[5]. — Les trois recueils (Tripiṭaka), avec respect il les lut; il comptait pouvoir pratiquer avec exac-

---

1. 法朗宏.
2. 達摩提.
3. Aujourd'hui sous-préfecture de *Siang-yang*, préfecture de *Siang-yang*, province de *Hou-pé*.
4. Cf. note 3 de la p. 117.
5. On a vu plus haut cette image, mais avec une application différente (cf. note 1 de la p. 113).

titude les cinq traités[1]. — Il ne craignait point la peine; il avait un naturel ouvert et intelligent; d'autre part, il savait être résolu à mettre toute sa confiance dans ce qui est grandement avantageux. — Lorsqu'il copiait, il oubliait toute fatigue ; — il mendiait sa nourriture pour subvenir à ses besoins. — Il n'avait que les trois vêtements[2] ; — il ne couvrait pas son épaule et marchait pieds nus dans la boue. — Avec respect, il pratiquait les plus hautes vertus. Quoiqu'il ne fût pas parvenu à la perfection éminente, il avait, en définitive, le vif espoir d'être comme l'aiguille dans le sac[3].

Des centaines de religieux désirent tous leur propre bonheur; vous seul avez proposé à votre cœur d'être utile aux êtres vivants ; vous êtes dévoué. Quel est le principe de votre dévouement et de votre application ? C'est que vous pensez uniquement à la parfaite raison. Si vous pouvez agrandir le noble désir parmi les êtres affligés, vous aurez l'espoir d'avoir une grande gloire auprès du Compatissant (Maitrêya Bouddha). — Il a vingt-quatre ans.

Ces quatre hommes, le religieux *Tcheng-kou* et ses compagnons, s'étant embarqués, arrivèrent tous au pays de *Fo-che* (Bhôja). Ils y étudièrent les livres saints pendant trois années; les langues sanscrite et chinoise petit à petit furent mises en relation.

Fa-lang s'est rendu, il y a quelque temps, dans l'état

---

1. Les cinq sections de la discipline. Cf. note 2 de la p. 167.
2. Cf. note 2 de la p. 109.
3. Allusion à une phrase de Se-ma Ts'ien que le P. Couvreur (*Dict. chinois-français*, p. 817) traduit et commente comme suit : Si l'on met une alène dans un sac, la pointe sort bientôt : le talent finit toujours par percer.

de *Ho-ling* ; il a passé là un été, puis il est tombé malade et est mort.

Hoai-yé s'est plu à séjourner dans le pays de *Fo-che* (Bhôja) ; il n'est pas retourné à *P'an-jong* (Canton).

Seuls, *Tcheng-kou* et *Tao-hong* sont revenus de compagnie au chef-lieu de l'arrondissement de *Koang* (Canton). Chacun d'eux retint l'autre, si bien qu'ils y demeurèrent ; tour à tour ils s'attendaient l'un l'autre ou se suivaient l'un l'autre. *Tcheng-kou*, sur l'aire consacrée à l'explication des trois recueils, exposa et illustra l'enseignement de la discipline. Trois années ne s'étaient pas encore écoulées [1] lorsqu'il tomba malade et mourut.

Tao-hong resta seul dans le *Ling-nan*. Ces derniers temps, toute nouvelle de lui a cessé ; quoique je me sois, à chaque occasion, informé de lui avec sollicitude, je n'ai reçu aucun renseignement oral ou écrit.

Hélas, ces quatre hommes ont tous navigué sur les sombres mers ; ils ont fait les plus grands efforts et ont été sincères jusqu'au bout ; ils avaient l'intention d'allumer la torche de la Loi. Mais, quel est l'homme qui peut savoir si son œuvre sera grande ou petite, si tous les obstacles disparaîtront ou subsisteront ? Chaque fois que cette pensée me vient, j'en conçois une tristesse sans bornes. On voit par là que la comparaison du *k'i-lin* [2] est difficile à appliquer. Notre destinée exposée

---

1. D'après cette indication, cette partie du livre a dû être écrite six ans au moins après le retour d'*I-tsing* dans le pays de Çrî-Bhôja, puisque *Tcheng-kou* resta trois ans dans ce pays, puis mourut trois ans après être revenu à Canton. C'était en 689 qu'*I-tsing* avait quitté la Chine pour la seconde fois ; c'est donc en 695 au plus tôt que ces lignes furent écrites. Or, la première rédaction du traité que nous traduisons fut envoyée en Chine, par *I-tsing*, en 692 ; cette dernière partie de l'ouvrage est donc une addition ultérieure.

2. Le *k'i-lin* est un animal fantastique qui apparaît, disent les Chi-

aux dangers, il est aisé de la perdre; mais le patrimoine de bonheur que nous possédons, mis en commun, sera de bon rapport. Dans la première réunion sous l'arbre aux fleurs de dragon [1], nous sortirons tous de ce monde de souillure et de misère.

nois, toutes les fois qu'un grand sage est vivant. Les légendes relatives au *k'i-lin* sont nombreuses et la phrase d'*I-tsing* est trop concise pour que j'aie pu découvrir à laquelle il fait allusion.

1. L'arbre sous lequel le Bouddha futur, Maitrêya, fera tourner la roue de la Loi.

APPENDICE

BIOGRAPHIE D'*I-TSING* (義淨), DU TEMPLE *TA-TSIEN-FOU* 大薦福) A LA CAPITALE, SOUS LA DYNASTIE DES *T'ANG*

(*Song-kao-seng-tchoan*, ch. 1, biogr. 1.)

Le Çâkyapoutra *I-tsing* avait pour appellation *Wen-ming* (文明) et pour nom de famille *Tchang* (張). Il était originaire de *Fan-yang* (范陽)[1]. A l'âge où on perd les dents de lait[2], il quitta ses parents et fit tomber sa chevelure. En tous lieux, il alla s'instruire auprès des maîtres habiles; il chercha à connaître une vaste quantité d'écrits; il s'instruisit sur les ouvrages religieux et sur les ouvrages laïques; il comprit les choses actuelles et les choses anciennes.

A quinze ans, il forma son projet pour la première fois; il désira voyager dans les contrées de l'ouest. Il admira la belle persévérance de *Fa-hien* (法顯)[3]; il

---

1. *Fan-yang* correspond au moderne *Tchouo-tch'eou* 涿州 qui dépend de la préfecture de *Choen-t'ien* (Péking) dans la province de *Tché-li*.
2. A sept ans.
3. Cf. note 2 de la p. 3.

aima le noble enthousiasme de *Hiuen-tchoang* (玄奘)[1].

Redoublant d'activité, il ne se laissa aller à aucune négligence; toujours il tenait à la main, sans jamais les quitter, ses livres. A l'âge où le jeune homme coiffe le bonnet viril, il monta recevoir toutes les défenses. Il s'affermit de plus en plus dans sa droite résolution.

La deuxième année *hien-heng* (671 ap. J.-C.) il était âgé de trente-sept ans; c'est alors qu'il se mit en marche; il se rendit d'abord à *P'an-jong* ; il y trouva plusieurs dizaines d'hommes animés de la même résolution; mais, au moment de monter en bateau, tous les autres se retirèrent et firent défection. *I-tsing* déploya toute son énergie et partit seul. Il affronta et traversa les difficultés et les dangers; il apprit les langues des divers pays où il arriva; tous les nobles et les grands qu'il rencontra le traitèrent avec beaucoup d'honneur. Le pic du Vautour (Gṛidhrakoûṭa) et le pied du Coq (Koukkouṭa-pada-giri), il en fit le pèlerinage complet; le parc des antilopes (Mṛigadâva) et le bois de Jêta (Jêtavana), il les contempla dans leur entier. Partout où il y avait des vestiges sacrés, il alla les rechercher. Il passa là vingt-cinq années et traversa plus de trente pays.

L'année *i-wei* (695 ap. J.-C.), première de la période *tcheng-cheng* du règne de l'Impératrice céleste[2], au second mois d'été, il revint à *Lo-yang*. Il rapportait des textes sanscrits, soûtras, traités sur le Vinaya et çâstras, au nombre de près de quatre cents ouvrages, formant ensemble cinq cent mille stances (çlôkas), une reproduction de l'image fidèle qui se trouve au Bôdhimanda, trois cents reliques.

1. Cf. note 4 de la p. 2.
2. L'impératrice *Ou* qui usurpa le pouvoir de l'an 684 à l'an 705.

L'Impératrice céleste alla en personne le recevoir au dehors de la porte supérieure de l'Est. Les religieux de tous les temples, formant un cortège avec des bannières, des dais, des chants et des fanfares, marchaient devant. Par décret impérial, il fut établi dans le temple *Fo-cheou-ki* (佛授記).

D'abord, avec le maître des trois recueils Çikshânanda[1] (實叉難陀), originaire de Khoten (于闐), il traduisit le Bouddhâvataṃsaka-mahâvaipoulya-soûtra (B. N., 88. 華嚴經). Après la période *kieou-ché* (700-701 ap. J.-C.), il se consacra tout seul à ses traductions.

Depuis l'année *keng-tse* (700 ap. J.-C.) jusqu'à l'année *koei-mao* (703 ap. J.-C.) de la période *tch'ang-ngan*, il résida dans le temple *Fou-sien* et dans le temple *Si-ming* de *Yong-king* (雍京西明寺). Là il traduisit le Souvarṇaprabhâsottamarâja-soûtra (B. N., 126. 金光明最勝王), le Vajracchêdika-prajñâpâramitâ (B. N., 14. 能斷金剛般若), le Maitrêya-vyâkaraṇa (B. N., 207. 彌勒成佛), le Ekâkshara-mantrarâja-soûtra (B. N., 334. 一字呪王), le Vyoûharâja-dhâra-

---

1. Çikshânanda (en chinois *Hiue-hi* 學喜) était né à Khoten en 651. Comme la collection du Bouddhâvatasaṃka-mahâvaipoulya-soûtra qu'on possédait en Chine n'était pas complète, l'Impératrice céleste envoya des gens à Khoten pour chercher un texte plus satisfaisant et pour ramener des religieux capables de le traduire ; ce fut ainsi que Çikshânanda vint à la cour ; en 695, il commença sa traduction ; au nombre de ses assistants fut I-tsing ; ce travail fut terminé en 699. En 704, Çikshânanda retourna à Khoten. En 708, il fut rappelé à la cour par un décret impérial ; il y fut reçu avec les plus grands honneurs, mais, fort peu de temps après, il tomba malade et mourut en 710, âgé de cinquante-neuf ans. — Ces renseignements sont tirés du *Song-kao-seng-tchoan*, chap. II, p. 17.

ṇisoûtra (B. N., 504. 莊嚴王陀羅尼), le Dîrgha-
nakha-parivrâjaka-paripṛicchâ (B. N., 734. 長爪梵志);
en même temps que ces soûtras, il traduisit le Moûla-
sarvâstivâda-nikâya-vinaya (B. N., 1118. 根本一切
有部毗奈耶), le Moûlasarvâstivâda-nikâya-nidâna
(B. N., 1133. 尼陀那), le Moûlasarvâstivâda-nikâya-
mâtṛikâ (B. N., 1134. 目得迦), le Moûlasarvâstivâda-
êkaçatakarman (B. N., 1131. 百一羯磨), le Sarvâstivâda-vinaya-samgraha (攝等), le Tâlântaraka-çâstra
(? B. N., 1256. 掌中), le Prajñapti-hêtou-samgraha-çâstra
(? B. N., 1229. 取因假設). le Shaḍdvâropadishṭa-
dhyâna-vyavahâra-çâstra (? B. N., 1230. 六門教授);
outre ces çâstras, il traduisit les stances de Nâgârjouna
pour exhorter et avertir (Arya-nâgârjouna-bodhisattva-
souhṛillekhâ, B. N., 1440. 龍樹勸誡頌); ces traductions formaient en tout vingt ouvrages. — Le çramaṇa de
l'Inde du nord, *Ngo-ni tchen-na* (阿儞眞那) contrôla
le sens du texte sanscrit; les çramaṇas *Po-luen* (波崙),
Fou-li (復禮), *Hoei-piao* (慧表), *Tche-tsi* (智積), et
d'autres rédigèrent les textes contrôlés; les çramaṇas
Fa-pao (法寶), *Fa-tsang* (法藏), *To-kan* (德感).
Cheng-tchoang (勝莊), *Chen-ing* (神英), *Jen-leang*
(仁亮), *Ta-i* (大儀), *Ts'e-siun* (慈訓), et d'autres
contrôlèrent les sens; le professeur en second de la
Grande Étude à l'Académie impériale, *Siu-koan* (許觀)
surveilla la rédaction et la présenta au trône [1]. L'Impé-

---

1. Le *Song-kao-seng-tchoan*, chap. III, p. 18, nous a conservé des
renseignements curieux sur la manière dont étaient constituées ces
commissions officielles de traduction. Elles comprenaient jusqu'à

ratrice céleste promulgua une préface de la religion sainte et ordonna qu'elle fût publiée en tête des livres saints.

Puis, l'année *i-se* (705 ap. J.-C.), première de la période *chen-long* de l'empereur *Ho* (和帝), sur l'aire de la Sagesse (bôdhimaṇḍa) dans le palais, à *Lo-yang*, il traduisit le Mahâmayoûrî-vidyârâjñî (B. N., 306 孔雀王經). — En outre dans le temple *Ta-fou-sien*, il traduisit le Râjâvavâdaka (B. N., 250. 勝光天子), le Gandharâja-bôdhisattva-dhâraṇî-soûtra (? B. N., 505. 香王菩薩呪), le Sarvadharmagouṇavyoûharâja (B. N., 498. 一切莊嚴王經). Cela fait un total de quatre ouvrages. Le çramaṇa *Bandhou* (盤度) lut le texte sanscrit; le çramaṇa *Hiuen-hoa* (玄華) fit la rédaction; le çramaṇa *Ta-i* (大儀) contrôla le texte; les çramaṇas *Cheng-tchoang* (勝莊) et *Li-tcheng* (利貞) contrôlèrent les interprétations; le vice-président du Ministère de la Guerre, *Ts'oei-che* (崔湜) et le surintendant *Lou-ts'an* (盧粲) polirent le style et rectifièrent les caractères; le gardien des archives, noble du septième rang, *Yang Chen-kiao* (楊慎交) exerça la surveillance.

L'empereur vénérait fort les règles bouddhiques; il fit choix de quelques sages pensées et promulgua la préface de la religion sainte au « Tripiṭaka de l'élévation du dragon de la grande dynastie *T'ang*. » En outre, il se rendit à la porte Ouest de *Lo-yang* pour y informer tous les fonctionnaires que des livres saints avaient été nouvellement traduits.

neuf catégories de fonctionnaires comptant chacune plusieurs titulaires.

La deuxième année (706 ap. J.-C.), *I-tsing*, suivant l'empereur, revint à *Yong-king* (雍京); on établit dans le temple *Ta-sien-fou* (大薦福) une commission pour la traduction des livres saints et il résida là.

La troisième année (707 ap. J.-C.), il fut appelé au palais afin d'y passer dans le repos les trois mois d'été (varsha) avec les çramaṇas, ses collègues, pour la traduction des livres.

Autrefois, lorsque l'empereur avait été relégué dans l'arrondissement de *Fang* (房), il s'était trouvé dans l'infortune et dénué de tout refuge [1]; mais il avait invoqué le Docteur de la médecine (藥師 Bhêshadjyagourou) et aussitôt il avait reçu d'en haut une faveur céleste; afin de témoigner sa reconnaissance pour cet ancien bienfait et de donner un nouveau déploiement à sa noble conduite, il ordonna à des religieux de la Loi de refaire une traduction spéciale dans la salle de la Clarté du grand Bouddha (大佛光殿). L'ouvrage, complet en deux rouleaux, eut le titre de Saptatathâgatapoûrvapraṇidhâna-viçêshavistara (B. N., 172. 藥師琉璃光佛本願功德經). L'empereur se rendait en personne sur les nattes de la loi et écrivait la rédaction de sa propre main.

L'année *keng-hiu* (710 ap. J.-C.), première de la période *Yong-long* [2] (永隆) du règne de *Joei-tsong*, *I-tsing*

---

[1]. En 684, l'impératrice-mère *Ou* avait déposé son fils, l'empereur *Tchong-tsong*, et l'avait fait interner à *Fang-tcheou*, sous-préfecture de *Tcheng-yang*, dans le *Hou-koang*. *Tchong-tsong* ne remonta sur le trône qu'en 705.

[2]. Le nom de cette période est omis dans les tables du *Manuel* de Mayers. Dans le *Ki-yuen-kia-tse-piao*, elle est marquée sous le nom de *T'ang-long* 唐隆; elle ne comprend qu'une année (l'année 710) qui se confond d'ailleurs avec la première de la période *king-yun*.

traduisit dans le temple *Ta-tsien-fou* le Pratibimbâbhi-shiktagouṇa-soûtra (B. N., 294. 浴像功德經), le Moûlasarvâstivâda-nikâya-vinaya-samyouktavastou (B. N., 1121. 毗奈耶雜事), le Saṃghabhedakavastou et le Moûlasarvâstivâda-nikâya-bhikshouṇî-vinaya (B. N., 1123 et 1124. 二眾戒經), le Vidyâmâtrasiddhiratnajâti çâstra (B. N., 1210. 唯識賓生), l'Alambanapratyayadhyâna-çâstra-vyâkhyâ (B. N., 1174. 所緣釋) et d'autres livres, en tout vingt ouvrages. Le çramaṇa du Tokharestan, *Dharmamarma* (達磨末磨) et le çramaṇa de l'Inde du centre, *Bhânou* (拔弩) contrôlèrent les significations sanscrites ; le çramaṇa du *Ki-pin* (罽賓), *Dharmânanda* (達磨難陀), contrôla le style sanscrit ; le vaiçya *Içvara* (伊舍羅), homme éminent de l'Inde orientale, contrôla le texte sanscrit ; le çramaṇa *Hoei-tsi* (慧積) et le vaiçya *Li-che-kia* (李釋迦), originaire de l'Inde du centre, examinèrent longuement le texte sanscrit des paroles ; les çramaṇas *Wen-kang* (文綱), *Hoei-tchao* (慧沼), *Li-tcheng* (利貞), *Cheng-tchoang* (勝莊), *Ngai-t'ong* (愛同) et *Se-heng* (思恒), contrôlèrent les interprétations ; *Hiuen-hoa* (玄華), et *Tche-tsi* (智積) firent la rédaction ; le vaiçya *Gautama-vajra* (瞿曇金剛), originaire de l'Inde orientale, et *Arjouna* (阿順), fils du roi du Cachemire, contrôlèrent les traductions ; le grand secrétaire du bureau du perfectionnement de la littérature *Li Kiao* (李嶠), le président du Ministère de la Guerre, *Wei Se-li* (韋嗣立), le vice-président du bureau des dépêches, *Tchao Yen-tchao* (趙彥昭), le vice-président du Ministère des Emplois civils, *Lou*

Ts'ang-yong (盧藏用), le vice-président du Ministère de la Guerre, Tchang Yue (張說), l'officier du bureau des dépêches, Li I (李乂), en tout plus de vingt personnes, à tour de rôle, polirent le style; le chef de gauche au tir à l'arc, Wei Kiu-yuen (韋巨源) et le chef de droite au tir à l'arc, Sou Koei (蘇瓌) exercèrent la surveillance; le surintendant des archives, roi par hérédité du pays de Kouo, Yong (邕), fut adjoint pour la surveillance.

L'année sin-hai (711 ap. J.-C.), deuxième de la période king-yun, I-tsing traduisit derechef dans le temple Ta-tsien-fou, le Dvâdaçabouddhaka-dhârani (B. N., 336. 稱讚如來功德神呪). Le président de la Cour des cérémonies religieuses, Siue Tch'ong-se (薛崇嗣) exerça la surveillance.

Depuis la période kieou-che (700-701 ap. J.-C.) de l'Impératrice céleste jusqu'à la période king-yun (710-712 ap. J.-C.) de Joei-tsong, il traduisit en tout cinquante-six ouvrages qui formèrent deux cent trente rouleaux. En outre, il composa lui-même le mémoire écrit à l'époque de la grande dynastie T'ang, sur les religieux éminents qui allèrent chercher la Loi dans les pays d'Occident (B. N., 1491). et le Traité sur la loi intérieure envoyé des mers du sud (B. N., 1492); en outre, les Règles pour la pratique importante de confesser ses fautes (B. N., 1506), les Règles pour la pratique importante de l'usage des trois sortes d'eau (B. N., 1507), les Règles pour laisser les êtres vivants chercher la préservation de leur vie (B. N., 1508); en tout, cela forme cinq ouvrages en neuf rouleaux. En outre, il traduisit le Moûlasarvâstivâda-vastou (?說一切有部跋窣堵), ouvrage qui rentre dans la classe Skandhaka-varga du recueil des disciplines (諸律中犍度跋渠之類);

en effet, les prononciations sanscrites ont entre elles les différences de *Tch'ou* et de *Hia*[1]. — Cet ouvrage formait environ soixante-dix-huit rouleaux.

Quoique *I-tsing* ait, d'une manière générale, expliqué les trois recueils, il s'appliqua plus spécialement aux livres qui traitent de la discipline. Pendant les loisirs que lui laissait la suite de ses traductions, il instruisait ses disciples avec grand soin. Dans tout ce qu'il faisait, il était élevé, actif et intègre. Il lava toutes les impuretés comme en les filtrant dans un sac et s'éleva fort au-dessus de la règle commune. Ses disciples agissent d'après ses instructions et les répandent à *Lo-yang*. Fort bien ! c'est aussi accomplir la noble tâche de nous léguer la loi.

Il mourut la deuxième année *sien-t'ien*[2] (713 ap. J.-C.), âgé de soixante-dix-neuf ans ; il avait été dans les ordres pendant cinquante-neuf ans. Ses funérailles furent faites aux frais publics.

Du (Moûlasarvâstivâda)-vastou, on n'a conservé que le manuscrit original ; il n'eut point le temps d'y ajouter un commentaire et il y parle d'une manière pressée et embarrassée.

Cependant les soûtras et les traités sur la discipline dont il nous a livré la traduction peuvent balancer

---

1. D'après un passage du *Song-kao-seng-tchoan*, ch. III, p. 16 r°, où se retrouve cette même comparaison, on voit que les noms de *Tch'ou* et de *Hia* sont symboliques de « grossier » 俗 et « élégant » 雅.

2. Le nom de la période *Sien-t'ien* est omis dans les tables du *Manuel* de Mayers. D'après le *Ki-yuen-kia-tse-piao*, l'année 712 aurait eu successivement trois noms : *t'aï-ki*, *yen-ho* et *sien-t'ien*, puis, en 713 aurait commencé la période *k'aï-yuen*. La deuxième anné *sien-t'ien* est donc identique à la première année *k'aï-yuen*, c'est-à-dire qu'elle correspond à l'an 713.

l'œuvre de *Hiuen-tchoang*. Si on compare leurs écrits, *I-tsing* eut plus de talent littéraire. C'est en nous donnant les dhâranis mystiques qu'il a montré le plus de subtilité; par la division des sons en deux et trois éléments, il se fit aussitôt comprendre.

La pagode élevée en son honneur se trouve aujourd'hui sur une hauteur, au nord de la porte du Dragon à *Lo-yang*.

ADDENDA

Page 2, note 4. — Le nom de Hiuent-choang a été transcrit de diverses manières par les auteurs européens. Nous avons adopté l'orthographe qui correspond à la prononciation actuelle de Péking en écrivant *Tchoang* le second caractère de ce nom ; nous suivons en cela l'exemple de MM. Mayers, Wylie, Legge et Bunyiu Nanjio et nous croyons que cette orthographe finira par prévaloir, parce que la prononciation de Péking tend de plus en plus à être adoptée par les sinologues. Il faut remarquer cependant que, si on se réfère au dictionnaire de K'ang-hi, le second caractère de ce nom est indiqué comme devant se prononcer *Tsang* ; c'est par erreur que St. Julien l'écrit *Thsang* (soit *Ts'ang* dans notre système de transcription), car il ne doit y avoir aucune aspiration dans ce mot. Ainsi, deux orthographes sont admissibles : ou bien l'orthographe scientifique *Hiuen-tsang*, ou bien l'orthographe conforme à la prononciation pékinoise *Hiuen-tchoang* (cf. Terrien de Lacouperie, *Journal of the Royal Asiatic Society*. n. s., t. XXIV, pp. 835-840).

Page 20. — La transcription Çambhou proposée comme équivalant aux deux caractères chinois *Tchan-pou* est extrêmement improbable ; elle serait en désaccord avec la méthode ordinaire d'I-tsing. La transcription Jambou donnée à la page 18 paraît préférable. Par une singularité qui mérite d'être signalée, le nom de ce roi et le nom du pays de *Ngan-mouo-louo-po* qu'il gouvernait se refusent jusqu'ici à toute identification, même hypothétique.

Page 36, *note* 3. — M. Beal (*Some remarks respecting a place called Shi-li-fo-tsai...*, dans le *Livre des Merveilles de l'Inde*, édit. van der Lith et Marcel Devic, Leide, 1883-1886, pp. 251-253), place le pays de Çribhôja, près de Palembang ou sur la rivière Palembang, parce que, suivant lui, I-tsing aurait appelé indifféremment Mouo-louo-yu (Malaiur = Palembang) et Che-li-fo-che (Çribhôja) une seule et même contrée. Mais ce n'est pas I-tsing lui-même qui établit cette identification, c'est son annotateur ; or toutes les fois que cet annotateur veut exprimer l'idée que tel ou tel mot sanscrit se dit en chinois de telle ou telle manière, il écrit : en langue des Tcheou, on dit... (*Tcheou yun*); ce fait prouve qu'il vivait au temps de la petite dynastie Tcheou (951-960 ap. J.-C.). Ainsi, au x⁰ siècle de notre ère, l'état de Çrîbhôja (Zabedj) avait englobé celui de Mouo-louo-yu (Palembang); mais, au temps d'I-tsing, ces deux royaumes étaient distincts : en effet, nous lisons en deux passages de l'ouvrage même que nous avons traduit (p. 119 et p. 144) que les voyageurs qui se rendaient en Inde passaient de l'état de Çrîbhôja dans celui de Mouo-louo-yu.

Page 57, note 5. — Dvâravatî est le nom sanscrit d'Ayouthia, ancienne capitale du Siam.

Page 67, note 3. — Le Mahâvyoutpatti, n° 272, donne l'énumération suivante des treize vêtements que le religieux pouvait posséder : 1° saṃghâṭi (n° 1 de la liste chinoise); 2° outtarâsaṅga (2); 3° antarvâsa (3); 4° samkakshikâ (7); 5° pratisaṃkakshikâ (8); 6° nivâsana (5); 7° pratinivâsana (6); 8° kêçapratigrahaṇa (11); 9° snâtraçâṭaka (9); 10° niṣadana (4); 11° kaṇḍoûpraticchadana (12); 12° varshâçâticîvara (?); 13° parishkâracîvara (?).

Page 74, note 1. — Il est inexact de dire que la population du K'ang-kiu émigra de Tachkend à Samarkand en franchissant les monts Bolor, car c'est une impossibilité géographique. Les textes chinois donnent au sujet de cette migration du K'ang-kiu deux renseignements qui ne s'accordent pas : suivant les uns, la population du K'ang-kiu qui demeurait primitivement au nord des monts Célestes, passa ces montagnes, traversa le Turkestan chinois, et, franchissant les monts Bolor, arriva dans le Ferganah; suivant les autres, elle contourna les monts Célestes à l'ouest pour arriver à Tachkend non loin des monts Bolor (cf. Imbault-Huart, *Documents sur l'Asie centrale*, p. 193).

Page 107, note 2. — La date à laquelle K'iu-lien se proclama roi et fonda le royaume de Lin-i (Campâ) est incertaine. Nous avons à ce sujet dans les historiens chinois deux séries de textes : suivant les uns, en l'an 137 de notre ère, un certain K'iu-lien se révolta, mais le gouvernement chinois du Tonkin parvint à rétablir l'ordre; suivant les autres, à la fin de la dynastie des Han postérieurs (qui cessa d'exister en l'an 220 de notre ère), un nommé K'iu-lien (le caractère *lien* est différent de celui qui entre dans le nom du personnage mentionné en 137), fils du receveur (*kong ts'ao*, nom d'une fonction) d'une sous-préfecture, assassina le sous-préfet et, entrant en lutte avec les autorités chinoises, se proclama roi du Lin-i (Campâ). Aucun historien chinois n'établit un rapport entre ces deux faits; mais les écrivains annamites ont remarqué l'analogie entre les noms des deux personnages mentionnés et ils ont admis que ces passages des historiens se rapportaient à un seul et même événement. Leur opinion a été acceptée sans discussion par M. des Michels (*Annales impériales de l'Annam*, 2ᵉ fascicule, p. 108) et par M. Terrien de Lacouperie (*Transactions of the ninth international Congress of Orientalists*, t. II, p. 898, note 2). Il me semble cependant qu'il est prudent de conserver un doute et de ne pas considérer comme certaine l'identité de deux passages qui me paraissent bien plutôt se rapporter à deux événements différents séparés entre eux par un intervalle de près d'un siècle.

Page 130, *note* 1. — Sur les dix-huit écoles, voyez aussi un article de Beal : *The eighteen schools of Buddhism* (*Indian Antiquary*, vol. IX, pp. 299-302).

Je suis heureux d'exprimer ici mes plus chauds remercîments à M. Sylvain Lévi, professeur de sanscrit à la Sorbonne, qui a bien voulu revoir avec moi toutes les épreuves de ce travail et me donner plusieurs indications précieuses.

INDEX DES MOTS SANSCRITS

(La lettre *n*, placée après le nombre indiquant la page, signifie que le mot est mentionné seulement en note.)

A

Abhidharma, 16, 136, 171.
Abhidharma-kôça-çâstra, 17 n., 78, 183.
Abhidharma vibhâshâ, 17 n.
Açmakoûṭa, 22 n., 38.
Açôka (arbre), 75.
Adityasêna (?), 81.
Agama, 16 n., 61, 124, 147.
Ajiravatî (rivière), 156.
Akshaṇa, 70.
Amita Bouddha, 44, 163.
Ananda, 47, 169 (?).
Arhat, 46.
Aryavarman, § 4.
Asaṅga, 16 n.
Avalôkitêçvara, 75, 129.

B

Bâlâditya, 94.
Bhadanta, 18, 172 n.
Bhikshou, 84, 161, 183, 189.
Bhôja, 119, 125, 176, 177, 179, 182, 183, 188, 189, 190 (cf. Çrîbhôja).
Bhôjana, 49 n.
Bôdhidrouma, 35, 47, 65, 114, 126, 148, 155, 159, 181.
Bôdhimaṇḍa, 139, 140, 196.
Bôdhisattva, 68.
Bouddhadêva, § 59.

C

Çabda-vidyâ, 30, 119, 188.
Çabda-vidyâ-çâstra, 122, 136.
Caitya, 39, 87, 95, 96.
Campâ (royaume en Indo-Chine), 58 n., 107, 158, 179, 203.
Candradêva, § 12.
Cataçâstra, 17, 52, 127.
Catuḥ-satya, 12 n.
Catvâri dêvamanoushyâṇâm cakrâṇi, 70.
Çikshânanda, 194.
Çikshâ-pada, 28 n.
Çîlâditya, 19 n.
Çîlaprabha, § 42.
Cintâdêva, § 21.
Çishya, 47, 65, 66, 106.
Citradêva (?), 65.
Cittavarman, § 17.
Çiva (Temple de), 51.
Çraddhâvarman, § 30.
Çramaṇa, 10 n.
Çrî (sens de cette particule), 93.
Çrîbhôja, 36 n., 64, 77, 126, 136, 144, 159, 202 (cf. Bhôja).
Çrî-Çakrâditya (roi fondateur du monastère Nâlanda), 84.
Çrîdêva, 27.
Çrîgoupta, 82.
Çrîkshatra (?), 57 n.
Çrî Narêndra, 20 n.

D

Dânapati, 116.
Dantakâshṭha, 34.
Dêvadatta, 155.
Dêvavarman (roi de l'Inde orientale), 83.
Dharmadêva, § 60.
Dhoûta, 110.
Dhyâna, 185 n.
Dvâravatî (Siam), 59 n., 69, 203.

G

Gândhâra, 51.
Gangâ, 18, 68, 82.
Gautama Bouddha, 159, 176.
Ghaṇṭâ, 89.
Gouṇacarita (nom d'un temple), 81.
Gouṇaprabha, 137.
Gouroupada (montagne), 47, 97.
Gridhrakoûṭa (montagne), 25, 47, 97, 101, 114, 123, 137, 148, 156.

H

Harikêla, 106, 107, 145.
Harshabhaṭa (?), 128.
Hînayâna, 16 n., 40, 81, 137.

I

Içânapoura (Cambodge), 58 n.

J

Jâlandhara, 14, 15.
Jambou (?), 18, 20.
Jamboudvîpa, 85, 145.
Jêta (Mont de), 148, 155.
Jêtavana, 11, 137.
Jina, 103, 146.

Jinaprabha, 17.
Jñânabhadra, 60, 62, 63.

K

Kalpa, 45, 150, 158.
Kâmalankâ, 57 n., 78, 100.
Kapiça, 24, 25, 81, 105.
Karmadâna, 88, 89.
Kâshâya, 40 n., 124.
Khâdana, 49 n.
Khakkhara, 11 n.
Kôças, 16, 80, 101, 136, 145, 188.
Kouçâgârapoura, 65, 93, 97, 137, 138, 148, 155, 159.
Kouçinagara, 29, 72, 73.
Koukkouṭapadagiri, 118, 125.
Koukkoutêçvara (Corée), 33.
Koulapati, 90.
Koulouka, 81.
Koumâra, 39 n.
Kouṇḍikâ, 23.
Kritânjali, 43 n.

L

Lôha (fer), 121.
Lôkâyata (?), 21, 23.

M

Madhyamaka-çâstra, 17, 52, 127.
Madhyântika, 47.
Mahâbôdhi (monastère), 15, 29, 30, 34, 35, 36, 38, 39, 47, 54, 65, 75, 81, 83; par qui construit, 84, 97, 121, 122, 124, 136, 145.
Mahâcampâ, 58 n. Cf. Campâ.
Mahâpourousha, 43 n., 163.
Mahâprajñâpâramitâ-soûtra, 41 n., 129.
Mahâyâna, 29, 49, 61, 137.

INDEX DES MOTS SANSCRITS

Mahâyânâbhidharma-saṃgîti-çâstra, 16 n.
Mahâyâna-pradîpa, 68.
Mahâyâna-saṃparigraha-çâstra, 78.
Maitrêya Bouddha, 16, 72, 125, 127, 159, 176.
Makara, 45, 186.
Mantras, 31 n., 77 n., 101, 105.
Matisiṃha, § 15.
Môkshadêva, 65.
Moucilinda, 47.
Moudrâ, 103 n.
Moûla-gandha-kôṭi, 94, 95, 123.
Mṛigaçikhâvana (?), 82.
Mṛigadâva, 118, 125, 137, 154.

N

Nâga Landa, 93.
Nâgapatana, 144.
Nâgapoushpa, 26 n. Cf. Fleurs de dragon (Arbre aux).
Nâgârjouna, 102.
Nâlanda (monastère), 17, 25, 29, 30, 32, 34, 38, 39, 72, 82 ; description de ce monastère, 84 et suiv., 101, 104, 121, 122, 123, 125, 126, 136, 138, 145, 147.
Nanda, 102.
Nava-vihâra, 23, 48.
Nidâna-çâstra, 71.
Nirvâṇa, 61.
Nirvâṇa-soûtra (Section postérieure du), 60 n., 61, 147.

O

Ogha (Les quatre), 166.
Oudyâna, 79, 205.
Oupâdhyâya, 140, 169.
Oupâli, 167.

Oupâsaka, 129.
Oushṇîsha, 24, 79, 105.

P

Pañcâṅga. 3 n., 125.
Parinirvâṇa (Temple du), 73.
Pounya-karman, 174.
Prajñâ, 41, 42, 100 n., 105, 141.
Prajñâdêva, § 31, § 48, § 52.
Prajñâvarman, § 41.
Prakâçamati (?), 10 n.

R

Râjavaṃça (?), 84.
Rakshas, 55.
Ratnasiṃha, 18.
Rishipattana, 137.

S

Saddharma-pouṇḍarîka-soûtra, 51, 142, 171.
Sahalôkadhâtou, 163.
Sâlagoupta, § 57.
Samâdhi, 53, 100, 105, 176.
Samaṭata, 128.
Saṃghadêva, § 58.
Saṃghavarman, 73.
Sarvâstivâda, 100, 147.
Sarvâstivâda-vinaya-saṃgraha, 21.
Savarjñadêva, § 6.
Siṃhâla, 66, 84.
Sindhou, 24.
Skandhas, 171.
Soubhavana (temple), 29.
Soukhâvatî, 41 n.
Souvarṇa-dvîpa, 37 n., 186 n.
Sthavira, 86 n.
Stoûpa, 87, 94.

T

Tâmralipti, 71, 97, 100, 121, 125.
Tathâgata, 23, 49, 95, 124, 147, 155.
Tathâgatânoutpâda, 15 n.
Tilâdhaka, 146.
Toushita, 72.
Trailôkya, 12 n., 149 n.
Tricîvara, 109.
Triratna, 129.

V

Vaiçâli, 72, 97.
Vajrâsana, 24, 73, 75, 84, 101.
Vaipoulya-soûtras, 163, 175.
Varshavasana, 53 n., 94 n.

Vênouvana, 26 n., 66, 70, 97.
Viçâkhâ, 168.
Vidyâ-dhara-piṭaka, 101.
Vidyâmâtrasiddhi, 162.
Vihâra, 94.
Vihârapâla, 89.
Vihârasvâmin, 39 n., 81 n., 88, 145.
Vimalakîrti-nirdêça, 171.
Vimôksha, 164, 175.
Vipaçyana, 165.

Y

Yashṭivanagiri, 101.
Yôga, 18, 56, 145, 185 n.
Yôga-çâstra, 77.

INDEX DES MOTS CHINOIS

C

Cha-men = Çramaṇa.
Chang-king (port de mer), 108, 136, 158.
Chan-hing (religieux), 115, § 47.
Chan-tao (religieux), 163.
Chao (district), 184.
Chao-che (montagne), 143.
Chao-lin (montagne et temple), 133.
Che-la-t'ouo-po-mouo = Çraddhâ-varman.
Che-lan-t'ouo = Jâlandhara.
Che-li = çrî.
Che-li-che-kie-louo-tié-ti = Çrî-Çakrâditya.
Che-li-fo-che = Çrîbhôja, 36 n.; 77, 126, 136, 144, 159.
Che-li-fo-yeou = Çrîbhôja, 64.
Che-li-ki-to = Çrî Goupta.
Che-li-na-lien-t'ouo-louo = Çrî-Narêndra.
Che-li-t'i-p'ouo = Çrîdêva.
Che-louo-i-to = Çilâditya.
Che-louo-po-p'ouo = Çilaprabha.
Che-luen (Mahâyâna-samparigraha-çâstra), 78.
Che-men (porte de pierre), 178, 204.
Chen-wan (port de mer), 136.
Chen-koang (Jinaprabha), 17.
Cheng-luen (Çadba-vidyâ-çâstra), 122.
Che-pien (religieux), § 3, 46.
Che-sa = Çishya.
Chou (province), 83, 121, 168.
Chou-p'ouo-pan-no = Soubhavana.

F

Fa-hien (religieux), 2, 11 n.
Fa-hoa-king (Saddharma pouṇḍarîka-soûtra), 51, 142, 171.
Fa-lang (religieux), § 60, 189.
Fan (rivière), 162.
Fang-tsin (religieux), 45.
Fa-tchen (religieux), § 53.
Fo-che = Bhôja.
Fo-k'o-louo (Balkh), 23, 48.
Fong Hiao-ts'iuen (bienfaiteur d'I-tsing), 116.
Fo-t'ouo-t'i-p'ouo = Bouddhadêva.
Fou-nan (Siam), 5 n., 57.

H

Han (rivière), 170, 181.
Heng (montagne), 134, 142.
Hia (montagne), 172, 175, 179, 181, 184.
Hien (montagne), 164.
Hiong-nou (barbares), 22.
Hiuen-hoei (religieux), § 16.
Hiuen-k'o (religieux), § 7.
Hiuen-k'oei (religieux), § 46.
Hiuen-t'ai (religieux), § 6.

Hiuen-tchao (religieux), § 1, 31, 39, 65, 80.
Hiuen-tcheng (religieux), 11.
Hiuen-tchoang (religieux), 2, 14 n., 69, 193, 202.
Hiuen-yeou (religieux), § 50.
Hoa (montagne), 142.
Hoai-yé (religieux), § 58, 190.
Hoang (arrondissement), 169.
Hoan-hi (Ananda), 169 (?).
Ho-chang (oupâdhyâya), 140 n., 169.
Hoei-luen (religieux), 9, § 41.
Hoei-ming (religieux), § 45.
Hoei-ning (religieux), § 25, 147.
Hoei-yé (religieux), § 5.
Hoei-yen (religieux), § 29, 45.
Hoei-yng (religieux), 140.
Ho-li-ki-louo = Harikéla.
Ho-ling (royaume dans l'île de Java), 53, 60, 62, 77, 100, 158, 190.
Ho-louo-che-p'an-che = Râjavamça (?).
Ho-louo-che-po-tch'a = Harshabhaṭa (?).
Hong-wei (religieux), 114.
Ho-p'ou (localité), 136.
Hou (Pays des), 13 38, n., 106.

I

I (arrondissement), 38, 52, 56, 59.
I-hiuen (religieux), § 24.
I-hoei (religieux), § 37.
I-lang (religieux), § 22.
I-ts'ié-yeou-pou (Sarvâstivâda), 100, 147.
I-tsing (religieux), 9, 61, 104, 105, 107, 112; ses voyages, 114-125, 147, 160, 176, 185, 188; sa biographie tirée du Song-kao-seng-tchoan, 192 et suiv.

J

Jen (religieux), 134.
Jo-na-po-t'ouo-louo = Jñânabhadra.
Jou-laï (Tathâgata), 23, 49, 95, 124, 147, 155.
Juen (arrondissement), 108.

K

Kang (arrondissement), 116.
K'ang (Samarkand), 74.
Kao-li (royaume en Corée), 133.
Kao-tch'ang (Karakhodjo), 76.
K'i (arrondissement), 134.
Kia-cha = kâshâya.
K'iang-kia = Gaṅgâ.
Kiang-ling (localité), 99, 106, 107, 138.
Kiang-ning (localité), 108.
Kiao (arrondissement), 62, 63, 65, 66, 76, 136.
Kiao-tche (Hanoï), 53, 62, 75, 77, 158.
Kia-pi-che = Kapiça.
Ki-che-kiue = Gṛidhrakoûṭa, 123.
Kié = Kalpa, 45.
Kié-che-mi-louo (Cachemire), 21, 46, 47, 105, 138.
Kié-mouo-t'ouo-na = karmadâna, 89.
K'ien (temple), 175, 179.
Kien-ti = ghaṇṭâ.
Kien-t'ouo-louo = Gândhâra, 51.
Kien-t'ouo-louo-chan-tch'a = Gândhâra-chaṇḍa (?), 80.
Kieou-kiang (localité), 135, 142.
Kie-tch'a (royaume dans l'île de Sumatra), 105, 119, 125, 144, 158.
Ki-koei-tchoan (abréviation pour Nan-haï-ki-koei-nei-fa-tchoan), 88, 92.

K'i-lin (animal fantastique), 190.
K'i-lien (nom Hiong-nou des monts Célestes), 26.
Kin (arrondissement), 11 n.
King (montagne), 170.
King (arrondissement), 99, 106, 107, 138, 157, 163.
King-ngai (temple), 21.
Kin-ling (ancien nom de Nanking), 142.
Ki-tsang (religieux), 141.
Kiu-che = kôças.
Kiu-che (Kouçinagara), 29, 72, 73.
K'iu-lou-kia = Koulouka.
Kiu-louo-po-ti = koulapati.
Kiu-na-tche-li-to = Gouṇacarita.
Koang (arrondissement), 111, 113, 114, 172, 176, 179, 183. 185, 190.
Koang-hié (montagne près de Kouçâgâra poura), 32, 148.
Koan-in (Avalôkitêçvara), 129.
Koan-tse-tsai-p'ou-sa (Avalôkitêçvara Bôdhisattva), 75.
K'oei-kiue (monastère), 164.
Koei-lin (ville), 113, 134, 172, 181, 184.
K'oei-tch'ong (religieux), § 28.
Koei-luen (malais), 63, 159, 183.
Kong (arrondissement), 116.

L

Lai (arrondissement), 114.
Lang-kia ou Lang-kia-chou, 57, 78, 100.
Leang (arrondissement), 157.
Li (arrondissement), 127, 159.
Lieou Hiang (écrivain), 128.
Ling-nan, 117, 183 n., 188, 190.
Ling-yuen (religieux), § 48.
Lin-i (Ciampa), 58 n., 107 n. Cf. Campâ.

Lin-ki (temple), 188.
Lin-lu (localité), 162.
Li-tch'eng (localité), 27.
Long (arrondissement), 112.
Long (religieux), § 20.
Lou (montagne), 53, 172.
Lou-kia-i-to = Lôkâyata (?).
Louo-han = Arhat.
Louo-tch'a = Rakshas.
Louo-tch'a (Ladak), 23, 24, 101.
Lo-yang (ville de Chine), 20, 41, 77, 78.

M

Mi-li-kia-si-kia-po-no = Mṛigaçikhâvana (?).
Min (pays) 79.
Ming-yuen (religieux), § 21, 65.
Mi-t'ouo-fo = Amita Bouddha.
Mo-ho-p'ou-t'i = Mahâbôdhi, 15, 29, 83, 121, 122.
Mo-ho-yé-na-po-ti-i-po = Mahâyâna pradîpa.
Mo-louo-yu (royaume dans l'île de Sumatra) 37, 43, 119, 144.
Mou-louo-kien-t'ouo-kiu-ti = Moûlagandha kôṭi.
Mou-tch'a-t'i-p'ouo = Môkshadêva.
Mou-tchen (abréviation pour Mou-tchen-lin-t'ouo) = Moucilinda.
Mou-tien-ti = Madhyântika.

N

Na-kia-ho-chou-na = Nâgârjouna.
Na-kia Lan-t'ouo = Nâga Landa.
Na-kia-po-tan-na = Nâgapatana.
Na-lan-t'ouo = Nâlanda.
Nan-t'ouo = Nanda.
Na-p'ouo-p'i-ho-louo = Nava vihâra.

Ngai (arrondissement), 68.
Ngan (arrondissement), 163, 170.
Ngan-mouo-louo-ko-pouo (ville de l'Inde de l'ouest), 31.
Ngan-mouo-louo-po (royaume de l'Inde du centre), 18 n., 26, 29, 30, 80.
Ngo-ki-mouo = Agama, 60, 147.
Ngo-li-yé-po-mouo = Aryavarman.
Ngo-nan-t'ouo = Ananda.
Nié-p'an = Nirvâṇa, 61.
Ni-po-louo (Népaul), 20, 25, 35, 38, 39, 40, 46, 48, 50.

O

Ou (ancien royaume), 111.
Ou-king (religieux), 9, 72, 136, § 52.
Ou-lei (port de mer), 57.
Ou-po-li = Oupâli.
Ou-po-souo-kia = oupâsaka.
Ou-po-t'ouo-ye = oupâdhyâya.
Ou-tch'ang-na = Oudyâna.
Ou-tsoei-ni-cha = oushṇîsha, 105.

P

Pan-jo = Prajnâ (Livre de la), 41, 42, 141.
P'an-jong (Canton), 118, 172, 179, 188, 190.
Pan-jo-po-mouo = Prajñâvarman.
Pan-jo-t'i-p'ouo = Prajñâdêva.
Pan-kia-che-mo-ti = Prakâçamati (?).
Pan-nié-p'an = Parinirvâṇa (Temple du), 73.
Pao-che-tse = Ratnasiṃha.
Pei-ngan (religieux), § 34.
Pi-che = Viçâkhâ.
Pi-che-li = Vaiçâli.
P'ien (arrondissement), 184.

P'i-ho-louo = vihâra.
P'i-ho-louo-po-louo = vihârapâla.
P'io-ho-louo-souo-mi = vihârasvâmin, 88.
Ping (arrondissement), 38, 39, 40, 114.
Pi-tch'ou = bhikshou.
P'i-t'i-t'ouo-louo-pi-te-kia = vidyâ-dhâra-piṭaka.
Po-nan (Siam), 5 n.
Pou (arrondissement), 124.
P'ou-lou-che (royaume dans l'île de Sumatra), 36.
P'ouo-louo-men (Brahmane), 95.
Pou-p'en (état des mers du Sud), 77.
P'ou-sa = Bôdhisattva.
P'ou-t'i (abréviation pour Mahâbôdhi), 34, 39.
P'ou-t'i = Bôdhi (Arbre de la), 35, 47, 65, 127; (Image de la), 124.

S

San-mouo-tan-tch'a = Samaṭata.
San-tsing (trois viandes pures), 48.
San-yang (palais), 169.
Sa-p'ouo-tchen-jo-t'i-p'ouo = Sarvajñadêva.
Sa-p'ouo-to-pou-lu-che = Sarvâstivâda-vinaya-saṃgraha.
Seng-ho-louo = Siṃhâla (Ceylan), 66, 84.
Seng-kia-po-mouo = Saṃghavarman.
Sen-kia-t'i-p'ouo = Saṃghadêva.
Seng-tché (religieux), 10, 112, 126, § 49.
Siang (rivière), 134, 172.
Siang (arrondissement), 162, 188.
Siang-yang (ville chinoise), 126, 188.

INDEX DES MOTS CHINOIS

Sien-tchang (ville chinoise), 10 n.
Sieou (religieux), 166, 168.
Sin-louo (royaume en Corée), 32, 34, 35, 36, 79.
Sin-tché (temple), 18 n., 19, 46, 67, 68, 80, 137.
Sin-tcheou (religieux), § 30.
Sin-tou = Sindhou, 24.
Song (montagne), 142.
Sou (religieux), 184.
Sou-li (Pays de), 12 n., 38.
Souo-ho = Sahalôkadhatou.
Souo-lo-ki-to = Sâlagoupta, 161.

T

Ta-fou-tien (temple), 140.
Ta-hing-cheng (temple), 11.
T'ai (arrondissement), 10 n.
Ta-kan (religieux), 184.
Ta-mouo-t'i-p'ouo = Dharmadêva.
T'an-juen (religieux), 63, § 36.
T'an-koang (religieux), § 43.
Tan-mouo-li-ti = Tâmralipti.
Tang-yang (province), 110.
Tao-cheng (religieux), § 12.
Tao-fang (religieux), § 11.
Tao-hi (religieux), § 2, 31, 35, 72.
Tao-hong (religieux), §59, 190.
Tao-lin (religieux), 9, § 42.
Tao-siuen (religieux), 143, 166, 169.
Ta-pan-jo = Mahâprajñâpâramitâ-soûtra, 129.
Ta-tch'en-teng (religieux), § 32, 121, 122, 123.
Ta-ts'in (religieux), 158.
Ta-yeou (religieux), 163.
Tch'ang-min (religieux), § 40.
Tch'ang-ngan (capitale de la Chine), 32, 36, 45 n., 73, 79, 114 n., 160, 169.
Tchan-po = Campâ, 107.

Tchan-pou (Jambou (?), roi de l'état de Ngan-mouo-louo-po), 18, 20.
Tchan-pou-tcheou = Jamboudvîpa.
Tchan-to-louo-t'i-p'ouo = Candradêva.
Tche-hien = Jñânabhadra, 62, 63.
Tche-hing (religieux), 66, § 31.
Tche-hoan (abréviation pour Tche-t'ouo-hoan-na = Jêtavana), 91.
Tche-hong (religieux), 10, 106, § 51, 144, 145.
Tche-na (Chine), 55; (temple), 83.
Tcheng (ancien royaume), 161.
Tch'eng (religieux), 164.
Tch'eng-jou (religieux), § 55.
Theng-kou (religieux), § 57, 182, 186, 190.
Tche-ngan (religieux), § 23, § 35.
Tch'eng-ou (religieux), § 54.
Tch'en-na = Jina, 103.
Tchen-to-t'i-p'ouo = Cintâdêva, § 21.
Tch'eng-tou (ville chinoise), 56, 59.
Tche-t'an-louo-t'i-p'ouo = Citradêva (?), § 28.
Tche-tche (temple), 173, 177, 185.
Tche-tché (religieux), 143.
Tche-ti = caitya.
Tche-to-po-mouo = Cittavarman.
Tchoang Tcheou (célèbre philosophe chinois), 52, 127, 186.
Tchoang-yen (temple), 185.
Tchong-fang-lou (titre d'un livre), 88.
Tchong-po-teng-luen (Madhyamakaçâstra et Çataçâstra), 17, 52, 127.
Tch'ou (ancien royaume), 111.

Tch'ou-i (religieux), 114.
Te-koang (religieux), 137.
Teng-t'se (temple), 162.
T'ié-men (défilé des Portes de fer), 4, 12.
T'ien-cheou (Dêvadatta), 155.
T'ien-wang (Çiva), 51.
Ti-louo-tch'a = Tilâḍbaka.
T'i-p'ouo-po-mouo = Dêvavarman.
To-che (Tadjiks), 25.
Toei-fa (Abhidharma), 16, 136.
Toei-fa-luen (Mahâyânâbhidharma-saṃgîti-çâstra), 16.
Tou-che-to = Toushita.
Tou-fan (habitants du Tibet), 13, 20, 25, 28, 35, 50.
Tou-houo-louo (Tokharestan), 13, 38, 80.
Tou-houo-louo-po-ti = Dvâravatî.
Tou-to = dhoûta.
T'ou-yu-hoen (peuple de race turke), 35.
Tsang-ko (pays), 83.
Ts'ao (arrondissement), 124.
Ts'e-ngen (temple), 69.
Tsi (religieux), 135.
Ts'i (arrondissement), 27, 31.
Tsin (arrondissement), 115, 126.
Ts'ing-tch'eng (sous-préfecture), 52.
Ts'ing-yuen (localité), 172, 186.

Tsoei-tou-po = stoûpa, 87, 94.
Ts'ouo (religieux), 134.

W

Wang-che-tch'eng = Kouçâgârapoura.
Wang Hiuen k'ouo, 76.
Wang Hiuen-ts'e (ambassadeur chinois en Inde), 19, 133.
Wei-che, 162, 193.
Wei-mouo (Vimalakîrti-nirdêça), 171.
Wei-na (Karmadâna), 89.
Wei orientaux, 162.
Wen-tch'eng (princesse chinoise, femme de Srong-btsan-sgampo), 14, 20, 50 n.

Y

Yang (arrondissement), 116.
Yen-siu (ambassadeur chinois), 69.
Yeou-je (Bâlâditya), 94.
Yeou-ts'iuen (localité), 135, 184.
Yong-k'ieou (localité), 184.
Yu (arrondissement), 112.
Yue (pays), 79.
Yuen (religieux), 162.
Yuen-cheng-luen (Nidâna-çâstra), 71.
Yu-kia = Yôga.
Yun-k'i (religieux), 62, § 26.

INDEX DES MOTS FRANÇAIS

A

Acupuncture, 153 n.
Age où on noue en forme de cornes les cheveux des enfants (7 à 8 ans), 10 n., 162.
— où on n'a plus de doutes (40 ans), 36.
— où on se tient droit et ferme (30 ans), 48.
— où l'oreille est obéissante, 73.
— où on prend le bonnet viril (20 ans), 99.
— où on chevauche sur des bambous (7 ans), 139.
— où on met en fuite les corbeaux (7 à 12 ans), 160.
Antilopes (Parc des), 83, 118, 125, 137, 154.
Appuis (Quatre), 164.
Arabes (appelés *To-che* ou *Ta-che* = Tajiks), 25.
Artisan (de la Loi), 149, 181.
Autel des défenses, 96, 141.

B

Balkh, 23, 48.
Bambous (Jardin des), 11, 26, 27, 66, 97, 107, 137, 148.
Barrière couleur de pourpre (nom donné à la Grande Muraille), 3.
Bâton (Forêt du), 101.
Bâton orné d'étain, 11, 142, 146.

Brâhmane, 95.
Bribsoun (princesse népâlaise, femme de Srong-btsan-sgam-po), 14 n.

C

Cachemire, 21, 46, 47, 105, 138.
Cambodge, 58 n.
Canal de pierre (Maison du), 139.
Causes, 69.
Cent auteurs, 139.
Ceylan, 54, 59, 65, 66, 71, 84, 133, 145, 172.
Chapeau *mien*, 10.
Chars supplémentaires, 151.
Cheval d'or (Porte du), 139.
Chien de paille, 187.
Chine, 2 n., 55, 83.
Cigales en file, 109, 141, 170.
Cinq cents Arhats (Temple des), 46.
Cinq corrects, 19.
Cinq hommes, 140 n.
Cinq parties du corps (Prosternation des), 3 n.
Cinq pics (autour de Kouçâgârapoura), 155; (délimitant au nord le Ling-nan-tao), 184.
Cinq sciences, 30 n., 132.
Cinq traités de la discipline, 167, 173, 189.
Cinq vertus, 164.
Clepsydre, 92.

Cœur (Doctrine du), 185.
Colonnes de cuivre, 5 n., 100.
Compatissant (épithète de Maitrêya Bouddha), 16, 72, 127, 189.
Coq (Montagne du), 118, 125 ; (Pays qui honore le —), 33.
Corée, 33 n. Cf. Sin-louo et Kao-li.

D

Dents (Arbre prescrit par le Bouddha pour les), 34, 95 ; (de Bouddha), 54, 55, 59, 71, 145.
Désert pierreux, 22, 38.
Deux doctrines, 17.
Deux fleuves, 27.
Dix conditions, 160.
Dix défenses, 28 n.
Dix-huit écoles, 130.
Dix-sept stages du Yôga, 18.
Douze observances, 110.
Dragon (Le Bôdhisattva de l'arbre du), 102 ; (Fleuve du —), 156 ; (Source ou étang du —), 33, 97, 148.
Drogues (procurant l'immortalité), 23, 75.

E

Écritures *ts'ao* et *li*, 30, 109, 187.
Éléphant (Pays de l'), 4.
Entrer (sur l'autel des défenses), 50.
Épingle de tête, 11, 40.
Escaliers du ciel, 137.
Étang des (dragons, dans le Cachemire), 46 ; (des parfums), 12.

F

Fer, 120, 121.

Fils du lion (Ile du), 54, 59, 65, 71, 84, 133, 145, 172.
Fixité (Samâdhi), 53, 105, 143.
Fleurs célestes de quatre couleurs, 149.
Fleurs du dragon (Arbre aux), 25, 72, 125, 156, 191.

G

Gange, 18, 68, 82.
Grande Intelligence (Temple de la), 30, 35, 36, 38, 47, 54, 65, 75, 81, 84, 97, 124, 136, 145. Cf. Mabâbôdhi.
Grand Véhicule, 29, 49, 101, 137.
Grues (Arbres des), 101, 152, 155 n.

H

Hanoï, 53, 62, 75, 77.
Honoré du monde, 94, 164.
Huit conditions malheureuses, 70.
Huit libérations, 164, 175.
Huit rivières, 27.

I

Ile (Tenir pour précieuse l'), 63, 171.
Iles d'or, 37 n., 181, 186.
Immortels (Pays des), 2.

J

Java, 25 n., 60 n. Cf. Ho-ling.
Joyau de Ho, 44.

K

Karakhodjo, 76 n.

L

Ladak, 23, 24, 101.
Logique, 30 n., 103, 136, 146.
Loi intérieure, 56.
Lois (Toutes les), 174.
Loriot (Pagode du), 95.

M

Maréchal Ngan, 46.
Milieu (Royaume ou terre du), 39, 46.
Mille fleuves, 5 n.
Millet d'or, 144.
Montagne (Jardin de la), 101.
Montagnes neigeuses (Hindou-kouch), 28, 153.
Monts des oignons (Belour-tagh), 12.
Mystère (Doctrine du —, Yôga), 185.

N

Népaul, 20, 25, 35, 38, 39, 40, 46, 48, 50.
Neuf haines, 166.
Neuf opérations numériques, 151.
Neuf provinces, 38.
Nicobar (îles), 100 n., 120, 121.
Nouveau temple, 23, 48.
Nus (État des hommes), 100, 120, 121.

O

Occupation du bonheur, 174.
Oie qui boit, 169.
Os des chevaux excellents, 132.
Os du crâne, 24, 79, 105.

P

Palembang, 37. Cf. Mouo-louo-yu.
Paradis, 41.
Perle (des défenses), 150, 187 ; (des vêtements), 171.
Persan (bateau), 116.
Pied du Vénérable, 47, 97.
Poisson gigantesque, 4, 45, 186.
Ponts de corde, 22.
Portes de fer, 4 n., 12.
Porte de pierre, 178.
Pot à eau du Bouddha, 23.
Prières magiques, 31, 77, 101-105.
Prince royal, 39.
Promenoirs bouddhiques, 96, 156.

Q

Quatre appuis, 164.
Quatre bienfaiteurs, 4, 31, 124.
Quatre couleurs (Fleurs célestes des), 149.
Quatre courants, 166.
Quatre grands, 12.
Quatre maintiens, 171.
Quatre roues, 70.
Quatre tristesses (Poème des), 115.
Quatre-vingt-seize sectes héré-tiques, 90.

R

Relai, 40, 82, 97, 145, 146, 147.
Rempart (de son corps), 150, 177.
— (Transformer son), 63, 171.
Repas offert à une communauté, 75.
Résidence royale (Ville de la), 65, 93, 138, 155. Cf. Kouçâgârapoura.

S

Sables mouvants, 12, 22, 28, 38, 74.

Saint (épithète de Gautama Bouddha), 15.
Saules fins, 26.
Science des sons, 30, 119.
Sept joyaux, 148.
Sept lacs, 52, 140.
Sept mers, 149.
Sept traités ou collections, 168, 173, 175.
Siam, 5, 57, 59 n, 203.
Six divisions du jour, 152.
Six domaines, 159.
Six objets que le religieux peut posséder, 67 n.
Six pâramitâ, 150, 165 n.
Soixante-douze pieds (Amas de), 112, 188.
Souliers qu'on ôte (Abandonner les biens de la terre comme des), 60, 180.
Souri (Pays de), 12, 38.
Srong-btsan-sgam-po, 144.

T

Tadjiks, 25.
Temple royal, 40.

Thibet. Cf. T'ou-fan.
Tokharestan, 13, 38, 80.
Tortue (Bain de la), 97.
Transformations, 28, 51, 140.
Treize vêtements du religieux, 67 n., 203.
Trois aliments purs, 48.
Trois fleuves, 139, 158, 184.
Trois habits, 109, 189.
Trois kalpas illimités, 150, 158.
Trois livres classiques, 139.
Trois mondes, 12, 149.
Trois occupations, 171.
Trois Ou, 52, 134, 135.
Trois révolutions de la Loi, 154.
Trois samâdhi, 18 n., 166.
Trois Yue, 142.
Trône de diamant. Cf. Vajrâsana.

V

Vautour (Pic du) Cf. Gridhrakôula.

Z

Zabedj. Cf. Crî-Bhôja et Bhôja.

L.-E. BERTIN
LES GRANDES GUERRES CIVILES DU JAPON
LES MINAMOTO ET LES TAIRA. LES MIKADOS ET LES SIOGOUNS
Précédé d'une Introduction sur l'histoire ancienne et les légendes

Un beau volume in-8, figures, planches et cartes . . . . . . 20 fr.

Dr BRETSCHNEIDER
RECHERCHES ARCHÉOLOGIQUES et HISTORIQUES SUR PÉKIN ET SES ENVIRONS
TRADUIT DE L'ANGLAIS PAR COLLIN DE PLANCY

In-8, avec plans, dessins, etc. . . . . 12 fr.

ÉDOUARD CHAVANNES
LE TRAITÉ SUR LES SACRIFICES FONG ET CHAN DE SE MA T'SIEN

Traduit en français. In-8 . . . . 4 fr.

HENRI CORDIER
LA FRANCE EN CHINE AU XVIIIᵉ SIÈCLE

Documents inédits. Un beau volume in-8 . . . . 12 fr. 50

G. DEVÉRIA
HISTOIRE DES RELATIONS DE LA CHINE AVEC L'ANNAM-VIÉTNAM
DU XVIᵉ AU XIXᵉ SIÈCLE

D'après des documents chinois. In-8, carte . . . . . . 7 fr. 50

LA FRONTIÈRE SINO-ANNAMITE

Description géographique et ethnographique, d'après des documents chinois.
In-8, nombreuses planches et cartes. . . . . 20 fr.

C. IMBAULT-HUART
L'ILE FORMOSE
HISTOIRE ET DESCRIPTION

Avec une introduction bibliographique par H. CORDIER. Un beau volume in-4, illustré de nombreux dessins dans le texte et de cartes, vues, plans, etc. . . . . 30 fr.

RECUEIL DE DOCUMENTS SUR L'ASIE CENTRALE
d'après les textes chinois.

Un volume in-8, accompagné de deux cartes chinoises . . . . . 10 fr.

www.ingramcontent.com/pod-product-compliance
Lightning Source LLC
Chambersburg PA
CBHW070644170426
43200CB00010B/2121